U0797987

权威·前沿·原创

皮书系列为
“十二五”“十三五”国家重点图书出版规划项目

北京国际城市发展研究院社会建设研究重点项目
北京市社会发展研究中心西城区街道发展研究重点项目
北京国际城市文化交流基金会智库工程出版基金资助项目

街道蓝皮书
BLUE BOOK OF SUB-DISTRICT OFFICE

北京街道发展报告 No.1
陶然亭篇

THE DEVELOPMENT OF BEIJING'S SUB-DISTRICT OFFICES No.1:
TAORANTING CHAPTER

主　　编／连玉明
执行主编／朱颖慧

社会科学文献出版社
SOCIAL SCIENCES ACADEMIC PRESS (CHINA)

图书在版编目（CIP）数据

北京街道发展报告.No.1. 陶然亭篇 / 连玉明主编
. --北京：社会科学文献出版社，2016.8
（街道蓝皮书）
ISBN 978-7-5097-9247-6

Ⅰ.①北… Ⅱ.①连… Ⅲ.①城市道路-城市建设-研究报告-西城区 Ⅳ.①D669.3

中国版本图书馆 CIP 数据核字（2016）第 125134 号

街道蓝皮书
北京街道发展报告 No.1 陶然亭篇

主　　编 / 连玉明
执行主编 / 朱颖慧

出 版 人 / 谢寿光
项目统筹 / 邓泳红　郑庆寰
责任编辑 / 陈　颖

出　　版 / 社会科学文献出版社·皮书出版分社（010）59367127
地址：北京市北三环中路甲 29 号院华龙大厦　邮编：100029
网址：www.ssap.com.cn
发　　行 / 市场营销中心（010）59367081　59367018
印　　装 / 三河市东方印刷有限公司

规　　格 / 开 本：787mm × 1092mm　1/16
印 张：18.5　字 数：246 千字
版　　次 / 2016 年 8 月第 1 版　2016 年 8 月第 1 次印刷
书　　号 / ISBN 978-7-5097-9247-6
定　　价 / 98.00 元

皮书序列号 / B-2016-505

街道蓝皮书编委会

《北京街道发展报告 No. 1 陶然亭篇》
编　写　组

总　策　划　艾　丽　连玉明　朱颖慧

主　　　编　连玉明

执行主编　朱颖慧

副　主　编　焦　扬　赵　昆　高继龙　赵清松

核心研究人员　连玉明　朱颖慧　焦　扬　高继龙　张　涛　朱永明　赵　昆　赵清松　孟芳芳　石龙学　武林红　张　南　范贤昱　江　岸　陈　曦　吴　佳　姜思宇

主编简介

连玉明　著名城市专家，教授、博士，北京国际城市发展研究院院长，北京市人民政府专家咨询委员会委员，北京市社会科学界联合会副主席，北京市哲学社会科学京津冀协同发展研究基地理事长、首席专家，基于大数据的城市科学研究北京市重点实验室主任，大数据战略重点实验室主任，北京市社会发展研究中心理事长。

研究领域为城市学、决策学和社会学。近年来致力于大数据战略和生态文明理论及实践研究。主编《社会管理蓝皮书：中国社会管理创新报告》（2012/2013/2014）、《贵阳蓝皮书：贵阳城市创新发展报告》等专著60余部。主持编制了北京市西城区、朝阳区、门头沟区和贵州省贵阳市“十三五”社会治理专项规划。

摘　要

基层治则国家治。街道在城市和国家治理体系中处于基础性的地位。在北京市落实首都新定位、建设国际一流和谐宜居之都的历史进程中，西城区任务艰巨，使命光荣。近年来，西城区围绕做好“四个服务”，坚持“抓街道、街道抓”，深入推进区域发展转型和管理转型，不断深化街道社区管理体制改革，落实街道加强区域党建、统筹辖区治理、组织综合执法、指导社区建设等职能；15 个街道立足自身优势，融入发展大局，积极探索首都基层治理体系和治理能力现代化之路，其丰富实践为首都城市治理创新提供了鲜活的经验，具有重要的借鉴意义和理论价值。

《北京街道发展报告 No. 1 陶然亭篇》勾勒了“实现区域化整体发展，共创陶然式美好生活”的发展方向，从打造“安全、安静、舒适、典雅、古朴”的陶然式高品质生活入手，研究陶然亭街道“五治并举”的发展路径。同时，立足陶然亭区域实际，针对工作人口、社区居民进行公共服务情况的问卷调查，对青少年道德教育、党的群众路线践行、为老服务体系建设、社区民主自治等重点问题进行深入调查研究，梳理和总结出以居民生活共同体为中心的社区建设模式、网格议事的社区自治模式、“家庭医生”式公共卫生服务模式等先进经验和做法。

在此基础上，本书认为，陶然亭应“以文化为魂，以生态为体，以服务为用”，推进党的领导系统化、推进政府主导规范化、推进社会协同组织化、推进公众参与多元化和推进法治保障专业化，打造落实首都新定位背景下的区域整体发展升级版。

Abstract

Well-governed localities give rise to a well-governed country Sub-district holds a foundational position in a city and country's governance system. In the historical process of implementing Beijing's new positioning as the nation's capital and building a world-class harmonious and livable city, Xicheng District takes on monumental tasks and glorious mission. In recent years, Xicheng District centering on the principles of "Four Services" and "Governing street, self-governance," has pressed ahead with regional development and management transformation, deepened reform on sub-district community management system, implemented Party construction and coordinated governance at the sub-district level, organized comprehensive law enforcement, and provided guidance to community construction. 15 sub-districts based on their own advantages have integrated into the grand development framework, proactively exploring the path of achieving the modernization of grassroots governance system and governance capacity, as its rich practice has provided fresh experience in urban governance innovation for Beijing. These experiences carry great value of reference and theoretic significance.

The Development of Beijing's Sub-district Offices No. 1: *Taoranting* Chapter depicts the development trend of Taoranting Street, aiming to integrate regional resources and create a better life. Five development routes are elaborated in pursuit of quality of life featuring "Safety, Quiet, Comfort, Elegance and Nature" . Meanwhile, based on the actual development, a questionnaire survey is conducted to investigate public services in terms of working population and community residents. This Chapter thoroughly investigates such key topics as youth moral education, implementation of party-mass routes, elderly service system building, and democratic self-government model. Some advanced experience and practices are reviewed and summarized such as resident-centered community building, community self-governance model (i. e. , gridded discussion) and family practitioner-based pubic health service model.

Based on these, this publication states that Taoranting Street shall take cultures as soul, ecology as body and services as methods, topromote systematic party leadership, promote government-oriented standardization, facilitate the coordination among social organizations, diversification of public participation and promotion of professional legal safeguarding, so as to develop an upgraded version of regional development in line with new positioning of the capital city.

目　录

Ⅲ 理论报告

Ⅳ 调研报告

Ⅴ 案例报告

皮书数据库阅读**使用指南**

CONTENTS

Ⅲ Theory Reports

Ⅳ Survey Reports

V Case Reports

代前言　以区域化党建带动区域化整体发展

王效农*

一　统筹是街道工作的基本方法

习近平总书记考察北京并发表“2·26”讲话以后，北京的发展进入一个新的历史时期。落实首都新定位、有序疏解非首都功能以及京津冀协同发展对街道基层的治理能力提出了更高的要求。目前街道办事处的定位还有待进一步明确。1954年全国人大颁布的《城市街道办事处组织条例》已经在2009年废止；北京市政府1999年颁布的《北京市街道办事处工作规定》与快速变化的经济社会发展形势有许多不相适应的地方；2004年北京市第五次城市管理工作会议提出“统筹辖区发展、监督专业管理、组织公共服务、指导社区建设”的新定位，是目前街道的基本遵循，但也存在不少问题。2015年北京市民政局主持起草的《北京市关于深化街道社区管理体制改革的意见》以及北京市社会工作委员会（北京市社会建设工作办公室）主持起草的《关于深化北京市社会治理体制改革的若干意见》，对街道定位又有一些新的提法。特别是深入贯彻2015年中央城市工作会议精神及《中共北京市委北京市人民政府关于全面深化改革提升城市规划建设管理水平的意见》，更需要进一步准确把握街道的工作定位。

---

* 王效农，时任中共北京市西城区委陶然亭街道工作委员会书记。

统筹区域发展，监督专业管理，组织公共服务，指导社区建设，这是街道工作的基本定位。“统筹”、“监督”、“组织”、“指导”，都是方法，但最根本的方法还是“统筹”。街道是区委区政府的一个派出机构。它还不是一个完整的政府，它没有人大、政协，也没有法院、检察院，有一些部门下沉的单位都是垂直管理。作为一个派出机构，街道的职责更多的是统筹区域发展，而不是负责区域发展。街道既不能批地，也不能批项目，也没有发展经济的职能。陶然亭街道2.14平方千米，真正属于街道能够掌握在自己手里的基本没有。专业管理都是垂直的，包括公安、消防、工商、税务、药监、城管，街道主要是监督。但不是街道办事处自己去监督，而是搭建平台，让居民群众去监督，由群众说了算。组织公共服务是街道的职责，“组织”的意思就不一定是让街道直接提供，也需要向社会购买服务，需要志愿服务，需要搭建平台，把群众的真实需求收集上来，把政府方面的公共服务资源（包括部门的资源）统筹起来，同社会的服务资源整合在一个平台上为群众服务。指导社区建设，包括社区组织、社区服务、社区卫生、社区文化、社区环境、社区安全等多方面的内容，仍然需要街道办事处统筹整合政府部门、市场、社会等各方面力量，提供政策的、法律法规的、专业的指导。所以，街道工委办事处本质上就是区委、区政府派到街道做统筹协调工作的一个机关。统筹协调的工作做好了，街道的属地责任、主体责任就落实了，地区发展就有活力，地区管理就有序。

二　区域化党建的本质是凝聚基层执政资源

统筹既是街道重要的工作定位，也是街道最核心的工作方法。但是统筹需要抓手。

我们最主要的抓手是区域化党建。统筹有多种方式，可以是自上而下的行政性统筹，不同层级之间也可以有组织性的、理念性的、服务性的统筹形式，关键是要找到利益结合点、思想理念共振点和工作切入点。我们是共产党领导的国家，尽管单位不同，职业不同，所在的系统不同，但党的性质、党的宗旨、党员的责任是相同的。党的领导是街道和驻区各方的最大公约数。执政党的政治优势、组织优势是我们的最大优势。但是，长期以来，党组织建设和党员管理一直以条条为主，垂直管理，驻区单位、民营经济、社区居委会及退休老同志等各种不同类型的党组织实行分类管理，党组织类型的多样化和统一隶属关系的需求之间存在矛盾，导致不同类型党组织之间有效联动欠缺，未能很好地实现资源共享。就社区建设渠道来讲，可供单位党组织参与的形式不多，亟须进一步发挥驻区党组织、党员在社区的作用。实现这些目标的有效路径就是搭建街道、社区党组织和辖区单位、社会组织、非公企业党组织之间协调互动的桥梁和平台，打破单位或部门利益的阻碍，把分散化、碎片化的党组织资源整合起来服务社会，是基层党建创新的重要课题。从这一点出发，我们积极推进区域化党建，搭建区域化的党组织平台，按照属地化管理要求，把地区党建资源整合起来，凝聚地区各党组织和党员力量，服务辖区居民，条块联动共建美好生活。

三　区域化发展要形成“一核多元”的共治格局

从街道、社区的角度出发，区域化党建重点解决的是街道、社区与驻区单位沟通交流，并统筹整合驻区单位资源为辖区的整体发展服务的一个通道；从驻区单位的角度，区域化党建重点解决的是能够让“条条”的党组织融入了“块块”的社会，参与辖区建设、扎根基层服务居民的一个平台；从基层党建创新的角度，区域化党建实现了从各自为政的、封闭的单位党建模式向开放、互动的网络化党建模式的转变，通过这种模式的转变凝聚了党心民心，巩固了党的执政基础。不过，区域化党建要真正起到统筹的作用，还需要把它融入街道的地区治理结构中，与街道具体的服务管理工作结合起来，在具体的实践中体现属地化的党的领导。

党组织是地区治理的领导力量，是地区治理的“核心”。核心的作用在于领导、指挥、协调，在于整合其他各方的力量来做好地区的服务管理。在街道社区层面，这些力量主要包括政府各部门下沉在基层的管理服务力量、办事处机关、驻区单位、社区服务站、社区居委会、社会组织、社会工作者、义工队伍、党员队伍等多种力量。街道党组织要实现对这些力量的领导，一是要把“根”扎下去，通过区域化党建在时空上实现辖区党组织、党员管理与服务、党员作用发挥的“三个全覆盖”，在保留“单位党建”组织体系严密、调控力强的优点的基础上，实现在基层属地的组织覆盖和工作渗透，从而使基层党组织的触角延伸到社会的每个角落、各个方面，通过不同的载体和方式，实现党的组织扎根在基层、党的意志体现在基层、党的影响渗透在基层，使基层执政资源形成一个拳头、一个体系。二是要有科学的治理结构，通过区域化党建形成“一核多元”的多层次治理体系来推动区域化整体发展。在街道层面，陶然亭街道以“大工委”作为区域化党建的最高议事协调机构，全面谋划涉及区域发展的中心任务、大型活动、公共服务等重大事务。“大工委”组成人员为13名：设书记1名、副书记2名、委员10名，其中9人由辖区中央市区属单位党组织负责人担任。“大工委”下设办公室，由工委组织部具体负责日常联络工作。隶属“大工委”的党建协调、经济发展、城市管理、文化体育、民生服务、安全维稳、精神文明等七个专业委员会作为执行机构，牵头成立了工商联、老年人协会、物业协会、餐饮协会、旅店业协会等一系列行业协会，具体负责各领域工作推进。在社区层面，“大党委”实行大事共议、难事共商、要事共决、实事共办的工作机制和采取“席位制”增设区域发展委员等有效形式，着力引导社会单位主动参与社区建设。以开展“访民情、听民意、解民难”活动为契机，按照“居住相邻、需求相近”的原则把8个社区细分为85个网格，每个网格内均成立了“网格党建联合会”。“网格党建联合会”负责联络网格内的社会单位，深入开展“一个支部一盏灯，一个党员一面旗”活动，充分发挥党员在网格中的先锋模范作用，实现了各类资源和各级组织在网格内的整合。通过机关干部进社区和社区工作者“外勤”制，搭建了联系、组织、服务、引导群众的工作平台，居民享有了充分的话语权、参与权、决策权、监督权，既提高了居民参与社区自主管理的意识，又提高了居民对政府办实事的满意度。多维度、全覆盖的“1+X”区域化党组织网络体系的构建，打破了“各自为战”的体制壁垒，顺应了基层党组织在统筹辖区发展中面临的新形势，夯实了区域化党建的组织基础，扩大了党建工作覆盖面。

四　区域化发展要找到思想理念的共振点

“三个全覆盖”和“1+X”区域化党组织网络体系为区域化党建引领下的区域化整体发展奠定了组织基础。要实现区域化整体发展，还需要相关各方找到利益结合点、思想理念共振点和工作切入点。

陶然亭街道具有三个鲜明的特点：一是居住结构复杂。老旧小区、高档小区、平房区混杂在一起，既有每平方米七八万元甚至十几万元的高档商品房，也有很大面积的老旧小区，包括筒子楼，还有几片平房区，甚至个别的单位还存在住办公楼的，一大堆安全隐患。二是人口结构复杂。有高收入人群，但更多的是弱势群体，老年人多，困难群体多，残疾人多，人户分离多，流动人口多。三是经济结构复杂。过去陶然亭街道基本上是一个以生活服务业为主体的居住区，低端业态非常多，随着新形势的发展，特别是合区之后，金融街南扩的一些新项目也在迅速推进，对陶然亭街道辖区的经济发展带来一些新的变化。辖区社会经济的这种两极分化的结构形态给我们的社会治理带来了很大的压力。但同时，陶然亭地区集聚了大量全国性的文化机构，高水平文化教育资源丰富，宣南文化历史悠久、氛围浓厚，加上陶然亭公园的生态元素，是西城区乃至北京市具备较多高水平宜居要素的地区之一。为适应北京市建设国际一流和谐宜居之都的要求，工委办事处领导班子成员分别牵头召开了以党的建设、经济发展、社会建设、文化建设、民生保障、城市管理和安全稳定等七个领域为内容的辖区单位座谈会，又分别走访了北京中信房地产公司、国家电网公司、中央芭蕾舞团和北京市第十五中学等15家驻区单位。在座谈和走访过程中，大家对如何更好地推进区域化整体发展，提出了很多好的意见和建议，也谈到许多需要统筹协调解决的困难和问题。同时，街道在走访调研、征求各方意见的基础上，积极争取外脑智力支持，与大略设计顾问公司合作，经多次研讨、多方论证，在吸收辖区历史文化精髓、融合辖区发展内涵的前提下，拓展和承接历史发展脉络，于2012年1月提出了“实现区域化整体发展，共创陶然式美好生活”的奋斗目标，并把“陶然式美好生活”的目标具体化为“四优”的目标体系，即优美的城市环境、优质的民生保障、优雅的文化品质、优良的道德风尚。配合目标体系，我们对地区发展的定位进行了重新布局，以南横东街、陶然亭路两条横贯地区东西的主干路为分界，将地区由北向南依次规划为三个部分，北部地区是金融业带动的总部经济与现代文明生活区，中部地区是电力经济与和谐宜居区，南部地区是以陶然亭公园为核心的休闲文化区。与此同时，构架起区域化整体发展的理念体系，即“携手四方、共创陶然”的区域精神，

“阳光理政、用心服务”的政务理念，“团结、奉献、求实、向上”的机关文化。

五　区域化发展需要科学的制度安排

陶然亭地区共同愿景、共同目标和共同理念的形成过程，实际上就是驻区各方共同价值和共同利益的整合过程，区域化发展最终要体现在共同价值和共同利益的实现上。

推进区域化整体发展，除了共同愿景、共同目标、共同理念外，还需要有制度性的安排。这种安排首先要构建“一核多元”的治理结构，充分发挥街道在统筹辖区发展中的基础性作用，既把辖区单位和居民当服务对象，又将其作为合作的对象和依靠的力量，要建立让大家发挥作用的平台和机制。其次，要让“一核多元”的治理结构真正发挥功能，还需要不断深化改革，创新体制机制，落实在具体的制度建设和工作措施上。我们的做法是“五个化”，即党委领导系统化、政府公务服务规范化、社会协同组织化、公众参与多元化、法治保障专业化。

党委领导系统化重点解决在“一核多元”的治理结构下进行系统思考、顶层设计、统筹推进区域化整体发展问题。街道工委实施政治、思想和方针政策的领导，既要发挥好党委总览全局、把握方向、整合力量、统筹各方的领导核心作用，又要组织动员辖区单位党组织和广大党员群众，积极投身共创陶然式美好生活中来。支持政府职能部门履行职责依法行政。积极探索“大党委”组织框架，充分发挥地区管理委员会统筹协调作用，提高引领社会、组织社会、管理社会、服务社会的能力。在社区“大党委”中，设席位制委员，以拓宽党组织管理社会和服务居民群众的能力。

政府服务规范化重点解决办事处以及政府下沉到街道社区的各部

门服务群众、管理公共事务的效率和能力问题。以区域服务为主旨，强化政府负责，实现政务服务大厅、社保服务大厅的规范化，打造五星级公共服务大厅；在坚持科学决策、民主决策、完善制度的基础上，依法履行行政职责，实现权力的公开透明运行，依法行政等工作的标准化；以“三定”工作为契机，按照转变职能、理顺关系、优化结构、提高效能的要求，健全机关科部室，完善工作职能，形成各负其责又相互配合的工作机制，确保街道工作运转协调、运行高效；统筹工商、税务、公安、城管、卫生监督等垂直部门，进一步加强对地区经济调节、市场监管、社会管理、公共服务的规范化建设。

社会协同组织化重点解决提升地区组织化程度和实现社会协同问题。充分发挥行业协会等社会组织的专业优势，有效承接街道委托的区域化整体发展项目。全力推进民生保障体系，进一步发挥各社区“共建互助联合会”的作用，开展多种形式的共建活动，营造良好的社会发展氛围；推进社区卫生医疗创新，打造社区“家庭医生式”卫生保障；探索物业管理组织新模式，对老旧小区、平房院落逐步进行市场化物业管理。加强社会服务，运用管理网格系统，建立健全利益协调、应急处置、综治维稳、社会事业、社会保障、社会服务等内容的工作网络，对区域化整体发展中所涉及的问题进行综合分析、稳妥处理。积极推行安全维稳新模式，建立群众自治、单位自控、行业自律和专业执法的“三自一专”安全维稳网络运行机制。

公众参与多元化重点解决提高社会动员能力和创新群众参与渠道问题。以微网格为纽带，以“网格议事会”和“楼、院、街巷管委会”为载体，本着放权于民的原则，组织居民定期协商社区环境、民生保障、文化活动、推优评先、困难慰问等涉及居民身边公共利益的社区事务。增强社会自我调节功能，充分发挥行业规范、社会组织章程、居民公约等社会规范在协调社会关系、约束社会行为、保障群众利益等方面的作用，切实把民主协商的结果以居民公约的形式固化下来。以区域文化为引领，动员群众参与，积极开展政策、法律、文化、卫生、治安、维权、助老及其他公益性活动进社区，给居民群众看得见摸得着的帮助；用工作、生活中形成的文化理念，融合组织、人才资源，不断创新“发展人人参与、成果人人共享”的渠道和平台。

法治保障专业化重点解决安全稳定机制化和综合执法制度化问题。深入推进“三自一专”安全维稳机制建设，善于运用底线思维的方法从源头上预防和减少矛盾发生。坚持每月开展矛盾排查和情况会商，切实提高重点矛盾纠纷化解率。完善街道保障性执法机制，整合行政资源，重点针对违章建设、违法经营、安全隐患、环境脏乱等居民反映强烈的棘手问题联勤联动，开展综合治理。加强法制宣传教育，积极培育法治文化，提高运用法治思维和法治方式推动发展、化解矛盾、维护稳定的能力。

总 报 告

General Report

B.1

以区域化整体发展带动“陶然式”模式创建

摘 要：“更待菊黄家酝熟，共君一醉一陶然”，在这片因诗而得名的土地上，积淀了北京宣南文化的精华，更见证了新中国成立以来首都城市面貌的新变化。本文全面梳理陶然亭街道发展现状，运用SWOT技术分析陶然亭地区发展面临的形势，牢牢把握“实现区域化整体发展，共创陶然式美好生活”的大方向，提出了“以文化为魂，以生态为体，以服务为用，建设优美的城市环境、优质的民生服务、优雅的文化氛围、优良的道德风尚，打造‘安全、安静、舒适、典雅、古朴’的陶然式高品质生活”的战略思路。

关键词：生态服务 陶然式生活 模式创新 陶然亭街道

一　陶然亭地区历史沿革

陶然亭街道位于西城区东南部，东起太平街、虎坊路一线，与天桥街道为邻；西至菜市口大街中心线，与牛街街道、白纸坊街道为邻；南以护城河中心线与丰台区西罗园街道隔河相望；北至骡马市大街中心线，与椿树街道相接。

陶然亭地区地处北京的西南部，属于永定河中游水系的南通道，地势低洼，河渠纵横，夏商时期便有人在这里居住生活。公元前 1045 年周武王伐纣灭商，同时分封两个诸侯国燕国和蓟国。春秋时期，燕国吞并了蓟国，并把蓟国定为燕国都城，从此开创北京建城之始，距今已有三千余年了。蓟城在今广安门内外之地，陶然亭地区隶属于蓟城的东郊。秦时蓟城为广阳郡郡治，三国时期蓟城遭战乱破坏，隋朝南北大运河开通带动了蓟城一带城市商业的发展。唐朝时期蓟城又称幽州城，陶然亭位于幽州城的东墙外。辽代把北京定为析津府称为南京，开始在广安门一带扩建城池。1153 年，金海陵王迁都燕京改名中都，金中都成为北部中国的政治中心，开创了北京建都史，至今已有 860 余年了。据考证，金中都的东墙约在今四路通以北到红线胡同一线，由此可知陶然亭地区应在金中都城内。元朝废弃金中都，在其东北部新建了元大都，金中都成为一片废墟。明时把新修的南城（外城）划分成七个坊：正东坊、正西坊、正南坊、宣南坊、宣北坊、崇南坊、崇北坊，陶然亭地区隶属宣南坊。明永乐年间为在北京营建新都，工部衙门在京城设立五大窑厂，黑窑厂即五大窑厂之一。因长期烧窑取土造成地势低洼、积水成泽，呈现塘泽错落、林茂树密、芦苇青葱、飞鸟戏水的自然风光，加之这里的寺庙、园林、会馆众多，成为官宦、士人郊游、聚会、休憩的场所，士人文化在此蓬勃发展起来。清朝实行满汉分治，大批汉族官绅、士人、商人、城市平民被迫迁到这里。为适应科举取士的需要和商业的繁茂，这里修建了大量的寺庙、会馆和平民住宅。这里士人文化兴旺发达，平民文化韵味浓厚，大批爱国志士、革命前辈在这里留下红色足迹。新中国成立后，陶然亭地区发生了翻天覆地的变化，拓宽了街巷，建起了楼房小区，健全了城市设施，创建了风景秀丽的陶然亭公园，成为一处宜居的家园。

原北京市宣武区陶然亭街道于1955年设置，1958年保安寺、自新路、虎坊路街道部分合并到陶然亭街道，1960年改陶然亭公社，1978年恢复街道设置。1996年时辖区面积2.1平方千米，人口6.7万，辖福州馆、米市胡同南、中央芭蕾舞团等40个居（家）委会。经过2000年、2002年两次社区居委会调整、合并，社区居委会总数减少一半多，2004年第五次城管会后进一步整合为8个社区（表1）。2010年区划调整宣武区与西城区合并组建新西城区后，陶然亭街道保留原设置。

表1　陶然亭街道社区基本情况

社区	面积（平方千米）	常住人口（人）	户籍人口（人）	特点
米市社区	0.24	7679	6256	楼房、平房混合社区
果子巷社区	0.13	5280	—	老旧平房区
粉房琉璃街社区	0.1	5748	2000	拆迁+平房区
福州馆社区	0.15	6015	3495	楼房、平房混合社区
新兴里社区	0.3	10819	—	楼房区
黑窑厂社区	0.5	9396	8096	单位宿舍+居民回迁楼
龙泉社区	0.8	9724	7296	商品房
红土店社区	0.25	8747	6537	单元楼房+简易楼+旧平房

二 陶然亭街道地区治理新进展

近年来，陶然亭街道工委、办事处从辖区实际出发，坚持底线思维，创新工作思路，统筹区域资源，系统谋划治理措施，街道各项工作取得重要进展。

（一）完善城市管理体系，城市环境更加健康宜居

1. 以“重点项目”为中心，夯实环境基础

一是黑窑厂西里小区抗震节能综合改造项目进展顺利。截至2014年12月底，黑窑厂西里小区第一期改造工程（黑窑厂西里5~14号楼）施工建设已全面开工，5、10、12、13号楼已经实现主体结构封顶，其余各楼按照施工进度安排顺利开展阳台拆除、开挖基础及主体浇筑等施工内容。第二期改造的黑窑厂西里1~4号楼，居民意向通过率98.1%。小区公共部分环境改造方案正在研究论证过程中。二是完成龙泉“3+1”项目前期基础调研。通过查阅档案资料、现场核实、入户登记等办法，共摸排居住用房432间、自建房屋267间、经营用房46处，涉及居民260户、1360人、产权单位14个。三是太平街市级达标道路工程建设和虎坊路、南横东街、黑窑厂街区属道路达标工程进展顺利。完成太平街步道砖铺装，花池砌筑，种植国槐、黄杨40余棵，实现绿化面积800平方米，拆除虎坊路违章广告牌匾6块，完成沿街步道修复，完成黑窑厂街沿街变电箱、树池装饰等。四是完成四平园小区综合改造项目，开展楼内粉饰、扶手及公共门窗翻新、信报箱新做、地下室防雨棚翻新、车棚翻建、楼宇对讲入户、小区围栏更换等多项内容。

2. 以居民需求为导向，办好环境实事

结合“访、听、解”工作，通过街道“文明街巷、文明院落”

活动征求居民意见和建议，对接社区需求。启动物业“菜单式”便民服务项目，帮助地区无主管单位或未纳入物业管理的老旧小区及平房区居民解决物业服务困难。投资500余万元，打造龙泉社区精品胡同，完成龙泉胡同9号楼前综合改造，新建里胡同道路翻修、红土店和黑窑厂社区绿化补植，安装10处路灯，整修112处破损道路等16项工程。基本完成2014年年初确定的地区环境改善工程25项，共投入资金690余万元。主要有：儒福里41、46、48号楼及骡马市大街10号楼楼道综合改造；福州馆前街2、4号楼，儒福里42号楼，红土店1、2号楼及里仁东街3、5号楼院内设施翻修；双柳树头条、四条胡同道路翻修；高家寨、红土店、姚家井等处绿化补植；四平园小区8号楼无障碍设施建设及健身器材安装；地区12处破损道路整修；粉饰墙面7948平方米，道路铺装2687.6平方米，翻建自行车棚5座、花廊1座，拆安楼内公共门窗58樘，安装扶手669.2米、信报箱226个、晾衣竿7组，更换小区大门2个，增设健身器材6套，绿化补植3802平方米等。

3. 以长效治理为目标，整治“城市病”

一是建台账，做到心中有数。以区政府梳理的40个城市管理问题作为重点，统筹办事处各科部室、地区科站队所专项对接，成立联席工作组；充分调动各方力量，地毯式摸排，建立问题台账25项，其中街道主责问题7项，配合区职能部门处理的问题18项，做到底数清、情况明；实行“周汇总、月调度”例会，坚持长效、长期治理原则，建立动态台账，全面反映“城市病”整治成果。二是建机制，推动齐抓共管。首先是落实部门责任，针对40个城市管理相关问题，街道主动与相关委办局对接沟通、明确主责、狠抓落实。其次是落实社会责任，制定地区《落实门前三包责任实施方案》，规范堆物堆料和装修垃圾处理程序，明确环卫保洁范围，建立有主渣土押金管理制度，建立临时中转站实现无主垃圾日产日清。探索居民认养公共区域绿化模式，成立福州馆社区花草协会，建设庭院自助式美化工程。最后是落实执法责任，统筹职能部门联合执法，试行“一主多辅”的保障性拆违执法机制。统筹民政、残联、住保、计生、社保等科室职能，做好前期介入、政策普及和帮助困难群体合理合法享受国家相关政策，第一时间化解矛盾。三是抓重点，实现纲举目张。针对环境秩序痼疾顽症，街道注重从源头上解决问题，一手抓清理低端产业，撤拆北京志胜伟商贸有限公司500平方米菜市场，为周边居民提供40余个停车位，取消陶然亭公园西门露天早市，整顿场外无照游商聚集和占道经营现象，取缔露天烧烤5处，取缔无照废品回收点1处，取缔小商户燃煤点10处；一手抓人口调控，建立人口调控联席会议制度和奖惩机制，摸排出租房屋1500余户，治理群租房33处，开展地下空间整治，清理普通及人防地下室4处，整改11处，共迁出流动人口408人。

（二）完善社会治理体系，社会关系更加稳定和谐

1. 坚持系统治理，“三自一专”夯实社会治理基础

近年来，陶然亭街道坚持把社会自治和政府管理结合起来，创新“三自一专”模式，着力夯实社会治理基础。一是居民自治。以网格为单元推进辖区居民自治，整合网格资源，在已划分的85个网格的基础上，建立民主议事工作机制，成立网格协商议事委员会，在网格内配备公安、工商、城管、卫生监督等专业监督力量，实现“全响应”。二是单位自律。街道成立了“大工委”，将辖区单位纳入工委系统中，地区防火办和陶然亭派出所分别建立了辖区27家中央、市属单位，11家区属单位的联系网络，并按照各自职能，对企业单位内部防火、防盗及安全生产工作制度的建立健全进行了全面指导。三是行业自律。街道积极开展协会活动推进辖区行业自律。地区旅店服务业协会年初制订了计划，组织协会开展活动，初步形成了行业参与

辖区社会管理的局面。四是专业执法。街道积极探索构建保障性执法理念，并形成《陶然亭街道实施保障性执法的工作意见》，保障性执法在街道抗震加固、拆违撤市、“城市病”治理、群租房整治等各项重点工作中，发挥了较好的工作效果。

2. 坚持源头治理，以网格为单元推进平安建设

一是建立健全八类台账，完善社会治安防控网络。八类台账包括建立健全网格内出租房屋管理工作台账、网格内防控资源力量台账、网格内实有人口台账、网格内重点部位防控工作台账、网格内重点单位防控工作台账、网格内重点区域防控工作台账、网格内重点人员防控工作台账、网格内重点事项台账，并根据网格实际情况，进行适时更新。二是完善人物技防建设，使平安建设延伸到每一个网格、楼院、家庭。街道现在共有楼宇 145 座，569 个单元。目前，已有 133 栋楼装有楼宇对讲系统，12 栋楼属于简易楼，待拆迁，无法安装，覆盖率达 91.7%；35 个小区中，除 15 个小区因为抗震加固、待拆迁尚未安装外，20 个小区已安装监控摄像头。三是加强分类管理，有针对性地推进平安社区创建。将地区 85 个网格按照社会治安的实际情况分为四种类型，即日常管理型 38 个、一般关注型 36 个、重点关注型 8 个、严密管控型 3 个，围绕平安建设中存在的问题和群众的需求，科学配置人防、物防、技防资源，提升全地区的社会治安防控水平。四是深化矛盾排查调处机制，有效化解各种社会矛盾。健全矛盾纠纷排查调处工作体系，坚持每月召开地区综治维稳工作中心会商暨矛盾纠纷排查工作会议，定期排查调处重点矛盾纠纷，明确包案领导、主责单位，协作单位，化解时限，紧抓督促落实。落实信访第一责任人、领导接待日制度，健全矛盾排查情况月报制，疑难问题早报告，对涉及拆迁、老楼加固、民工追讨工程款、住房保障、非京籍子女入学、居民与物业矛盾等问题，信访办做好来访者的登记，经过耐心细致的疏导工作，有效地化解了抗震加固、拆迁纠纷、退休补偿、

居民与物业矛盾等涉及民生的信访问题。

3. 坚持综合治理，构建社会面防控网络

一是加强重点治理。按照北京市、西城区的统一部署，在重大节日、特殊时期，街道成立安保维稳工作领导小组，组织机关干部、楼门院长、民兵、社区治安志愿者对地区有线电视光缆接点、过街天桥、立交桥周边、繁华场所等重点部位进行布控和动态值守。二是加强常态管理。充分发挥网格的基层指挥作用，在辖区内重点大街、重点部位设立48个社会面防控点位，每个值班点有3~5名治安志愿者进行实名定点轮岗，确保对突发事件及时有效处置，坚决打击震慑各类违法犯罪。各社区配备由社区治保主任负责的治安机动巡逻小分队，建立联勤工作机制，对各自辖区内网格进行机动巡逻，对值守情况进行检查。充分发挥楼门院长作用，在各自小区、院落组织群防群治力量进行值守。充实网格内专业执法力量，加强执法力量投入社区、网格，夜间由派出所带领100名巡逻队员开展夜间巡逻。三是加强群防群治。在“两会”、“6·4”、“7·5”、“7·22”、“开斋节”敏感日、陶然亭公园游园活动、“10·1”、APEC高官峰会期间，楼门院长、民兵、社区巡逻志愿者等群防群治力量加强巡逻，启动社会面防控等级，共有76347人次参与到社会面巡逻工作中。四是加强区域协同。依据《东城区和西城区共筑平安边界协议书》，陶然亭街道与东城区永外街道签订了共筑平安边界协议书，在边界部位建立“联谊、联防、联调、联打”工作机制，建立了平安边界创建工作联席会议制度，加强信息沟通，加大矛盾纠纷排查调处力度，快速果断处置各类突发性事件，联合管控、集中整治边界地区治安乱点、环境秩序类等影响边界地区和谐稳定的问题，维护边界社会秩序安全稳定。

4. 坚持依法治理，依托“联勤联动”机制整治顽症痼疾

一是开展扫黄打非专项行动，联合公安、工商、城管、交通等

相关职能部门共8人组织开展联合执法行动，对陶然亭地区的文化市场、出版物销售场所、电子市场等经营场所进行了6次联合整治行动，并形成工作常态，对销售非法出版物的游商，一律清查取缔；对其销售、存储的非法出版物一律收缴、登记、销毁，净化了地区文化出版市场。二是加强对辖区挂账重点治安地区的防控工作。与派出所配合，重点整治工人俱乐部门前的人才市场周边的非法招工和陶然亭公园周边等治安环境问题，设立了治安岗亭，配合公安、工商、城管、食药、卫监等相关职能部门，查处违规货运车辆、三轮车、无照经营行为，清理非法小广告，地区秩序明显改善。三是全面开展房屋违法出租问题专项治理。对辖区涉及的42处群租房，街道专门建立了群租治理工作专项台账，以平台、账册、实地情况“三一致”为工作标准，加强日常信息采集、录入、建册工作的落实和流管基础台账的信息维护，协调公安、工商、住建（房屋）、消防等相关部门开展联合整治行动，清理38处违法出租，取得良好的治理效果。四是依法做好人口调控工作。结合“城市病”治理40个问题等重点工作，在地下空间整治、拆违、撤市、群租房整治、抗震加固等专项治理的同时，对暂住证办理、工作地人口信息采集、旅馆、市场、工地暂住证的登记及注销等进行严格有效的规范，在圆满完成人口调控任务的同时进一步完善了长效的动态人口管理服务机制。

（三）完善公共服务体系，民生保障更加全面均衡

1. 提高服务能力，政务服务体系进一步完善

一是在需求导入环节，深入推进“访民情、听民意、解民难”工作，着力构建社情民意采集网络，建立起全面感知社情民意、快速传递民情信息、积极响应民生需求的长效机制。2014年共收集社情民意1454件，已解决1419件，解决率达97.59%。二是在响应环节，

整合城市管理、综合治理、社会服务管理网格，形成85个“全响应”网格，实现了“三网合一”，加强了专业力量。落实网格管理实名制，在机关干部联系网格机制的基础上，将城管网格员以及工商、卫生、食品药品监管、消防、公安等部门相关人员等专业力量落实到网格，切实做到“基础力量一员一格、专业力量一员多格、响应力量一格多员”。与此同时，街道“全响应”指挥中心建立全响应社会服务管理调度系统，实行电话上报、平台上报与线下流转相结合的事件流转方式，对45个科部室、社区、职能部门进行统一调度，实现地区科、站、队、所、社区网络的有效联通。三是在办理环节，推进行政服务标准化。按照形象标识、服务标准、运行规则、网络平台、业务流程“五统一”的要求，深入推进服务大厅规范化建设，统一编制街道服务大厅对外开展服务目录，建立行政服务目录的动态管理机制，做好街道、社区服务站行政服务事项的落实。推进“全区通办”、“三级联动”行政服务工作，深化网上服务功能，充实完善办事指南、预约办理、材料预审、监督以及联网核查系统功能，方便办事人查看事项的办理进展，查询办理结果，促进网上行政服务的广度和深度，将公共服务大厅建设政府信息公开查阅、民智民意采集和社会服务管理“全响应”的重要场所，方便群众就近就便办事。全年大厅窗口接待总量53741件，接待咨询8185件，街道社区服务平台业务录入3964件。

2. 强化民生建设，社会服务体系进一步完善

一是以创建充分就业街道和充分就业社区为核心，推进就业服务体系建设。充分发挥辖区岗位资源、服务资源、政策资源、社会资源优势，实施精细化就业服务，对就业困难人员、创业人员、未就业大学生、政策扶持等四个方面进行有针对性的就业援助与帮扶，将企业招聘、政策宣讲、就业帮扶引入社区，直接和失业人员“面对面、心贴心”，努力提升就业服务质量，进一步促进充分就业。2014年陶

然亭街道实现就业 1339 人，城镇登记失业率为 1.09%，就业率为 74.68%，充分就业率达到 80%，街道范围内无“零就业家庭”，全面完成各项就业指标。二是结合辖区人口结构特点，不断完善养老服务体系。出台《街道为老服务实施方案》，以“敬老由心，助老有我”为理念，推进街道为老服务系列化、品牌化建设。建立服务商管理长效机制，辖区 44 家服务商为老年人提供特色服务。完善敬老院、聚老阁、楼宇俱乐部等老年人活动场所建设，探索居家互助养老模式，“乐陶然”居家养老服务圈被评为 2013 年度市级一刻钟社区服务圈达标示范点。巩固“8+3+N”家庭医生式服务模式，已签约家庭万余户。吸纳 10 家专业机构加入“乐陶然”为老志愿服务队，为老年人提供医疗保健、精神慰藉、生活照料等志愿服务，形成“专业服务进社区”长效机制。三是关爱社会弱势、特殊群体，强化社会救助服务体系建设。开展“快乐音乐吧”音乐治疗课程，关注残疾人身心健康。强化“服务第一”的工作理念，深入开展“面对面、心贴心、实打实服务职工在基层”活动。加强人口文化建设，拓展 0～3 岁婴幼儿早期教育内容。打造单亲姐妹驿站，帮扶单亲家庭，维护妇女权益。扎实开展特殊人群服务管理专项行动，规范流动人口服务管理。

3. 创新服务方式，社区服务社会化深入推进

一是推进为老服务社会化。社区服务中心与地区 50 家企业签订了《居家养老（助残）服务协议书》，为地区 1860 名 80 周岁以上老年人、173 名重度残疾人提供餐饮服务、医疗保健、生活照料、文化娱乐在内的各项为老服务，服务达到 25000 人次。中心统一制定《陶然亭街道服务商管理基本规范》《陶然亭街道居家养老服务单位准入制度》《陶然亭街道居家养老服务规范》，建立相关服务规范、明确工作职责，严格监督服务行为，对于不合格企业及时责令整改。二是推进专业服务进社区。为了进一步提高社会服务的水

平，陶然亭街道积极培育社区志愿者队伍。2014 年陶然亭街道在北京市社区志愿者管理系统中注册社区志愿者 8517 人，注册志愿队 102 支，志愿者注册率占街道户籍人口的 15%。由清华池、陶然亭卫生服务中心、红土店液化气站、晨晨理发店等 30 家居家养老服务单位、300 名具有专业技能人员组成的“乐陶然”为老志愿服务队，深入敬老院、走进社区、来到老人身边，为有需求的老年人开展入户义诊，上门理发、修脚洗浴，打扫卫生，代换煤气，文体活动等敬老助老志愿服务，形成“专业服务进社区”的长效机制。三是提升便民服务业态。重点提升菜市场服务业态，规范管理现有的菜市场。陶然亭街道社区服务中心通过与居民、居委会及菜市场经营方等多方接触、共同努力，先后与太平天和菜市场、四平园菜市场等签订服务管理三方协议，提升改造市场，建设一座综合性“百姓生活服务中心”，优化经营管理，整顿市场秩序，满足辖区居民多样性、个性化的需求。同时，对于没有经营场地而居民确实有强烈需求的小区、社区，引进规范化蔬菜直通车，解决部分居民买菜需求。

（四）完善社区治理体系，社会动员更加广泛深入

1. 社区规范化建设深入推进，社区治理能力明显提升

一是强化社区硬件设施建设。推进“六型”社区创建，按照规范化社区建设的标准积极协调开发商落实社区办公服务用房，改造辖区两处共 1440 平方米的人防地下空间，建立街道北部区域市民活动中心和街道社会组织管理服务中心，八个社区办公服务用房全部达到 350 平方米标准；米市社区在“六型”社区创建基础上申报北京市规范化社区建设示范点。二是完善社区规范化制度。开展社区延时值班、预约服务；梳理社区服务事项，出台《社区全科服务制度》《社区—网格全科服务指导意见》，编制《社区全科服务工作手

册》；整合和完善了《陶然亭街道社区居委会财务管理办法》《陶然亭街道社区居委会固定资产管理办法》等5个社区管理制度，配套出台了相关监督检查要点，加强对社区公益金、办公经费、便民服务专项资金、固定资产的使用和管理。三是加强社区工作者队伍建设。出台《街道社会工作者继续教育管理办法（试行）》，组织、动员、鼓励社区工作者报考社工师、助理社工师，组织社区负责人、社工骨干、新招录社工先后参加“万名社工培训”等能力提升培训。成立街道社区领袖之家，组织开展参观学习交流、社工运动会等活动。成立街道社区工作者工会，组织社区工作者参加体检、运动会，组织社区工作者参加市总工会举办的心理培训体验课程。四是依法平稳有序启动社区调整工作。深入调研，陶然亭街道完成《陶然亭街道社区调整评估报告》，制定2014年社区调整工作方案，米市、果子巷、新兴里、龙泉等相关社区顺利推进社区调整相关工作。

2. 社区自治体系逐步完善，社区自治功能明显提升

一是努力强化社区居委会的自治功能。采取“户代表”选举居委会成员的方式，扩大了社区居委会直接选举的覆盖面。采取“4+2+1”模式组建社区居委会，即由4名社区专职工作者和2名居民代表、1名辖区单位代表组成，调动了居民和辖区单位积极参与社区建设的积极性。按照“权责匹配、费随事转”的原则努力明确社区居委会的职责任务，减轻居委会工作负担，强化其民主自治功能。二是积极探索居住小区自我管理模式。坚持试点先行，成立物业协会，探索平房区、无物业管理小区、老旧物业管理小区和高档物业管理小区分级分类物业管理模式。黑窑厂社区实施西城区参与式协商试点，红土店社区申报北京市老旧小区自我服务管理试点，四平园、陶然湖景和韵竹园等小区业主大会、小区业主委员会等自治机构逐步建立，相关《议事规则》《管理规约》等逐步完善，业委会依法按程序履行职

责、协助社区居委会参与和谐社区建设。三是健全网格议事决策机制。从黑窑厂社区、粉坊琉璃街社区开始试点，形成网格事务居民广泛参与、民主决策的自治模式，通过组建网格议事委员会吸收居民参与协商民主议事，居民全程参与发现问题、分析问题和解决问题，实现了居民群众对网格公共事务的话语权、参与权、决策权、监督权，黑窑厂社区11、12号楼居民达成了绿地改造、加装排污设施等集体决议，由街道出资，将12号楼前一块闲置边角地建成了休闲纳凉的小花园，得到居民的广泛好评。

3. 完善培育支持机制，社会组织发展迅速

通过建立健全统一登记、各司其职、协调配合、分级负责、依法监管的社会组织管理体制，从政策资金、技术支持、业务指导、舆论宣传等多方面加大力度，“三社联动”努力培育打造一批贴近百姓需求，特色化、品牌化的社会组织。一是加大政策资金支持。进一步深化政府购买服务工作，按照重点培育公益类、服务类、品牌化社会组织的思路，2014年接受社区社会组织申报的重点培育项目21个，预算资金65.48万元；街道层面社会组织申报项目13个，预算金额72.5万元。此外，新改造960平方米的人防地下空间，为社会组织培育工作提供必要保障。二是加大项目管理培训力度。组织专家团队召开项目评审指引会，提高项目策划和运行质量；深化跟进式培育机制，提升社会组织创新意识和能力。三是加强日常管理。建立实施社会组织工作月报制度，动态掌握社会组织项目实施及资金使用情况；积极与第三方社工机构开展合作，借助专业社工的社会工作手法，提高工作效率和成效。社区社会组织开展了丰富多样的活动，激发了社区居民参与社区建设的热情，形成社会组织服务内容与社区居民服务需求良性互动的新格局。街道层面社会组织2014年共开展活动130余次，受益7100余人次；社区社会组织共开展活动70余次，受益约15000余人次。

（五）完善区域化发展体系，地区活力快速迸发

1. 以区域化党建释放组织活力

构建了以街道“大工委”为统领、7个专业委员会为依托、8个社区“大党委”为支撑和85个群众工作网格为基础的“1+X”区域化党组织网络体系。街道“大工委”作为领导机构，成为街道最高议事协调组织，议大事、抓大事，增强了街道工作的整体性和协调性。七个专业委员会、社区“大党委”作为区域党建工作载体，共同构建“党建工作联创、经济发展联促、城市管理联抓、精神文明联建、文体活动联办、安全维稳联保、民生服务联做、社区共建互助”的运行机制，形成资源共享、优势互补、共建共享区域化发展新格局。区域党建“1+X”工作模式，打破了“各自为战”的体制壁垒，通过把零散的社会单位和“社会人”系统化、集成化，基本实现了对辖区内人、地、物、事、组织的全覆盖。

2. 以机制建设激活社会活力

一是健全街道购买公共服务机制。在开展“访听解”活动准确把握公众需求的基础上，及时充分向社会公布街道购买服务项目、内容以及对承接主体要求和绩效评价标准等信息，以委托、承包、采购等方式购买公共服务，将街道群众性文化活动、居家养老服务、社区便民服务等事项转移给专业的社会组织和社会企业承担。二是以项目运作机制带动资源整合。推广街道物业协会“菜单式”便民服务项目，开展街道“大工委”推出的“社区文艺人才培养工程”、“夜间免费泊车”等项目认领活动，整合了行政、社会、市场、居民、党建等各类资源，打造了一批以需求为导向的服务项目，促进了街道的融合发展，激发区域化整体发展的内在活力。三是深化共驻共建工作机制，通过建立民主议事协商、共驻共建、区域监督评价等推进区域化整体发展的运行机制，调动了辖区单位参与街道事务的积极性，增

强了参与街道活动的意识和热情，建立奖励资源开放共享、规避公共安全风险、保障共建单位权益等机制，开发利用辖区单位资源服务社区居民群众，促进资源共享持续长效、拓展丰富，使居民群众能最大限度地享受区域化整体发展成果。

3. 以共同愿景凝聚发展合力

街道运用系统论的观点和方法，将“六德”教育、陶然地书等文化品牌优势与中央芭蕾舞团、陶然亭公园等文化资源优势结合起来，将街道的人、地、物、事、组织看成一个有机整体，既把辖区单位和社区居民当作服务对象，又作为合作对象和依靠力量，提出了“携手四方、共创陶然”的区域精神，确定了“共创陶然式美好生活”的共同愿景，同步提出了“阳光理政、用心服务”的政务理念和“团结、奉献、求实、向上”的机关文化，作为街道领导班子和干部队伍共同遵守的基本信念、价值标准和行为规范。此外，还创作了《陶然之歌》作为展示街道风采和陶然人良好精神风貌的“街歌”。街道理念体系的构建确立了以区域共同利益为纽带的价值导向，汇集了共建陶然美好家园的强大合力，筑牢了推进区域化整体发展的思想基础。

三　探索形成独具特色的“陶然式”美好生活新模式

2014 年，习近平总书记考察北京并发表“2 · 26”重要讲话，明确了对北京“四个中心”的战略定位。作为承载首都功能的重要地区，陶然亭街道如何在落实首都城市战略定位中做好服务，在建设国际一流和谐宜居之都中当好示范，在调整疏解非首都核心功能中提供支持，在实现京津冀协同发展中创新机制，在全面深化改革中激发活力，是陶然亭街道新时期地区治理的总任务，也是探索地区治理创新的总背景。在这个总背景下，陶然亭地区的发展优势突出，劣势也很明显，既有前所未有的历史机遇，也面临着前所未有的严峻挑战。需要科学研判发展形势，制定正确的发展目标和可行的发展战略，进一步完善地区治理体系，提升地区治理水平。

（一）陶然亭地区治理形势的SWOT分析

1. 优势（STRENGTH）

（1）人文资源丰富。历史上陶然亭地区曾经是北京的会馆集中之地，在清代中叶会馆发展的最鼎盛时期，建有会馆72座，其中以南海会馆（康有为、梁启超）、中山会馆（孙中山、广东青年会）、蒲阳会馆（林则徐）、湖广会馆（孙中山纪念馆、湖广会馆大戏楼）最为著名。地区现有国家、市、区级重点文物保护单位3处。深厚的文化底蕴，光辉的革命史迹，秀丽的园林风光，使陶然亭地区久负盛名。

（2）文化气息浓郁。地区内有大学1所（市总工会职工大学）、中学3所（十五中、六十二中、戏校附中）、小学3所（陶然亭小学，福州馆小学、太平街小学）、幼儿园1所（陶然幼儿园），其中北京市职工大学、北京市第十五中学较有影响。辖区内还有中央芭蕾舞团、中国歌剧舞剧院、北方昆曲剧院、区文化馆、宣武少年宫等多家文艺团体和文化活动场所。

（3）发展潜力较大。近年来，随着一系列重点项目的实施，街道以南横东街、陶然亭路为界形成了北、中、南三个特色鲜明的发展区功能区，即中信城北部金融业带动的总部经济与现代文明生活的北部区；中山会馆南侧220千伏变电站项目与都城大厦国家电网公司带动的电力经济与和谐宜居的中部区；国家药监局项目带动的食品药品经济与陶然亭公园为核心的休闲文化的南部区，具有较大的发展潜力。

（4）生态条件较好。陶然亭公园占地57公顷，其中水面17公顷，辖区常住人口人均近 10 平方米公园面积，是西城区南部最大的公园。辖区还有陶然亭桥至开阳桥段南护城河，长 1. 14 千米，绿化面积 5325 平方米。与 2014 年西城区人均公共绿地 3. 46 平方米的现状相比，陶然亭地区的生态条件具有得天独厚的优势。

2. 劣势（WEAKNEES）

（1）人口结构复杂，服务需求多元。街道辖区楼院平房混合，人群结构复杂，服务需求多元。人户分离多、流动人口多、老年人多、残疾人多、困难群体多是地区人口的显著特点。街道现有户籍人口 5. 6 万人，常住人口 4. 4 万人；有流动人口 12018 人；有 60 岁以上老年人 13492 人，占常住总人口的 30. 5%；人户分离 4506 人，占总户数的 22%；有残疾人 1964 人，占常住总人口的 4. 4%；享受“低保”人员 1294 人，占常住总人口的 2. 9%。

（2）基础设施落后，市政欠账较多。辖区八个社区有六个是楼房、平房院落混合居住区，规划建设的年代比较久，老旧平房多，有不少简易楼，市政基础设施落后，房屋产权结构复杂，不少建筑年久失修，住房质量较差，水电气热等基础设施条件比较差，管线老化的情况比较严重，存在大量三类以上房屋（危旧房），挂账违建达 3260 个、27553. 54 平方米。近年来，随着中信城地产项目的稳步推进、南横东街道路通车以及已建成的陶然北岸和一瓶地产项目，辖区基础设施有所改善，但总体上市政公用设施的欠账仍然较多。

（3）“七小”门店较多，业态提升困难。与大量低收入人群相对应，陶然亭地区小餐饮、小发廊、小作坊、小卖部等“七小”业态较多，普遍存在经营不规范、卫生条件比较差等问题，特别是这些经营单位租用的房屋多数属于老旧房屋，水电气热等基础设施条件比较差，安全生产隐患比较多，是地区安全生产监管的难点和重点。目前，伴随着人口调控工作的推进，尤其是“以业控人”等措施的出台，辖区内的“七小”业态面临调整提升，如何在调整提升业态的同时平衡低收入群体的服务需求，是一个值得重视的问题。

（4）社会矛盾复杂，稳定压力较大。陶然亭地区是北京旧城的重要组成部分，房屋产权复杂，市政设施落后，聚居人口密集，历史遗留问题多，低收入人口多，流动人口多，居民收入差距大，存在大量违建拆除等关系辖区居民切身利益的问题，教育、医疗、住房和人口老龄化等问题日益突出。从长远来看，更好地解决辖区居民的生活问题、居住问题、收入问题、业余文化生活质量等问题才是破解复杂社会矛盾的根本出路。

3. 机遇（OPPORTUNITY）

（1）“四个全面”深入推进的机遇。党的十八大后，围绕实现“两个一百年”和“中国梦”的奋斗目标，全面建成小康社会、全面深化改革、全面依法治国、全面从严治党，“四个全面”渐次展开、相互配合、形成合力，成为新时期以习近平为总书记的党中央治国理政的系统逻辑和主线轨迹。“四个全面”协调推进，对街道基层党的建设、政府管理、社会治理、民生保障、社会动员提出了更高的要求，同时也为从根本上解决长期制约基层治理现代化的体制机制问题、政策法律问题提供机遇。

（2）京津冀协同发展的机遇。作为一个重大的国家战略，京津冀协同发展将是新时期北京市建设发展的主线。京津冀协同发展对于陶然亭地区而言，一方面意味着考虑辖区治理必须放在京津冀协同发展的战略格局中，在功能疏解、人口调控上有所作为，以更高标准、更大尺度、更深层次来谋划基层改革，在构建现代化基层治理体系、提升现代化基层治理能力方面做出示范、引领发展；另一方面京津冀广阔的地域空间、市场空间、发展空间也为解决陶然亭地区的问题提供了更为广阔的腾挪余地。

（3）北京有序疏解非首都功能的机遇。落实新时期首都城市战略定位，疏解非首都功能、治理大城市病将是北京市、西城区经济社会发展的一个重要主题。结合“十三五”规划编制与实施，北京将在产业布局、功能疏解、社会治理、人口调控、城市管理、古都保护、文化建设等瓶颈问题上有重大改革和政策举措，这就为陶然亭地区城市功能的完善、社会事业的发展提供了重大机遇。

（4）西城区落实首都新定位的机遇。学习贯彻习近平总书记视察北京重要讲话精神，西城区进一步解放思想、转变观念，主动融入京津冀协同发展，积极推动有序疏解非首都功能，优化提升首都核心功能，越来越把工作重心聚焦在履行好“四个服务”职责上；紧扣新时期首都城市战略定位、建设国际一流和谐宜居之都的目标，越来越把衡量工作的标准聚焦在国际一流这“一个标准”和谐、宜居这“两把尺子”上，把发展愿景聚焦在“安全、安静、舒适、典雅、古朴”这五个词上。这对陶然亭地区全面提升地区治理水平提出了更高的要求。

4. 挑战（THREET）

（1）多元化的利益格局对一元化的管理方式形成挑战。随着市场经济的推进，我国社会改革开放之前形成的利益主体单一的、典型的、大一统的一元化社会发生了变化。利益关系从统合走向分解，利益主体呈现出多元化趋势。由于利益格局引发的过激反应日趋凸显，诸如土地征用、房屋拆迁、医患冲突、环境事件等，经常成为人们关注的新闻热点和焦点。在这种情况下，原有的单一的、行政化的、自上而下的管理方式已无法适应，需要建立多层次的复合型治理结构，以适应一个利益多元化社会在治理上的需要。

（2）复杂化的社会需求对滞后的公共服务形成挑战。随着社会变迁，中国社会结构分化，城市人口结构、家庭结构、就业结构和社会阶层发生深刻变化，辖区人口老龄化、高龄化进程明显加快，大量丁克家庭，空巢家庭，单身家庭，失独家庭增大养老风险、家庭生存和发展的风险；同时社会阶层分化明显，不同阶层的人群居住空间分隔，消费水平分层，收入差距巨大，社会需求结构深刻变化。面对这些新的变化，我们的公共服务设施、政策、能力均需同步跟进。

（3）数字化社会生活对政府的公共治理能力形成挑战。大数据时代的到来，在技术创新和发展，全面感知、收集、分析、共享等手段的推进下逐渐形成一种全新的看待世界的方法和视角，我们的生活方式、工作方法和思维角度正为随之而来的信息风暴所改变，现有的社会秩序也面临着拆解和重构。社会生活的快速数字化需要政府创新治理手段、提高运用大数据强化社会治理的能力，但目前我们的社会治理大数据共享障碍多，大数据运用的相关能力弱，大数据为政府的公共治理提出了新的挑战。

（4）法治化的治理要求对街道基层治理方式形成挑战。党的十八大及十八届四中全会提出了全面推进依法治国的部署，对政府依法行政提出更高的要求。街道基层作为社会管理的第一线，同时也是群众矛盾纠纷解决的第一线、意见收集解答的第一线，需要进一步树立法治思维，善于用法治思维想问题、作判断，善于用法治方式化解矛盾、促进和谐，严格按照“权力清单”形式权力，严格按照程序标准实施行政行为，同时拓宽公众参与和表达渠道，重构政府与群众之间的互信，努力提高社会治理法治化水平。

（二）“陶然式”高品质生活模式：与时俱进的地区治理新目标

对陶然亭地区发展的优势、劣势、机遇、挑战的上述研究表明，陶然亭街道发展优势明显，劣势也很明显，机遇与挑战并存，但挑战先于机遇。进入“十三五”以后，伴随着西城区落实首都“四个中心”功能定位、疏解非首都功能和治理“大城市病”的有序推进，陶然亭地区需要进一步明确目标，把握机遇，发挥优势，迎接挑战，进一步完善治理体系，提升治理能力，优化治理思路，全面提升地区和谐宜居水平。

1. 一以贯之的陶然亭地区发展战略

街道于2012年1月提出了“实现区域化整体发展，共创‘陶然式’美好生活”的奋斗目标，包括理念体系、目标措施、发展布局三个部分。

——理念体系包含四部分，即“携手四方、共创陶然”的区域精神，“阳光理政、用心服务”的政务理念，“团结、奉献、求实、向上”的机关文化和旋律优美的《陶然之歌》。

——目标措施分为“四优”目标和“五化”措施，即通过党委领导系统化、政府负责规范化、社会协同组织化、公众参与多元化、法治保障专业化，不断探索实现以优美的城市环境、优质的民生保障、优雅的文化品质、优良的道德风尚等“四优”为主要内容的“陶然式”美好生活。

——发展布局划分为三部分，即以南横东街、陶然亭路两条横贯地区东西的主干路为分界，将地区由北向南依次规划为中信城北部金融业带动的总部经济与现代文明生活的北部区、中山会馆南侧220千伏变电站项目与都城大厦国家电网公司带动的电力经济与和谐宜居的中部区、国家药监局项目带动的食品药品经济与陶然亭公园为核心的休闲文化的南部区。

“实现区域化整体发展”符合街道职能定位，体现了创新社会治理体制中坚持系统治理的要求。“共创‘陶然式’美好生活”契合街道资源特征，体现了创新社会治理体制中强化道德约束的要求。理念体系的提出凝聚了街道各类组织和居民群众推进区域化整体发展的广泛共识。“五化”格局是中央要求在基层实际工作中的具体化，体现了创新社会治理体制中多方参与、共同治理的理念。实现“四优”目标既坚持了工作中的高标准，又回应了辖区单位和社区居民的期望。发展布局的规划体现了街道的资源禀赋和发展特征。

三年来，陶然亭街道工委办事处一以贯之地推进区域化整体发展，逐步完善理念体系、目标措施、发展布局，清晰的治理思路为地区治理奠定了扎实的基础。

2. 落实首都新定位背景下陶然亭地区发展目标再创新

习近平总书记2014年年初视察北京以后，北京城市发展面临重要转型，作为首都城市核心区，西城区的发展进入一个新的历史时期，对西城区的发展提出了新的要求：一是立足自身资源禀赋和发展优势，把“四个中心”的功能定位落到实处；二是有序疏解非首都功能，提升服务首都核心功能的能力和水平；三是完成“十三五”末常住人口规模减小15%的任务，治理“大城市病”；四是调整经济结构，不断完善以金融业为代表的“高精尖”经济结构；五是不断破除体制机制对区域发展的制约，不断深化和推进各个领域的改革；六是按照建设国际一流和谐宜居之都的标准进一步提升城市宜居水平。对照这些要求，陶然亭地区的发展思路需要进一步充实完善和提升。

总体目标是围绕落实首都“四个中心”城市功能定位、建设国际一流和谐宜居之都的要求，牢牢把握“实现区域化整体发展，共创陶然式美好生活”的大方向，以文化为魂，以生态为体，以服务为用，建设优美的城市环境、优质的民生服务、优雅的文化氛围、优良的道德风尚，打造“安全、安静、舒适、典雅、古朴”的“陶然式”高品质生活。具体目标包括如下。

（1）城市环境要优美。统筹人口、资源、环境，圆满完成人口调控任务，着力降低人口密度、缓解人口压力；积极配合非首都功能疏解，优化地区功能结构，优化地区产业结构。加强环境基础建设，加强街区、胡同、院落基础设施建设、绿化美化、危旧房屋改造、棚户区改造、公用设施维护。继续深化以网格为基础单元的精细化城市管理，加大力度整治生活居住环境以及地区卫生秩序等，强化长效机制建设。

（2）民生服务要优质。优化公共服务，通过完善公共服务大厅中的服务项目、社区服务中心的服务项目、救助助残服务、为老服务等内容，提升居民福利水平。创新服务提供方式，通过对社会组织、社会资源的统筹以及社区自治组织建设等，满足群众多层次、多样化的社会服务需求。推进社区生活性服务业便利化、规范化、品牌化、连锁化、集约化，积极构建管理规范、流通安全、服务便捷的现代宜居生活性服务体系。加强源头治理，创新化解矛盾方法，不断提升防灾减灾能力、综合治理水平、安全生产管理和信访与司法工作能力，推进公共安全治理现代化。

（3）文化氛围要优雅。加大力度梳理地区文化脉络，挖掘整理历史文化遗产，植入文化产业，适度开发会馆文化、戏剧文化、宗教文化、平民文化。继续深化学习型街道创建，广泛搭建文化平台，推进各类群众性学习型组织创建，提高市民素质。完善基本公共文化服务体系，加强社区文化建设，深入开展群众文化活动。加大力度建设地方特色的传统民俗文化，提高陶然亭文化的品牌影响力。

（4）道德风尚要优良。坚持首都意识、首善标准和首创精神，扎实推进社会主义精神文明建设，创新精神文明建设机制，全面提升城市文明程度和市民文明素质；重视未成年人思想道德建设，提高思想道德水平和科学文化素质；加强中华优秀传统文化教育，传承优秀历史精神和文化价值；加强网络阵地建设，传播健康向上网络思想文化；建设核心价值观建设的政策机制，扎实推进精神文明建设工作落实。

3. 创新发展战略，建设陶然式高品质生活

从陶然亭地区的区位、资源、基础条件出发，结合西城区落实首都新定位、建设国际一流和谐宜居之都示范区的要求，陶然亭街道应把建设发展的重点聚焦在“文化”、“生态”、“服务”三个词上，以文化为魂，以生态为体，以服务为用，打好三张牌，建设三个陶然亭。

（1）打好文化牌，建设文化陶然亭。文化是民族的血脉，是人

民的精神家园。陶然亭历史文化积淀厚重，遗存丰富，人文基础较好。要把培育软实力与弘扬陶然亭特色传统文化结合起来，培养高度的文化自觉和文化自信，加快文化陶然亭建设，进一步增强地区居民、单位对陶然亭的认同感、自豪感和归属感，体现城市的历史厚重感与古今相融共生的文化品位。

（2）打好生态牌，建设绿色陶然亭。如果把陶然亭地区比作一幅美丽的图画，那么，生态就是这幅美丽图画上的底色，是陶然亭最富竞争力的资源。要充分利用陶然亭公园的品牌优势，着力打造建筑与环境、社区与城市、人与自然和谐协调的绿色社区，加大力度推动绿色建筑、社区绿化、垃圾分类、污水处理、节水、节能和新能源等设施的建设，积极培育生态文明意识，强化社区管理及生态环境建设、养护的社会参与，使环保成为一种生活方式，一种社区文化。

（3）打好服务牌，建设服务陶然亭。服务是西城区的立区之本，也是首都赋予陶然亭的基本职责和政治任务。围绕落实“四个服务”，不断强化服务意识，更新服务理念，创新服务举措，提高服务能力，创新政务服务，完善基本公共服务体系，发展社区便民、利民服务，积极推进高品质生活性服务业发展，进一步提升服务的优质化、高效化、精细化的水平，营造便捷、舒心的宜居、宜业城市氛围，以优美的城市环境、和谐的社会环境、典雅的文化环境成就陶然式高品质生活。

（三）“五治并举”是推进创建“陶然式”美好生活的新路径

在明确地区发展方向和发展战略的基础上，需要进一步在管理、治理上下功夫，创新治理方式，整合党委、政府、社会组织、驻区单位、居民群众的力量，构建党委领导下的“共治”格局，提升政府善治能力，完善社区自治体系，重塑公民法治信仰，营造社会“德治”环境，共治、善治、自治、德治和法治“五治并举”，努力提升地区治理水平。

1. 构建党委“共治”格局，推动社会活力快速迸发

坚持以党建带共建，进一步完善街道、社区区域化党建工作机制，以党建创新引领社会治理创新。一是进一步完善区域党建“1 + X”工作模式，加强组织建设，分别在楼、院、街巷建立管委会，通过组织再造把地区零散的单位纳入组织中来，实现区域化党建工作对人、地、物、事的“组织全覆盖、服务全响应”。符合条件的“两新”组织同步成立党组织。二是强化载体运行，继续用学习型组织理论指导实践，牢固树立系统思考和区域整体发展概念。充分发挥街道“大工委”作用，通过项目化运作努力把文明城区创建作为街道“大工委”发挥作用功能的主渠道和主阵地。街道“大工委”下设的七个专业委员会要以搭建平台、统筹资源为重点，把区域内不同类型的单位、门店组织起来，充分发挥行业协会的自律作用，营造规范守信的市场环境。三是要把工会、共青团、妇联等组织建设纳入区域化整体发展中来，进一步形成党建带工建、妇建、团建并服务党建的齐抓互动、共同发展的良好局面。四是建立区域事务民主共商机制，坚持协商于决策之前和决策实施之中。五是建立监督绩效评价体系，扩大评价主体，实现评价主体多元化，将年度社区代表大会的综合评议调整为“一事一议”。健全评价制度和信息支撑系统，为增强工作有效性提供有力保障。抓好党员队伍建设，通过开展形式多样的活动，发挥党员在推进区域化整体发展中的先锋模范作用。

2. 提升政府“善治”能力，推动社会服务更加完善

一是加快推进街道体制改革，努力强化街道统筹协调职能；通过优化街道组织机构设置和组织运行机制设计，以合理科学的考核评价体系、规范化的岗位管理制度、富有激励性的薪酬和奖励体系，改善和提高办事处、科站队所、社区及社区服务中心行政效率、效能和绩效，提高管理服务能力。二是加快推进政府职能转变最大限度地为社

会发展让渡空间。完善社会组织培育的政策体系和孵化平台，健全街道购买公共服务机制，创新公共服务供给方式，在开展“访听解”活动准确把握公众需求的基础上，继续探索委托、承包、采购等方式购买公共服务，将街道群众性文化活动、居家养老服务、社区便民服务等事项转移给专业的社会组织和社会企业承担，提高社会组织化程度。三是加快推进公共社会均等化。在服务范围上，既要关注居民诉求，也要照顾关注单位需求；在服务对象上，要以为低保、残疾等特殊人群服务为主，同时又要兼顾地区实有人口，关注社区居民的菜篮子、早餐车等一系列便民服务。四是加快推进大数据应用，进一步完善“全响应”网格化社会服务管理体系，积极推进街道信息公开，努力实现社会服务信息化，城市管理精细化。五是创新服务方式，要转变过去的行政命令式为民主协商式，加强服务的系列化、品牌化、阵地化建设，加强“阵地”的标准化建设，以便于注入各类资源，确保学习有场所、活动有阵地、服务有平台。

3. 健全社区“自治”体系，推动社会动员更加广泛

一是开发社区自治功能。深化社区体制改革，构建社区承接行政事务与开展自治事务相分离、政府管理体制与居民自治功能互补的新型社区管理模式，推进社区减负增效，建立社区工作准入机制，清理整合对社区的评比考核，将社区主要精力转向社区自治服务，满足居民需求。推行“参与式”协商治理模式，引导居民参与社会治理和公共事务。二是扩大多元参与，完善社区自治体系。通过推动社区自治、社会组织协同、驻区单位履行社会责任，完善多元共治、积极协同的基层社会自治机制。着力推动社区管理规范化、社区事务民主化、公共服务社会化和自我教育生活化的“社区服务主导型”模式。三是夯实网格自治基础。以楼门、院落为单位，以 85 个社区居民共同利益关联更加紧密的微网格为纽带，以“网格议事会”和“楼、院、街巷管委会”为载体，本着放权于民的原则，组织居民定期协

商社区环境、民生保障、文化活动、推优评先、困难慰问等涉及居民身边公共利益的社区事务。通过程序严谨的网格议事，让社区居民享有充分的话语权、参与权、决策权和监督权。发挥街道网格指挥中心作用，组织动员辖区单位、党员、居民、楼门院长和各类志愿者在网格内组建志愿服务团队。四是增强社会自我调节功能。充分发挥以行业规范、社会组织章程、居民公约等社会规范在协调社会关系、约束社会行为、保障群众利益等方面的作用，切实把民主协商的结果以居民公约的形式固化下来。强调集体主义观念，明确居民享受服务和提供资源为社会服务是对等的关系。

4. 重塑公民“法治”信仰，推动社会关系更加和谐

一是加强“平安陶然”建设，建立健全运用法治思维和法治方式化解社会矛盾、协调利益关系的机制，严格依法规范社会治理和公共事务，完善以网格为基础的人防、技防、物防一体化群防群治防控体系，牢牢守住首都功能核心区政治安定、社会稳定底线。二是深化法治保障专业化。深入推进“三自一专”安全维稳机制建设，完善街道保障性执法机制，整合行政资源，重点针对违章建设、违法经营、安全隐患、环境脏乱等居民反映强烈的棘手问题联勤联动，开展综合治理。三是善于运用底线思维的方法从源头上预防和减少矛盾发生。坚持以证管人、以房管人、以业控人，切实加强流动人口管理，杜绝地下空间出租和群租转租问题。强化安全生产责任，完善经常性、制度化安全隐患检查机制，遏制火灾等安全事故发生。健全人民调解、行政调解、司法调解联动工作机制，坚持每月开展矛盾排查和情况会商，切实提高重点矛盾纠纷化解率。四是加强法制宣传教育，营造法治文化范围，不断提高依法治理的能力和水平。

5. 营造社会“德治”环境，推动社会环境更加文明

一是加强公民道德体系建设。不断加强社会主义核心价值观教育，不断健全社会诚信和社会责任体系，不断完善互联网治理社会化

和网络文明建设，积极开展社会文明引导活动，努力营造诚信、友爱、积极的社会环境，实现道德规范对社会治理主体、群众行为的软约束。二是发挥陶然文化研究会的独特作用，通过积极培育自尊自信、理性平和、积极向上的社会心态，引导居民自觉履行法定义务、社会责任、家庭责任，让居民群众真正成为区域化整体发展的推动者、实践者，形成乐享“陶然”的和谐氛围。三是强化榜样力量。加强党风廉政建设，以清明的党风政风激发社会正能量，以政府诚信带动社会诚信。培育和挖掘道德模范，注重发挥市民公约、行业规章等社会规范在社会治理中的作用，培育首善之区的文明素养、优雅行为以及良好的精神风貌。

四　以深化“五化”为抓手打造区域化整体发展升级版

在明确新时期陶然亭地区治理的目标、战略和路径的基础上，需要陶然亭街道工委、办事处进一步深化“五化”措施，打造落实首都新定位背景下的区域化整体发展的升级版。

（一）推进党的领导系统化

1. 完善“一核多元”的地区治理架构

以强化党的领导，落实党的领导责任为中心，以社区为基础，以街道统筹为重点，以服务为中心，完善党的组织体系，创新服务载体，整合服务资源，使党的工作在区、街、居、网格、党员五个层次纵向贯穿到底，在政府机关、社会单位、社区居委会、非公组织、居民五个方面横向全覆盖，构建全方位、多层次、宽领域的党建工作格局。

2. 创新街道党工委工作体制

构建以街道工委为领导核心，地区管理委员会党委、社会工作党委为执行主体的街道党工委工作体系。街道社会工作党委负责地区社会领域党建、社区建设、社会动员和地区精神文明建设工作，代表街道工委组织协调辖区单位、社会组织和居民群众积极参加社区建设；地区管理委员会党委负责领导区职能部门派出机构党组织贯彻执行相关政策、法律、法规，协同区职能部门派出机构做好辖区城市管理、公共服务、社会服务，维护地区安全稳定工作。

3. 推进社区层面区域化党建

按照属地化管理要求，整合条块党建资源，组建社区大党委，整合行政、居民区、驻区单位等各种资源，通过不同的载体和方式，依靠工、青、妇等群众组织，使基层执政资源形成一个拳头、一个体系，实行体制内外党建资源共享、优势互补，达到“共建、共创、共享、共赢”目标，使基层党建从封闭、各自为政的单位党建模式转向开放、有机联系的网络化党建模式，使社区党的组织更好地发挥总览协调的职能，在更大范围内统筹协调各方利益关系，融入社会，扎根基层，凝聚党心民心，巩固党的执政基础。

4. 加强非公有制企业党的建设

以党的十八大精神为指导，紧紧围绕促进非公企业健康快速发展和夯实执政基础“两个目标”，推进党的组织和工作“两个覆盖”，加强党组织书记和党建工作指导员两支队伍，加大经费投入和阵地建设力度，切实发挥好非公企业党组织在企业职工中的政治核心和在企业发展中的政治引领作用，全面提升非公党建工作科学化水平，确保党的组织和工作100%覆盖。

（二）推进政府主导规范化

1. 调整优化街道办事处组织结构

组建街道地区社会服务与城市管理委员会（简称地区管委会），统筹组织协调街道辖区社会服务与城市管理工作，统筹组织协调促进地区发展和跨部门协作重大事项，解决地区城市管理和社会服务管理问题。将街道职能科室、群团组织、专业管理机构及驻街派出机构纳入地区管委会、社会工作党委工作运行体系，按照突出职能、整合资源、形成合力、运行高效的原则，综合设置关系顺畅、结构优化、效能提高的“大部门”工作机制，实现街道职能与机构相匹配，任务与人员相匹配，提高服务管理效率。

2. 进一步完善公共服务和社会事务综合受理机制

加强街道公共服务大厅建设，将“多居一站”改革与完善街道－社区公共服务平台功能结合起来，将与居民生活密切相关的公共服务和社会事务纳入其中，规范服务项目、优化办事流程，增强大厅公共服务承载力，实现“一站式”综合受理和跨区域协同办理。探索建立社会事务“一门受理、协同办理”综合受理机制，打破业务科室间政策壁垒，充分利用市场、行政、社会服务资源提升街道服务群众水平。

3. 提高街道办事处公共服务能力

加强街道社区服务中心标准化建设，规范硬件设施、人员配备、服务项目、管理制度。推进街道社区服务中心社会化改革，建立“政府出资购买、社会组织运营、全程跟踪评估”的运营模式，通过多种方式引导社会组织承接运营社区服务事项，形成政府推动、社会组织承接、社区居民参与的社区服务中心社会化运营格局。

4. 积极探索基于大数据技术的社会治理决策模式

积极运用大数据理念、大数据技术升级街道“全响应”指挥平台，完善大数据基础设施建设，密切掌握市场调节失灵、社会秩序与稳定受到威胁等需要社会治理介入的节点和情况，加强和完善社会公共安全体系，完善社会应急管理体制，促进数据驱动的社会决策和治理常态化。

（三）推进社会协同组织化

1. 完善社会组织服务管理体制机制

健全完善枢纽型社会组织工作体系，赋予街道枢纽型社会组织对辖区社区社会组织的服务管理权限。加强街道社会组织培育基地建设，按照民需加强孵化培育，同时注重存量社会组织能力的提升。建立第三方评估机制、建立群众监督机制、实施淘汰或退出机制，完善监管制度。营造社会组织发展的良好环境，加大对优秀社会组织的宣传力度，发挥行业协会的作用，扩大社会组织的行业影响力。

2. 完善政府购买公共服务政策

建立街道能够转移给社会组织承接的工作目录清单，逐步扩大公共服务领域方面购买社会服务的范围。建立健全委托、承包、采购等形式购买服务实施细则，简化手续、规范程序，提高政府购买服务的透明度，防止滋生腐败。完善街道、社区资金支持体系，完善政府购买社会组织服务、社区公益金资助社会组织开展公益服务等扶持政策，有意识地孵化、培育群众需要的公益类社会组织。

3. 进一步推进社会单位资源开放共享

积极开发和利用辖区机关、企事业单位资源服务居民群众，持续开展社会单位、社会资源共建共享工作，通过建立健全资源开放共享单位激励机制、规避公共安全风险机制、保障共建单位权益机制等，使社会单位和社会资源共建共享工作可持续长效开展，使居民群众能最大限度地享受社会服务。

4. 推动驻区企业履行社会责任

一是加强企业的社会服务管理能力，发挥企业在服务百姓生活、维护消费者权益和公益事业中的积极作用，构建和谐的劳动关系，维护企业内部稳定。二是建立健全企业参与社会建设的各项机制，推进企业员工参与社会公益服务，鼓励支持和引导企业内部设施和文体活动场地向社区开放。三是加强企业征信体系建设，建立企业社会责任履行信息发布平台。

（四）推进公众参与多元化

1. 完善社区自治体系

按照“地域相近、利益相关、文化相连、规模适度、群众自愿”原则，探索最合适的自治单元，构建“社区－小区（片区、街巷）－楼栋”和网格“3＋1”自治体系。在社区层面建立以社区党组织为核心，居委会、社区公共服务站、社区理事会、社会组织等多元参与协同共治的治理架构。在小区（片区、街巷）层面，建立以小区党组织为核心，小区理事会、业委会、物业公司及社会组织等多元参与协同共治的治理架构。在楼栋层面，成立楼栋自治小组，由楼栋长、居民热心代表组成，分别负责楼栋内的卫生、安全、宣传等工作。

2. 创新社区民主参与形式

充分发挥党的领导、政府主导和社区居委会的主体作用，坚持和完善社区居民代表会议制度，健全居民议事会、居民理事会、恳谈会等协商形式。推行“参与式协商”民主自治模式，规范议事规程，重视吸纳利益相关方、社会组织、外来务工人员、驻社区单位参加协商，推进社区民主协商制度化。要充分发挥社区居民公约在社区治理中作用，增强居民公约内容覆盖的广泛性、认同性、可操作性，切实让居民公约成为居民参与社区治理的行为规范，内化为居民自身行为准则。

3. 探索地域功能性社区治理模式

积极探索“多居一站”的社区管理新体制，实现社区承接行政事务与开展自治事务相分离、政府管理职能与居民自治功能互补的新型社区管理模式。推进社区减负增效，规范社区工作准入机制，清理整合对社区的评比考核，将社区主要精力转向社区服务，满足居民需求。不断加强社会工作者队伍建设，完善社区工作者培养、使用、管理、激励机制，加快推进社会工作者专业化、职业化。不断加强志愿者队伍建设，进一步完善志愿服务长效机制。

（五）推进法治保障专业化

1. 加强和创新人口服务管理

坚持疏堵结合的原则，严控增量，疏解存量，保持适度人口规模，确保人口调控目标任务圆满完成。加快建立人口评估机制，努力实现与人口相关各项规划的衔接和统一。推进人口计生公共服务的体系化、制度化、规范化、数字化、职业化和均等化。在资源环境承载力可承受范围的基础上，促进本地人口与来京人员的相互理解和尊重，创造条件让来京人员更好地融入城市发展，消除不同人群社会融合的制度障碍，保障人口的有序和平稳流动。

2. 完善社会治安防控体系

一是完善立体化社会治安防控体系和维稳情报会商研判机制，加强社区警务、群防群治等方面的基层基础设施建设，推动区域警务深化合作，加大平安建设科技投入，健全防灾减灾救灾综合管理和应急管理体系，在公共安全和社会治安方面取得新进展；二是完善预防和减少犯罪工作体系，严密防范、依法打击各类违法犯罪活动，抓好禁毒、社区矫正、预防青少年犯罪、加大网络社会监管等重点领域，实行更为严格的力度推进社会治理。

3. 健全社会和谐法制保障

建立健全重大事项风险分析和评估机制，注重从源头上预防矛盾纠纷。健全矛盾纠纷排查调处和社区舆情汇集分析机制，强化法律在维护群众权益、化解社会矛盾中的权威地位，引导和支持人们理性表达诉求、依法维护权益。是构建多元化矛盾纠纷解决机制和“属事”与“属地”管辖相结合的联动化解机制，健全重大公共安全事件、群体性事件预防预警和应急处置体系。加强法治信访建设，引导群众依法逐级上访，保障群众合理合法诉求按照法定程序得到合理合法结果，畅通群众诉求表达渠道，完善维稳责任追究机制，落实涉法涉诉信访依法终结制度，推进诉访分离。

4. 加强社会安全重点领域治理

一是以法治建设推动安全生产实施，健全法律法规体系，严格执行安全生产相关法律法规，把百姓生命财产安全和健康摆在首要位置，加强执法能力；二是完善安全生产监督管理体系，建立安全目标考核和责任追究机制，加强联动执法能力，推进在重点行业重点领域监管方式创新，全面防范重大生产事故；三是加大安全生产宣传力度，强化安全生产责任意识，推动安全生产监督的各项工作落到实处。

参考文献

北京市西城区陶然亭街道：《街道工委书记王效农在街道工作会议上的讲话》（2011～2014年）。

北京市西城区陶然亭街道：《街道办事处主任李华在街道工作会议上的报告》（2011～2014年）。

北京市西城区陶然亭街道：2010～2014年《工委、办事处工作总结》。

北京市西城区陶然亭街道：2010～2014年《工委、办事处各科室工作总结》。

北京市西城区统计局：2010～2014年《统计年鉴》。

数据报告

Data Reports

B.2
陶然亭街道基于工作人口的地区公共服务问卷调查报告

摘　要：为全面了解街道公共服务水平，提高街道公共服务发展，课题组针对陶然亭街道辖区的驻区单位工作人员随机进行了街道公共服务需求问卷调查。调查工作主要从社区服务机构认知度、社区服务参与度、地区生活便利度、社区公共服务满意度和社区公共服务需求度五方面着手，通过对反馈问卷的数据统计分析做横向对比、纵向对比及频数分析等，真实了解陶然亭街道公共服务现状、趋势及诉求，为整体提升陶然亭街道公共服务体系做好数据支撑及对策建议。

关键词：公共服务　工作人口　需求满意度　陶然亭街道

街道公共服务的供给能否满足百姓需求直接关系民生、关系社会和谐稳定。为了解陶然亭街道的公共服务现状、趋势及居民诉求，提高街道公共服务水平，特开展此次问卷调查。本报告所涉及的调查对象是陶然亭街道驻区单位的工作人员。调查进行时间为2015年1月。共发放问卷140份，回收80份，其中有效问卷80份，有效回收率为55.7%。

一　调查样本情况

调查对象中，男女比例约为1∶1.23。年龄在26～35岁以及46～55岁所占比重最大，分别占到总调研人数的27.8%和22.8%。职业分布情况以公司白领为主（25.6%）。户籍以本市户籍为主，其中本区户籍比例达到21.3%。教育程度为大专或本科的人群所占比例最高，为55.8%。家庭组成结构方面，41%的家庭是三口之家，所占比例最高。

从家庭收入上看，5人家庭人均收入低于1560元，占调查居民总数的6.3%；家庭月人均收入在1560～3400元以及3400～5000元之间的被调查居民数量最多，比例各占总数的30%。

表1　调查样本基本情况统计

单位：人

性别	男			女		
	35			43		
年龄	25岁以下	26～35岁	36～45岁	46～55岁	56～65岁	65岁以上
	17	22	14	18	6	2
户籍	本市户籍	本区户籍	居住证	暂住证	居住半年以上但未办理居住证	
	33	17	4	25	1	

续表

职业	公司白领	机关事业单位	其他			
	20	17	41			
学历	硕士及以上	大专或本科	高中或中专			
	7	43	27			
家庭人数	四口以上	四口	三口	二口	一口	
	13	19	32	10	4	
家庭人均月收入	1560 元以下	1560 ~ 3400 元	3400 ~ 5000 元	5000 ~ 10000 元	10000 ~ 20000 元	20000 元以上
	5	24	24	17	5	5
本社区居住时间	三年以上		一年到三年		一年以下	
	57		11		10	

注：回收问卷中，全部题目漏答率在 15% 及以下，判定为有效问卷。由于有题目漏答，表中对各属性的汇总统计数存在不一致并且小于有效问卷数的情况。

二　社区服务机构认知度

（一）街道办事处认知度：92.5%的人表示“知道”

对于陶然亭街道办事处，被调查者的认知度较高，92.5% 的受访者表示“知道办事处地址”，6.3% 的受访者表示“知道大体位置，但没去过”，仅有 1.3% 的受访者表示“不知道”。

（二）社区居委会认知度：36.8%的人表示“知道办公地点”

调查显示，对于社区居委会的认知度要明显低于街道办事处，表示“知道办公地点”的受访者人数仅达 36.8%。对于居委会较详细的内容则更加知之甚微。其中，表示“了解服务项目”的受访者人数占比为 22.4%，表示“知道领导姓名”的受访者达 16.4%，表示

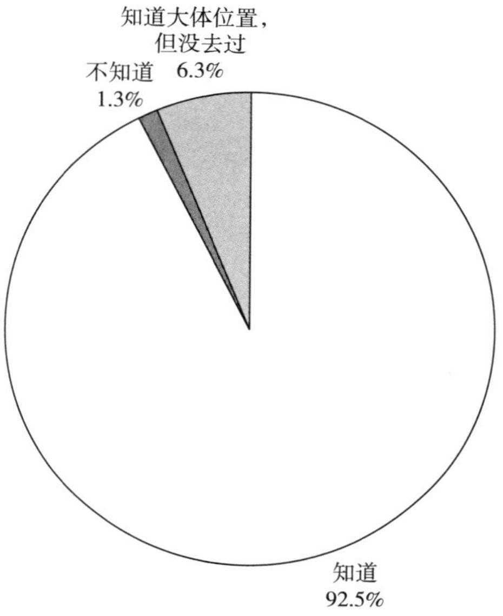

图 1　陶然亭街道办事处认知度

“参加过活动”的受访者人数占比为 22.9%。此外，仅有 1.5% 的受访者对以上情况都不知道。

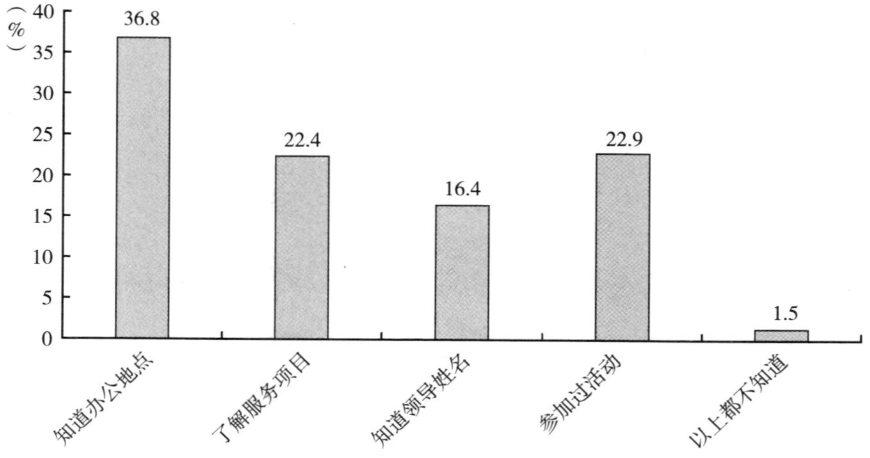

图 2　陶然亭街道社区居委会认知度

（三）社区认同度：82.5%的人表示会以社区为荣

调查问卷以“您会以您单位所在的这个社区为荣并经常向朋友或亲人提起和夸耀吗?”这一问题来了解被访者对于社区的认同度。结果显示，47.5%的受访者表示“会”，35.0%的受访者表示“有时候会”，17.5%的受访者表示“不会”。

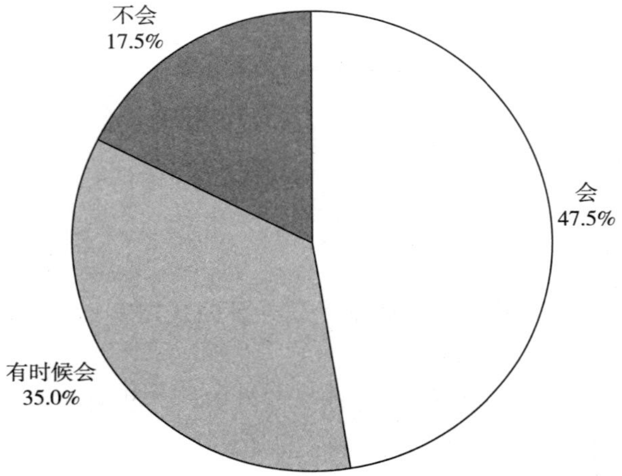

图3　陶然亭街道社区认同度

三　社区服务参与度

（一）社区服务项目参与度：法律服务参与度最高

社区服务项目参与度是衡量社区服务项目水平的重要内容之一。调查显示，对于社区服务项目参与度，参与“法律服务”的受访者达17.9%，所占比例最高。其次是参与“图书阅览”及“棋牌娱乐”，受访者分别为15.4%和11.5%，除此之外其他服务项目的参与度均不足10%。需要注意的是，表示“都未参与”的受访者人数仍有10.9%。由此可见，社区服务项目的提供者对于驻区单位工作人员之间的接触仍存在一定的上升空间。

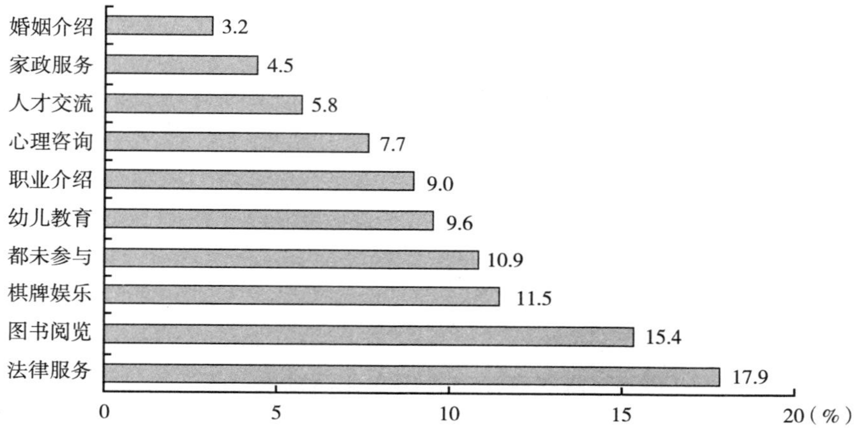

图4　陶然亭街道社区服务项目参与度

（二）社区文化活动参与度：曾参与的占比高达93.8%

对于陶然亭街道社区文化活动参与度，51.3%的受访者表示“经常参加”，42.5%的受访者表示“偶尔参加”，仅有6.3%的受访者表示“从来没有”。其中，粉房社区、龙泉社区表示“经常参加”的比例最多，受访者占比均达到90%；而福州馆社区的参与程度最低，其“从来没有”参加过社区文化活动的比例占到80%。

（三）社区公益事业参与度：助老助残、公益培训、治安居前三位

对于社区公益事业参与度，参与“助老助残”的受访者占比达46.8%，所占比例最高。其次，参与“公益培训”和“治安”比例相当，受访者分别达到44.3%和31.6%。除“APEC会议志愿者”

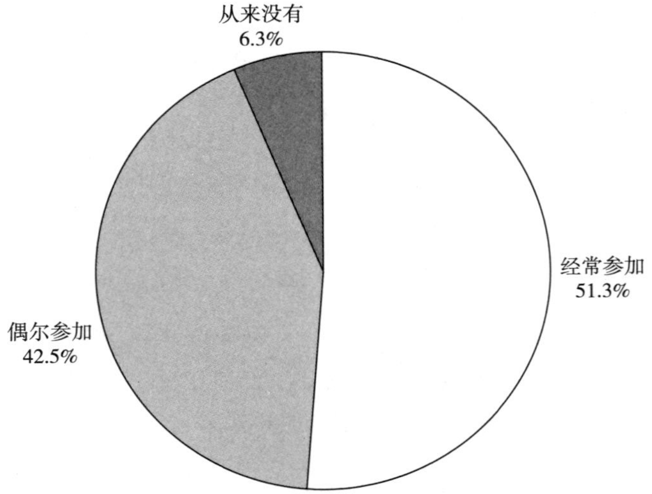

图 5　陶然亭街道社区文化活动参与度

表 2　陶然亭各社区文化活动参与度

单位：%

社区	社区文化活动参与比例		
	经常参加	偶尔参加	从来没有
粉 房 社 区	90	10	10
福州馆社区	10	80	80
果子巷社区	10	70	70
黑窑厂社区	77. 8	22	22
红土店社区	63. 4	36. 4	36
龙 泉 社 区	90	10	10
米 市 社 区	30	70	70
新兴里社区	40	40	40

（受访者占比达 25. 3%）外，其他社会公益事业的参与水平平均在 30%左右。

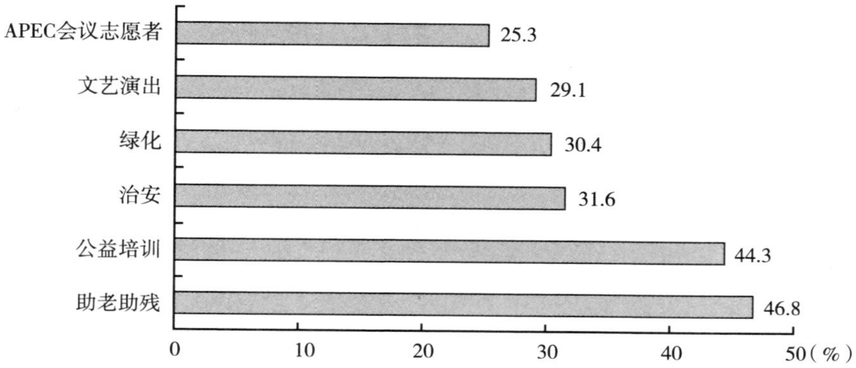

图6　陶然亭街道社区公益事业参与度

四　地区生活便利度

（一）停车资源情况：35.0%的受访者认为停车条件很不好，影响工作

停车难是陶然亭街道的一个难题。关于停车资源的调查结果显示，有48.8%的受访者表示“不太好，但不影响工作”，有35.0%的受访者表示“很不好，严重影响工作”。其中，米市社区反映出来的问题最为突出，认为停车条件不好的比例达到21.4%。

（二）交通便利度：61.3%的受访者从公交车或地铁下车后走到单位时间不超过10分钟

西城区作为北京市城市中心区，总体而言，地铁、公交等公共交通系统发达，应该成为驻区单位通勤的首要选择。调查问卷对“最后一公里”换乘情况做了了解。其中，42.5%的受访者可以步行“5~10分钟”到达，只有17.5%的受访者表示需要步行“15分钟以上”才能到达单位。

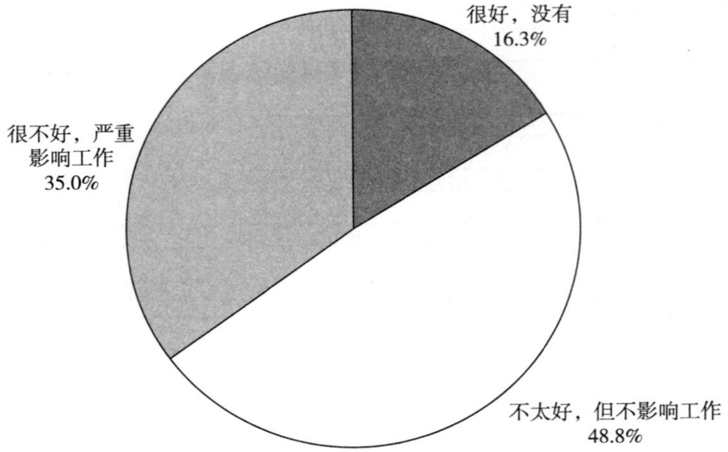

图7　陶然亭街道的周围停车条件

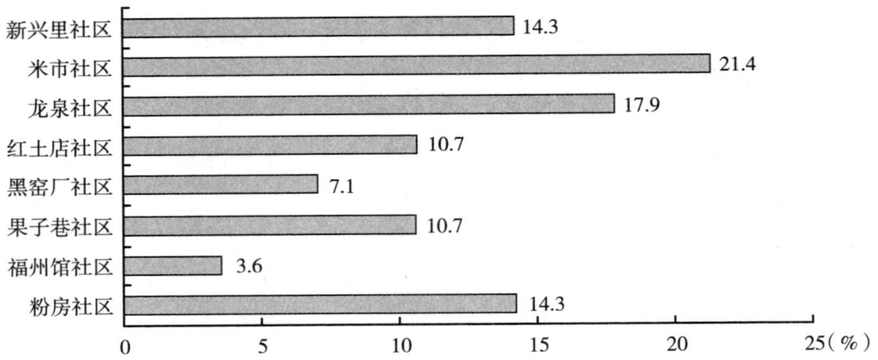

图8　反映停车条件不好的样本社区分布情况

（三）早餐便利度：47.4%的受访者能较方便地找到正规早餐点

调查显示，关于陶然亭街道早餐便利度，47.4%的受访者表示“稍有不便，多走几步能找到”，34.6%的受访者表示“有流动的摊

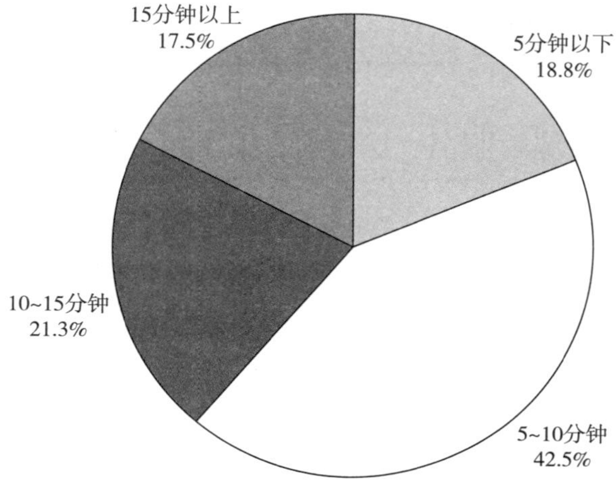

图 9　陶然亭街道的交通便利度

点，卫生难以保障”，5.1%的受访者表示“很不方便”，此外，还有12.8%的受访者认为“基本没有”相对正规的早餐点。

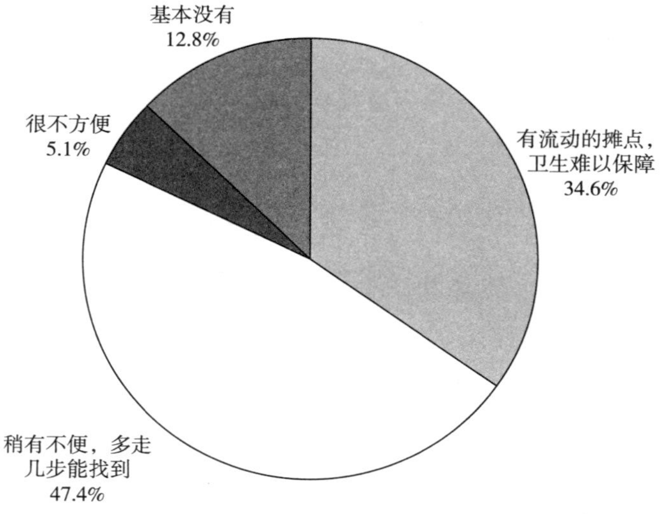

图 10　陶然亭街道的早餐便利度

五　社区公共服务满意度

（一）社会保障服务：医疗保险和就业服务满意度最高

对于社会保障服务项目，调查显示，医疗保险和就业服务的满意度较高，受访者占比均达到37.0%。紧随其后的是养老服务和社会救助，受访者认为满意的占比均达到22.2%。此外，仅有7.4%的受访者选择了“都不满意”。

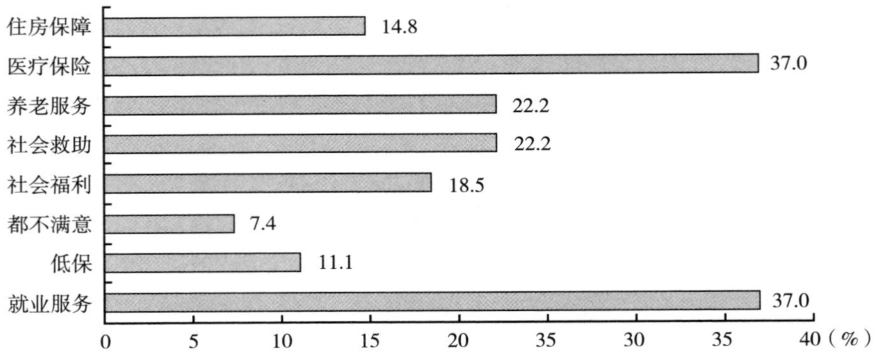

图11　陶然亭街道社会保障服务满意度情况

（二）医疗卫生服务：59.3%的受访者表示“就医方便”

在关于医疗卫生服务的调查中，受访者最为认可的是就医方便。数据显示，59.3%的人认为陶然亭街道的医疗卫生服务优势是就医方便，其次是设施先进，选择比例高达51.9%。此外，仅有7.4%的人表示都不满意。

（三）公共安全：46.5%的受访者对社会治安表示满意

在公共安全方面，有46.5%的受访者表示对社会治安服务情况

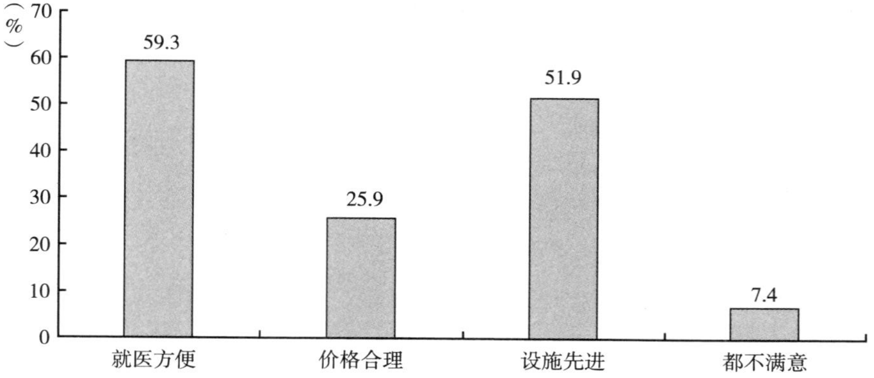

图 12　陶然亭街道医疗卫生服务满意度

比较满意。除此之外，30. 2% 的人表示对流动人口管理服务满意，18. 6% 的人表示对突发事件处理满意。

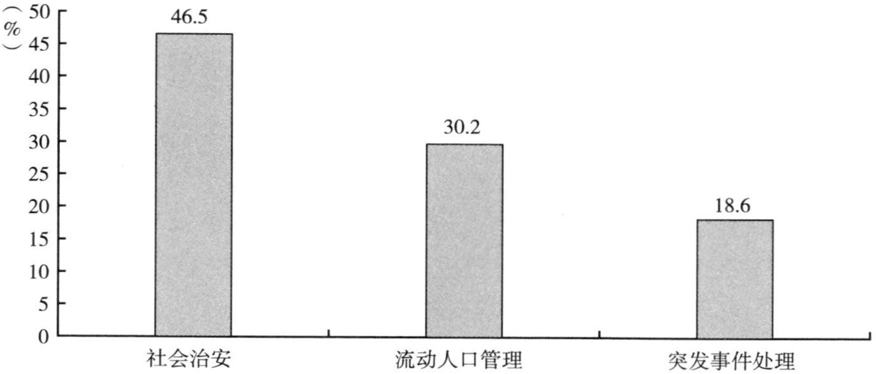

图 13　陶然亭街道公共安全情况满意度

（四）城市管理：74. 1% 的受访者认为城市管理存在的主要问题是违章停车

在城市管理方面，调查显示，74. 1% 的受访者认为城市管理存在的主要问题是违章停车，33. 3% 的受访者认为是游商占道，认为是私搭乱建以及绿化不够的人数占比分别为 25. 9%、22. 2%。

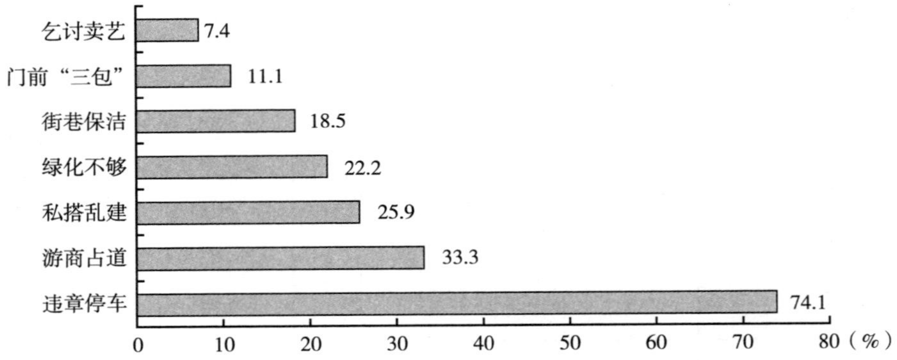

图14　陶然亭街道城市管理情况

（五）市政公用事业：仅14.8%的受访者对城市规划布局满意

在市政公用事业方面，受访者对于供水、供电等项目的满意度较高。而与此相对应的是，满意度低于20%的两项分别是：18.5%的受访者对信息化水平满意，14.8%的受访者对城市规划布局满意。

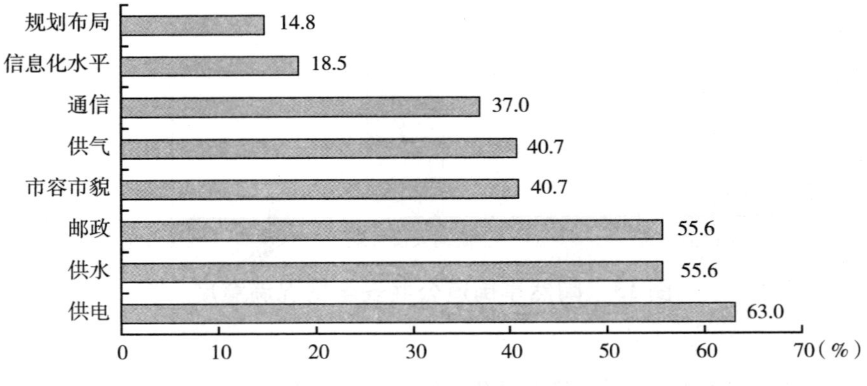

图15　陶然亭街道市政公用事业情况满意度

（六）消防安全情况：57.7%的受访者认为防火设施很好，会安全逃生

在消防安全方面，调查显示，57.7%的人表示“防火设施很好，

会安全逃生”，39.7%的人表示“防火设施一般，火势不太大的情况下可以逃生”。仅有2.6%的人表示“防火设施不好，逃生机会不多”。进一步从社区分布看，8个社区中，被访问者认为“防火设施很好，会安全逃生”最靠前的社区是红土店社区。

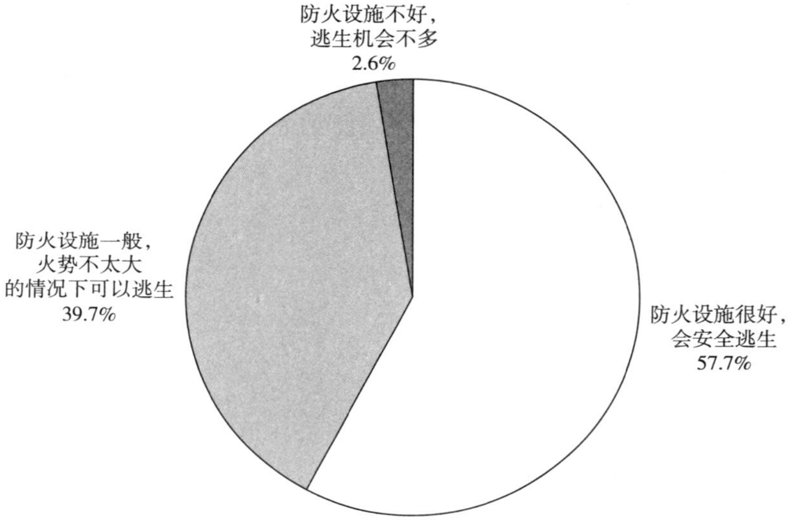

图16　陶然亭街道消防安全情况满意度

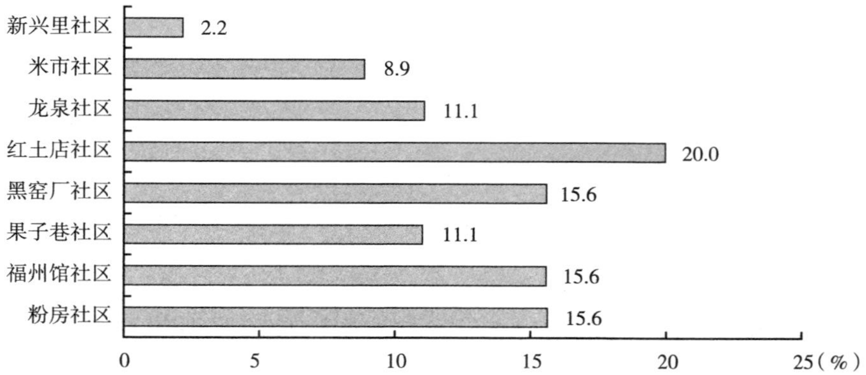

图17　陶然亭街道各社区防火条件统计

六　社区公共服务需求度

（一）硬件设施需求：67.1%的受访者需要体育健身点

随着人们生活水平的提高，人们对于身体健康以及精神文化的关注日益上升。反映到社区硬件设施需求方面，67.1%的人表示社区最缺乏的是体育健身点，31.6%的人表示社区最缺乏的是图书室，25.3%的人表示缺乏文化活动室。

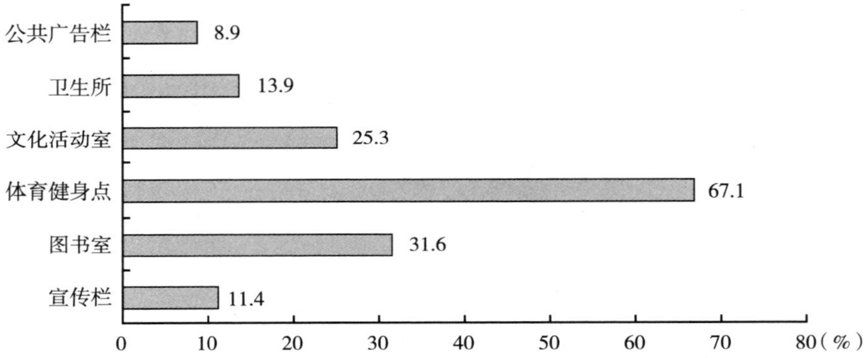

图18　陶然亭街道硬件设施需求情况

（二）服务项目需求：文化娱乐、老年服务和公益培训位列前三

在服务项目需求方面，调查显示，44.3%的受访者表示最需要的是文化娱乐，其次是老年服务和公益培训，需求比例分别为34.2%和32.9%。

（三）服务缺口情况：停车位利用率不高、服务资源宣传不足是存在的最大问题

陶然亭街道居民在服务项目需求方面，除了上述社区服务项目之

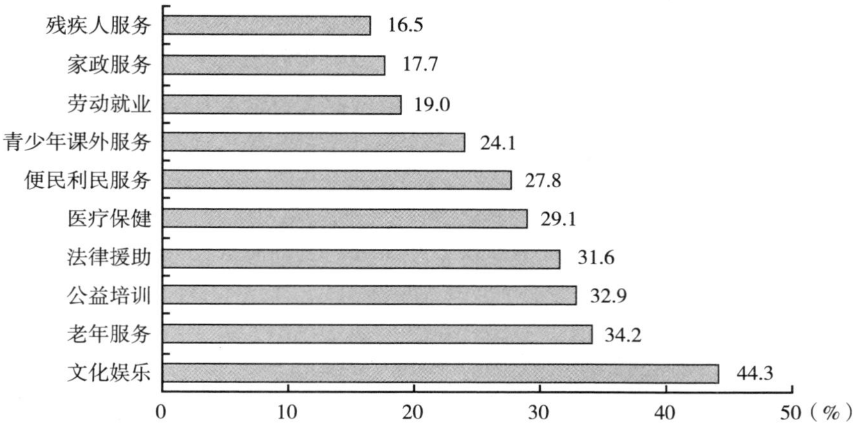

图 19　陶然亭街道服务项目需求情况

外，还有很多问题在调查过程中凸显出来。根据受访者意见的归纳，停车位利用率不高、服务资源宣传不足、买菜不方便以及周围餐饮设施少等问题成为公共服务中存在的其他最受关注的问题。其中，对于停车位利用率不高的问题反映最为强烈的是福州馆社区以及新兴里社区。

七　基本数据结论

基于对陶然亭街道驻区单位工作人员的调查，围绕社区服务机构认知度、社区服务参与度、地区生活便利度、社区公共服务满意度和社区公共服务需求度五大方面进行公共服务的供需现状分析，得出以下数据结论：

第一，92.5%的受访者表示“知道街道办事处地址”；36.8%的受访者知道居委会的办公地点。

第二，社区服务项目中，参与“法律服务”的受访者达17.9%，所占比例最高，10.9%的受访者从未参与过社区服务项目。

第三，对于社区文化活动参与度，曾参与过社区文化活动的受访者占比高达93.8%。

第四，驻区单位对于社区公益事业的平均参与率在30%左右，比例不高。

第五，对于停车资源情况的调查，有35.0%的受访者表示已经严重影响工作。与停车难问题相对应，74.1%的受访者认为城市管理存在的主要问题是违章停车。

第六，公共交通系统发达并且布局较为合理，61.3%的受访者“最后一公里”换乘步行时间不超过10分钟。但是，关于城市市政公用事业的调查显示，仅14.8%的受访者对城市规划布局满意。

第七，正规早餐点设置有待加强，47.4%的受访者表示“稍有不便，多走几步能找到”。

第八，对于社会保障服务项目，医疗保险和就业服务的满意度较高。

第九，驻区医疗资源方面，59.3%的受访者表示陶然亭街道的医疗卫生服务优势是就医方便；公共安全方面，46.5%人表示对社会治安情况比较满意。

第十，57.7%的受访者表示“防火设施很好，会安全逃生”。其中，红土店社区的消防设施最能得到受访者的认可。

第十一，硬件设施需求方面，受访者对体育健身设施需求较高，67.1%的人表示社区最缺乏的是体育健身点。服务项目需求方面最需要的是文化娱乐。

八　政策建议——创新街道公共服务体系

从数据分析结果看出，陶然亭街道停车资源十分有限，另外是强身健体以及满足精神文化需求等公共文体设施的建设，如体育健身设备、图书室等都没有达到公众的需求水平。

创新街道公共服务产品需要立足于居民需求为导向。居民日益增长的生活服务需求与街道提供的公共服务产品之间的矛盾是提升公共服务能力要解决的首要问题，这是实现街道可持续发展的基础，也是建设和谐街道的根本出发点。随着居民需求的不断变化，街道公共服务也应创新服务内容和服务方式。尤其是加强街道健身娱乐设施和场所建设，满足百姓反映强烈的健康需求。

创新街道公共服务组织形式要以提高服务效能为目标。社会公共服务是街道提供给居民的基本内容，坚持政府主导和市场化手段相结合，要积极发挥街道组织公共服务的作用，引入企业管理模式，提供更多的公益性服务，把追求社会效益作为最终目标，提升街道公共服务能力。

B.3
陶然亭街道基于社区居民的地区公共服务问卷调查报告

摘　要：　群众满意是检验社区公共服务效果的重要标准，群众对社区公共服务的意见和建议也是改进和完善公共服务工作的努力方向。为此，本文通过问卷调查的方法，对西城区陶然亭街道的7个社区居民开展社区公共服务需求的问卷调查，从中了解陶然亭街道社区作为基层政府组织开展公共服务现状、趋势及居民诉求，通过实证数据分析基层政府在组织开展公共服务过程中存在的问题及提出具体对策建议。

关键词：　公共服务　社区居民　需求满意度　陶然亭街道

随着市场经济的发展和经济体制改革的稳步推进，社区公共服务在内容上与时俱进，基本实现了社区公共服务均等化。但社区公共服务究竟存在何种问题，仍存在一定的探索空间。本报告所涉及的调查对象是北京市西城区陶然亭街道所辖社区的辖区居民，每个社区随机抽取居民进行调查，调查共发放问卷140份，回收80份，其中有效问卷80份，有效回收率为57.1%。

一　调查样本情况

（一）调查样本基本情况

调查对象中，男女比例约为1∶1.63。年龄在36～45岁以及46～

55 岁所占比重最大，分别占到总调研人数的 23.4% 和 31.2%。调查对象以在职职工为主（37.2%）。户籍以本市户籍为主（66.7%），26.3% 的人是本区户籍。教育程度以大专或本科的人群所占比例最高，达 55.1%。家庭组成结构方面，46.8% 的人属于三口之家，所占比例最高。从家庭收入上看，8 人家庭人均收入低于 1560 元，占调查居民总数的 10.3%；家庭月人均收入在 1560 ~ 3400 元之间的被调查居民数量最多，比例为 57.7%；其次是月人均收入在 3400 ~ 5000 元以及 5000 ~ 10000 元的被调查居民，比例均为 14.4%。受调查对象居住在陶然亭街道辖区的时间超过三年的比例为 83.8%。

表 1　调查样本基本情况

性别	男			女		
	30			49		
年龄	25 岁以下	26 ~ 35 岁	36 ~ 45 岁	46 ~ 55 岁	56 ~ 65 岁	65 岁以上
	2	10	18	24	17	6
户籍	本市户籍	本区户籍	暂住证			
	52	21	5			
职业	在职职工	个体工商户	公司白领	专业技术员	商业服务员	自由业者
	29	2	2	1	1	1
	机关事业	离退休人员	其他			
	3	36	3			
学历	硕士及以上	大专或本科	高中或中专	初中		
	1	43	29	5		
家庭人数	四口以上	四口	三口	二口	一口	
	15	18	36	7	1	
家庭人均月收入	650 元以下	650 ~ 1560 元	1560 ~ 3400 元	3400 ~ 5000 元	5000 ~ 10000 元	10000 元以上
	2	6	45	11	11	3
本社区居住时间	三年以上		一年到三年		一年以下	
	57		7		4	

注：回收问卷中，全部题目漏答率在 15% 及以下，判定为有效问卷。由于题目有漏答，表中对各属性的汇总统计数存在不一致并且小于有效问卷数的情况。

（二）特定群体分析——空巢或独居老人：人均收入在650～1560元比例较高

空巢老人是指无子女或子女不在身边、独自生活的老年人，对社区提供服务需求度更高，需要重点关注。我们将受访者年龄大于55岁并且家庭人口数少于等于2的人群单独抽离出来，共计4人（户），其基本特征如下。

性别构成中，女性所占比例为50.0%，男性所占比例为50.0%。75.0%为北京市户籍，其中本区户籍占比50.0%。100%的人居住时间在三年以上。在家庭人均月收入方面，75.0%的空巢或独居老人家庭人均月收入为1560～3400元。

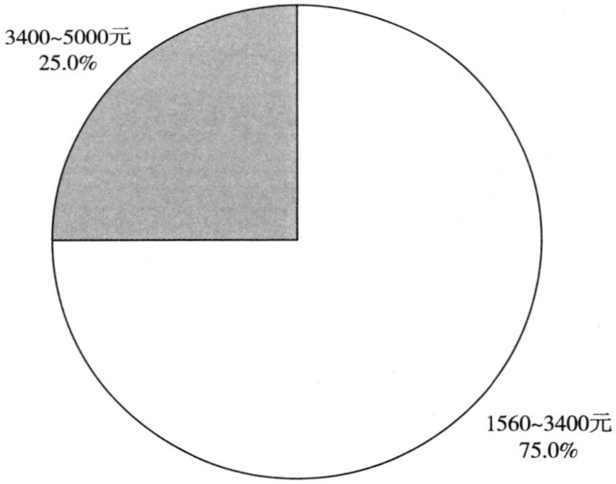

图1　空巢或独居老人家庭人均月收入

二　社区服务满意度：总体满意度超过六成

（一）社区服务的总体满意度：67.7%的社区居民表示满意

对于社区公共服务的总体满意度，67.7%的调查对象选择“好”，29.0%的人认为“一般”，3.2%的人认为“不好”。

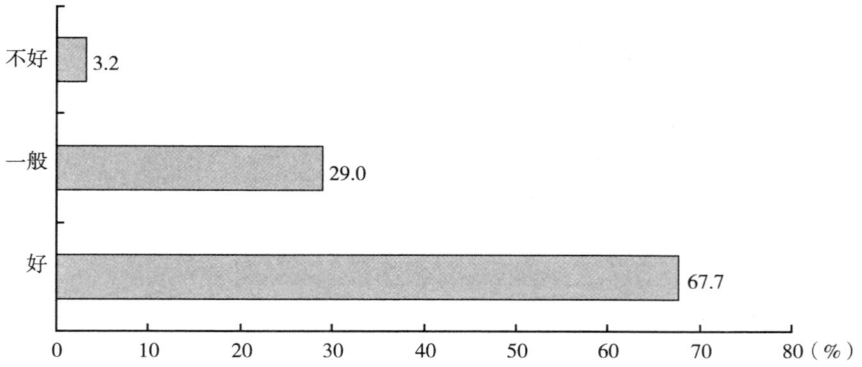

图2　陶然亭街道社区公共服务需求人员总体满意度构成

（二）分社区服务满意度：龙泉社区、福州馆社区满意度最高

在陶然亭街道7个社区中，满意度比例位居前三的是米市社区、龙泉社区、福州馆社区，其居民认为社区服务好的比例分别为100%、88.9%、87.5%。

进一步分析13项细分服务内容的满意度评价，加权汇总之后的社区排序：排名前三的是龙泉社区、粉房社区、福州馆社区，得分均超过4.2。

汇总以上两项可以看出，龙泉社区和福州馆社区同时进入前2位，是7个社区中居民满意度最好的社区。而黑窑厂社区在两项排位中均位居最后一位。

（三）社区居民对居委会服务最满意

调查显示，陶然亭街道7个社区公共服务内容评价中，调查对象对社区的居委会服务最满意，均值为4.61。对停车条件评价最低，均值为2.77。其中，黑窑厂社区反映出来的问题最为突出，认为停车条件很不好的比例达到25%。

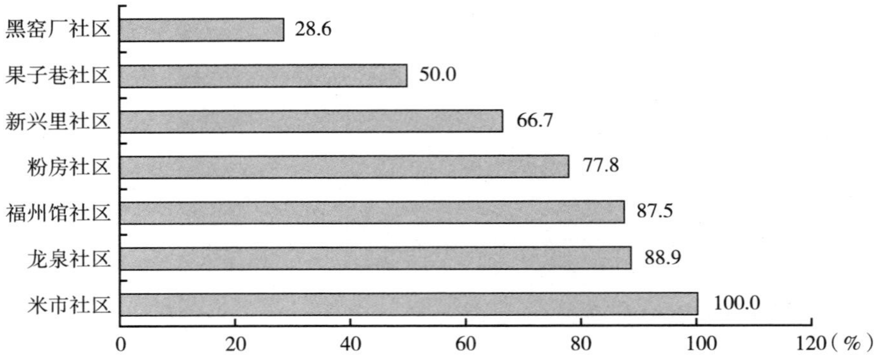

图3　陶然亭街道7个社区的公共服务满意度排名

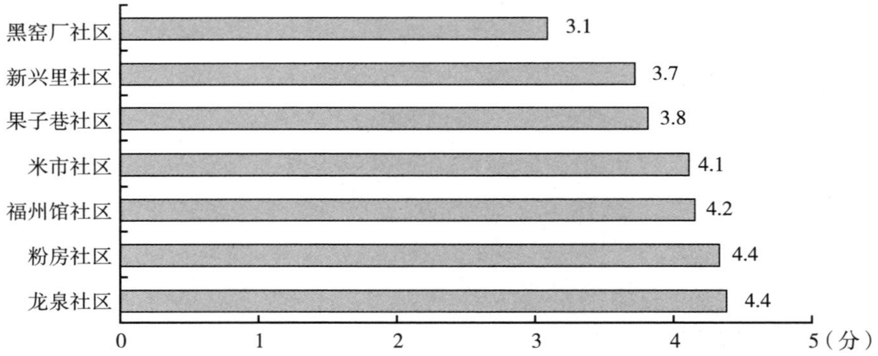

图4　陶然亭街道7个社区13项细分项目评价得分

三　社区存在的问题：停车不方便、健身活动场所和设施不足、入托难入学难问题位列前三

居民停车不方便是社区居民最关注的问题。在社区存在问题的20个选项中，86.1%的居民认为陶然亭街道社区应在“居民停车不便”的问题上加强工作力度。紧随其后的严重问题依次是“健身活动场所和设施不足”（62.5%）、“入托难、入学难”

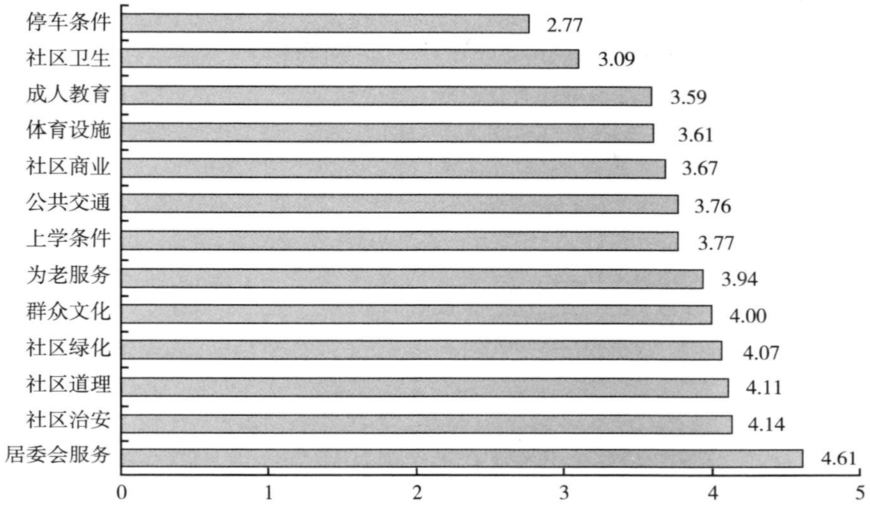

图 5　陶然亭街道社区公共服务内容评价情况

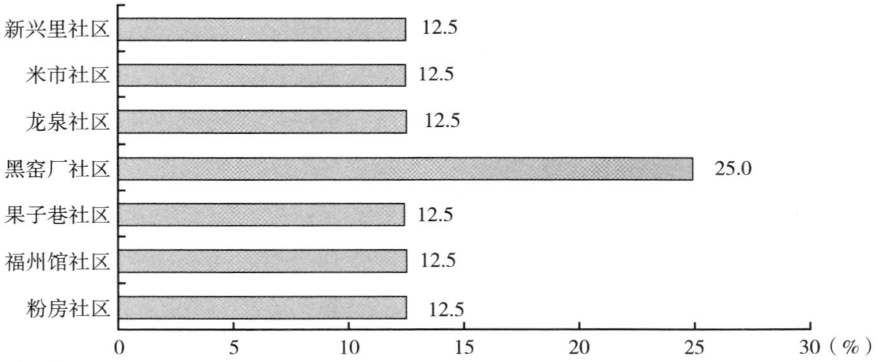

图 6　反映停车条件不好的样本社区分布情况

（59.7%）、“公共文化场所缺乏”（54.2%）以及“老人无人照料”（36.1%）。

此外，统计每个社区排名前三的问题分布，较为一致的结论是，在陶然亭街道 7 个社区中，4 个社区均将“停车不方便”列为社区问题的首位。其中，黑窑厂社区认为停车条件很不好的比例达到 31.7%。

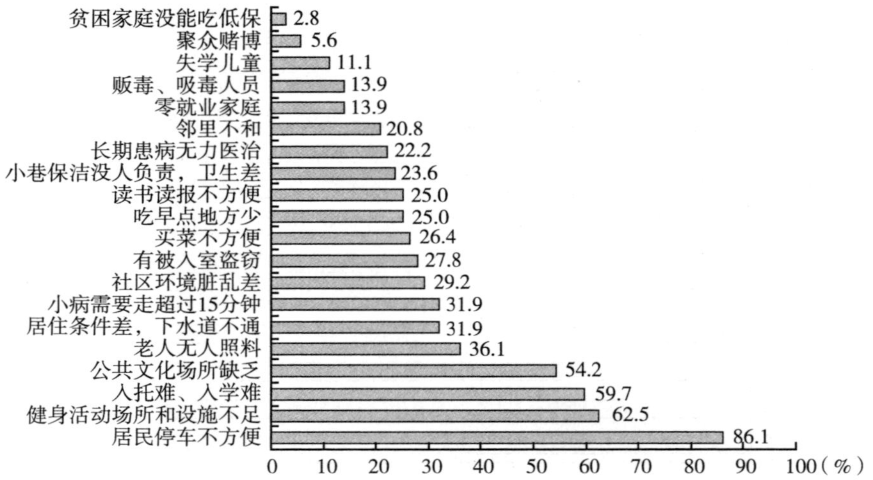

图7　陶然亭街道社区居民反映的主要问题

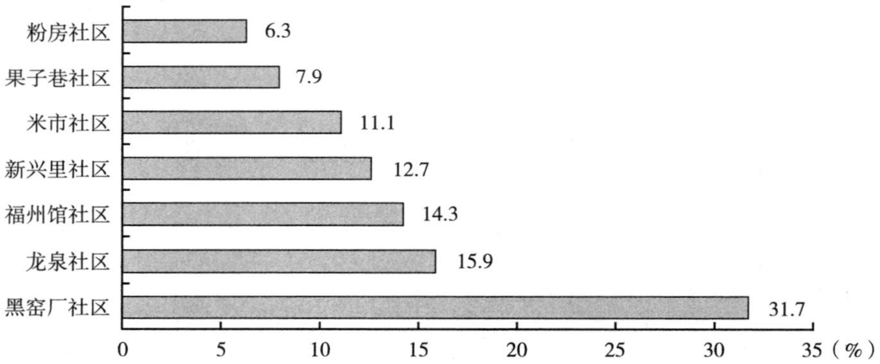

图8　反映居民停车不方便的样本社区分布情况

四　受访者家庭问题：缺乏公共活动场所最为严重

对于受访者家庭自身而言，“缺乏公共活动场所”是最为突出的问题。37.3%的人认为“缺乏公共活动场所”希望增加公共活动空间，所占比例最高。其他排进前5位的问题分别是“住房紧张”（33.3%）、“养老不便”（32.0%）、“就学不便”（29.3%）和“缺乏健身锻炼”（26.7%）。

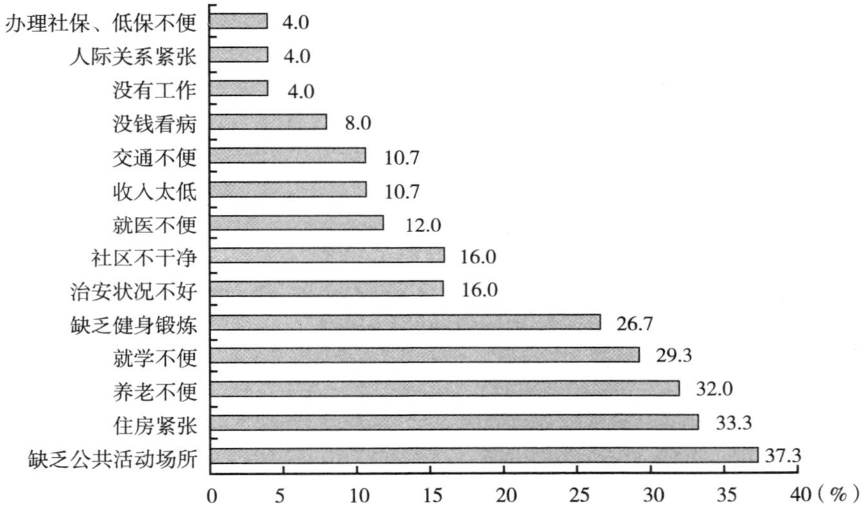

图9 陶然亭街道社区受访者家庭问题调查情况

五 社区服务匹配度分析：养老服务缺口最大

在问及被调查者最为重要的社区服务需求时，养老服务（63%）、物业服务（47.9%）、社区医疗（35.6%）、法律咨询（34.2%）、社区“幼儿园”（32.9%）五项是获选数量最多的项目。

在社区可以提供的服务项目中，选择比例最高的是法律咨询和就业指导，被选比例均为59.3%。其他排在前五位的分别是物业（57.4%）、社区医疗（46.3%）和养老服务（40.7%）。

而关于服务项目的供需配比方面，养老服务、病人看护、社区幼儿园、托儿所、法律咨询成为缺口较大的前五项。

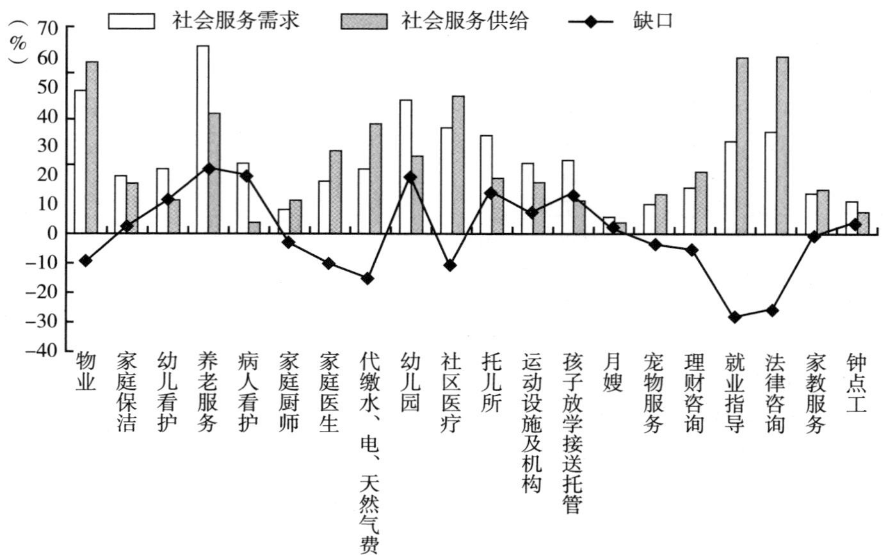

图 10 陶然亭街道社区公共服务项目供需对比

此外，除了前面列出的标准选项外，调查问卷还设置了让被调查者可以自主填写的重点问题，经过关键词归并之后，商户占道和服务资源宣传不够等问题也被多次提及。

六 社区养老：老年食堂需求最高

（一）居家养老仍是社区养老模式的主导

中国人强调家庭这个聚集单位，长期以来一直都是以居家养老模式为主导。调查结果显示，受访者选择居家养老的比例是46.2%，其次是老年公寓达42.3%，敬老院最低，为20.5%。

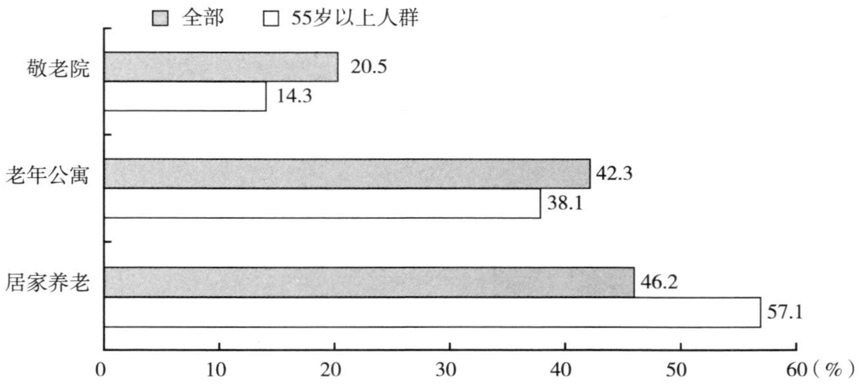

图 11　养老模式需求情况

（二）养老服务项目需求最多的是老年食堂

调查显示，陶然亭街道社区受访者对养老项目需求最多的是紧急救助呼叫系统，需求比例为 63.2%。其次是家庭医生和老年食堂、基本体检，需求比例分别是 57.9% 和 52.6%、52.6%。其他的依次是专人指导（21.1%）和家庭保姆（10.5%）。

（三）重点群体养老项目需求分布

社区养老直接对象是年龄大于 55 岁的人群，他们对养老项目具有较高的关注度。以下对这部分群体的养老项目模式和养老项目需求进行分析。

通过调查显示，这个年龄段的重点群体对养老模式的需求依然是居家养老，比例占到 57.1%。但是与全体样本（46.2%）相比较而言，选择居家养老的比例要更高一些，而对于敬老院则最不认可。

重点群体对养老项目需求在老年食堂、专人指导、家庭保姆上高于全部样本；此外，在6个养老项目需求中，重点群体与全部样本群体对于老年食堂以及紧急救助呼叫系统的关注程度较高。

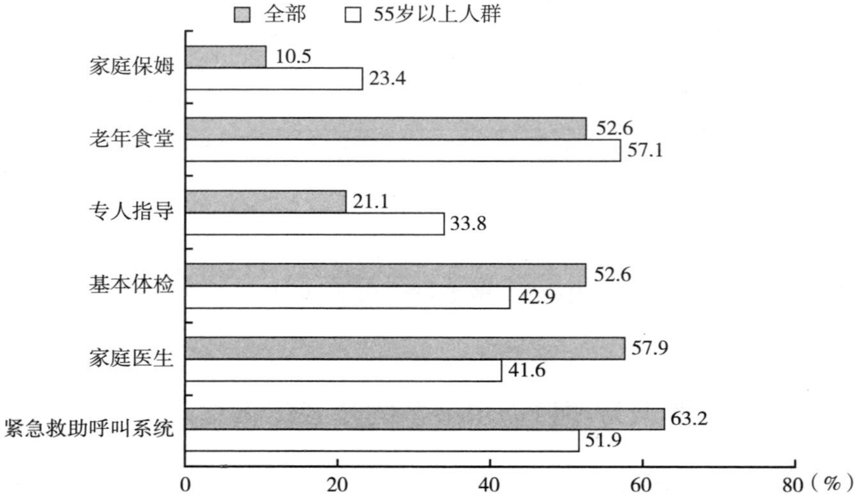

图12　养老项目需求分布

七　基本数据结论

第一，对于陶然亭街道社区公共服务的总体满意度，67.7%的调查对象认为满意。

第二，7个社区中，龙泉社区和福州馆社区是居民满意度最好的社区，而黑窑厂社区在两项排位中均位居最后一位。

第三，分方面满意度调查中，居委会服务满意度最高，对停车条件最不满意。

第四，在社区存在的主要问题方面，停车不方便、健身活动场所和设施不足、入托难入学难问题位列前三，其中86.1%的居民关注停车不便问题。在陶然亭街道7个社区中，4个社区均将“停车不方便”列为社区问题的首位。黑窑厂社区认为停车条件很不好的比例达到31.7%。

第五，对于受访者家庭自身而言，“缺乏公共活动场所”是最为突出的问题，37.3%的人认为“缺乏公共活动场所”，所占比例最高，希望拓展公共活动空间。

第六，从服务项目的供需配比方面看，养老服务是缺口较大的领域。

第七，居家养老仍是社区养老模式的主导，受访者对养老项目需求最多的是老年食堂。

八　数据分析反映的突出问题及对策建议

（一）多举措解决街道停车难问题

调查显示，陶然亭街道社区停车不方便是老百姓最为关注的热点难点问题。因此，应当坚持科学发展观，解放思想，加快建设，加强管理，妥善解决老百姓停车难问题。一是调查摸底。由街道牵头，召开座谈会，专题研究小区停车问题。对辖区各小区、单位、道路停车泊位现状进行摸底调查。二是科学试点。选取辖区各类住宅小区作为停车管理问题整改试点小区，在加大小区停车环境硬件提升改造力度的同时，对道路标线、导向箭头、消防登高牌、警告、禁令标志牌、反光镜等交通标识标牌进行统一规范。严禁在小区道路转弯处、消防通道和楼门口划设车位。通过改造生态停车场、划单行道等举措增加停车位。三是整合资源。通过交警、市区道路停车监管中心、社区、物业公司等多方协调，针对车位缺口大的小区，通过借用周边场地资源实行错时停车，科学缓解小区停车难题。

（二）以需求为导向强化社区公共设施建设

社区公共活动空间承载着社会交往、康体活动、文化交流、休闲游憩等功能，对于受访者家庭自身反映最为突出的“缺乏公共活动场所”问题，以需求为导向强化社区公共设施建设。一是加强改建引导，优先配置社区公共服务设施。按照社区公共服务设施规划确定的规划指标，优先建设社区公共服务设施；集约使用土地，尽可能综合配置社区公共服务设施。社区公共服务设施实行余缺调剂、综合利用、合理使用。二是增加社区公共服务设施建设的财力投入，保障公共服务设施有效运行。三是以社区为基本网格，实行分级负责管理。

（三）加强社区养老服务体系建设

在高龄化和空巢化趋势日益显著的情况下，陶然亭街道在社区服务项目的供需配比方面，养老服务是缺口较大的领域，必须进一步推进社区养老服务体系建设。

首先，要从预防的角度切入，增强社区医疗服务站的综合服务能力。积极借鉴国外经验，从老年人的疾病预防出发，延缓老人进入失能状态，针对社区人口老龄化现状，探索出一条预防为主的养老服务新模式。立足于现有的社区医疗服务站，加大力度配置社区医疗服务站场地和医师资源，加快实施全科医生配备、老年人常用药品种类适度开放、双向转诊等措施，引导和支持开展上门康复服务，为老年人提供更加及时便捷的就诊方式。

其次，配备完善老年人无障碍设施。可采取政府服务外包模式，由政府负责监管，市场负责运作，用统一竞标的方式选取服务商，部分运营费用由居民协商承担。同时，加强老旧社区室内无障碍设施改造，从老年人生活需求出发制定改造方案，给予一定的资金支持。

再次，通过进一步整合资源解决场地紧张问题。一方面，积极挖掘现有资源进行场地扩充，通过政府购买公共服务等方式，租用单位老年活动场地，解决老年人无活动场地问题；另一方面，对剩余公房加大挖掘力度，积极开发目前老旧社区里的部分符合条件的公房产权，进行再利用，建设老年食堂。利用好老旧社区改造契机，把养老服务机构建设纳入住宅改造设计规划中，从源头上解决老旧社区老年人服务场地不足等问题。

理论报告

Theory Reports

B.4
学习型城市理论在现代城市基层治理中的应用
——以北京市西城区陶然亭街道为例

摘　要：　学习型城市理论源自终身教育、学习化社会和学习型组织等理论，三者均发源于西方发达国家。把西方的学习型城市理论与现代城市治理结合起来，运用其理论和方法创新理念、平台、制度，将组织化的学习变为组织化的治理，把学习能力转化为治理能力，努力建设学习型城市，这是中国城市管理工作者的创新。陶然亭街道的实践是其中的典型。本文回顾了学习型城市的理论来源，分析了其内涵和特征，结合对国内学习型城市（社区）建设的经验分析，对陶然亭街道的学习型社区建设实践进行了探讨，力图探寻超大城市基层治理现代化的一些规律性的做法。

关键词： 社区 学习型城市 基层治理 终身学习 陶然亭街道

党的十八届三中全会通过的《中共中央关于全面深化改革若干重大问题的决定》明确提出，全面深化改革的总目标是完善和发展中国特色社会主义制度，推进国家治理体系和治理能力现代化。国家治理体系由一整套紧密相连、相互协调的系统构成。街道和社区是城市治理体系的基层单元，是国家治理体系的基础。学习型社区的建设将终身教育、学习化社会和学习型组织等理论引入社区建设，构建街道与社区辖区居民直接互动的平台，通过各类学习型组织重建有组织的城市社会，推动社区居民自我组织、自我教育、自我管理、自我监督、自我服务，以学习能力的修炼提升社区治理能力。这一实践不仅丰富了学习型城市建设理论，而且对完善国家基层治理体系、提升基层治理的现代化水平具有重要意义。

一 学习型城市理论概述

（一）学习型城市理论的内涵与特征

学习型城市理论脱胎于学习型社会理论。学习型城市理论源自终身教育、学习化社会和学习型组织等理论，三者均发源于西方发达国家。1965 年，法国教育家保罗·郎格特在第三次成人教育促进国际委员会上提出“终身教育”的理念，随后美国教育家哈钦斯于 1968 年提出“学习化社会”的观点，美国管理学家彼特·圣吉于 1990 年阐述了“学习型组织”理论。2013 年 10 月 21 日，由教育部、联合国教科文组织和北京市人民政府联合举办的首届国际学习型城市大会发布的权威性文件《学习型城市的主要特征》将其作为“学习型社会”这一概念的“延伸概念”。

随着社会的不断发展与理论的不断成熟，一些西方发达国家率先对建设“学习型城市”进行了探索。“学习型城市”实践探索可以追溯到20世纪70年代经合组织开启的一项“教育城市”计划，该计划资助了七个城市，并将教育作为推动城市发展战略的先导。1990年欧洲成立“国际教育城市协会”，会员逐渐遍布世界各地，通过实践的不断发展，学习型城市的理论也不断成熟。“学习型城市”概念的首次提出是在1992年，由OECD的教育研究与改革中心提出。“学习型城市”引起全世界的广泛关注是在第二节国际城市会议之后，这次会议中提出的“市民持续终身学习的策略”引起了广泛轰动，从此“学习城市”取代“教育城市”成为主流。

2013年11月，首届国际学习型城市大会发布的权威文件《建设学习型城市北京宣言》对一些特点有一个比较完整的表述，该文认为“学习型城市”不会因为城市文化和人员构成等方面的差异而影响它的一些特点和作用，具体来说包括：一是对个人自身发展和进步的促进作用；二是对经济社会发展的推动作用；三是对培养和凝聚社会向心力，增强社会可持续发展能力的作用；四是对促进科技进步和文化繁荣的强大支撑作用。

（二）城市基层治理视角下的学习型城市建设

学习型城市理论将社区教育作为重要的载体和组成部分，以“重振家庭和社区学习活力”为导向。《建设学习型城市北京宣言》指出，终身学习不仅仅是要将开展学习的场地局限在学校，还可以延伸到社区和家庭等社会各个角落，而且这些地区之间可以实现互动，营造全民学习的良好氛围。这一表述既将社区学习作为学习型城市的重要环节，也将学习型城市建设视为城市基层管理的重要前提和手段，要求就是要构建一个是全民的、开放的、自愿的、灵活的、丰富的、随时随地的学习环境，通俗表示就是“人人皆学、处处可学、时时能学。”从而构造一个充满生机和活力的学习型社区。

1. 以社区为基础增加可供学习空间

学习设施和学习场所构成的学习空间是社区学习的先决条件和必要保障。建设学习空间主要包括软硬件建设两方面。硬件方面，一是要深入挖掘存量，开发利用好现有的教育设施和场地资源；二是要对各种资源进行合理配置，在社区自身学习空间的基础上，根据社区独特优势，充分调动社会参与的积极性，整合资源，推动辖区内的学校、图书馆、体育馆、博物馆、文化馆等场地对外开放。软件方面，根据社区成员多样化的学习需求，结合现代信息技术，通过微信、微博、网络等手段，搭建社区学习网络平台，开设网上课程和网络学校，打造数字化学习社区。

2. 以居民需求为导向制订社区学习计划

确保社区教育和学习计划的目的是满足居民学习的真正需求，只有满足居民真正发自内心的学习需求，才能保证学习的效果，促进社区学习长远发展。此外，随着经济快速发展，人们普遍出现各种诸如抑郁、焦虑等心理疾病和道德缺失、贪图享乐、知识老化等问题。为此，在城市发展过程中，要把重心转移到人的发展上，以科学发展观为指导，坚持以人为本，重点解决人们面临的问题，倡导全民学习，终身学习，使人们不断地提高自身的素质，适应社会变化，提升城市的文明素养。因此，应开展充分的调研，了解和掌握市民的学习需要，制定学习活动应以群众喜闻乐见的方式，有针对性地满足不同群体和不同阶层需要。紧跟现代科学技术发展，以不断创新教育形式、更新教育理念和传播的知识为着力点，提升优质教育供给能力。

3. 鼓励公民和居民参与社区学习

鼓励、动员社区居民参与社区学习，是活跃社区学习活动的重要途径。这就要求社区教育在尊重居民的个人意愿、重视公民的自由权利上，通过一些多种途径激励民众参与社区学习活动。首先，要丰富学习内容，创造更多的学习条件；其次，可以采取适当的物质、精神激励办法激发居民参与学习的热情；最后，要通过举办交流会、座谈会等建立沟通和互动机制。公众参与是基层社会治理的发展方向，也是学习型社会建设的有效手段。社区学习活动不仅要求居民参与，也要引导其作为组织者、志愿者参与其中，发挥各自特长，进一步强化居民的主体性、自主性。

4. 充分开发社区历史和文化资源

发挥社区独特优势，挖掘社区中的特色教育资源，是确保社区学习内容的丰富化、特色化的有效方式。要充分利用社区内一切历史、文化教育资源，尤其是要充分发挥社区名人故居、古代建筑、民间非物质文化遗产等传统文化载体的作用。激发社区居民的自豪感、归属感和认同感，只有这样，社区学习才能具有持久的生命力，形成独特的文化品牌。

5. 政府引领做好机制保障

政府在建设学习型城市的过程中，既扮演领导者和示范者角色，同时也要起到协调和服务的作用，要引领方向、做好监督检查和绩效评估等工作，推动学习型城市建设。一是从政策和资金的角度出发，建立完善制度保障机制，给予“学习型城市”创建工作专项拨款，并完善资金管理机制；二是建立“学习型城市”人才培育、选拔、管理、激励机制；三是积极学习借鉴其他地方先进管理经验，根据城市特征，打造“学习型城市”新模式；四是营造良好的文化氛围，提高城市文明程度和市民文化水平，在“学习型城市”的创建中提升城市形象。

二 国内学习型城市（社区）创建的经验借鉴

（一）上海：深化社区教育，创建学习团队，推动社区治理

近年来，上海不断摸索实践将社区教育融入社区治理，注重发挥社区教育平台的优势，以教育促凝聚、促沟通、促参与，使社区教育成为创新社会治理的一个新途径。

1. 将社区、学校作为居民学习的主阵地

20 世纪 80 年代，上海就开始推动社区教育工作，经过多年的探索和发展，以构建社区教育三级网络体系，其中包括居民学习点、街道社区学校、社区学院三级。全市各社区学院、社区学校开设的传统文化、养生保健、信息技术等各类课程总数多达 1.4 万个，种类繁多、层次各异的课程让居民获得了丰富的选择机会，越来越多的居民“走出家门口，走出弄堂口，走进校门口”参与教育学习。据近年统计数据显示，全市仅在社区学校参与学习的总人数就达到 307 万人次。

在社区教育课程方面，上海市学习型社会建设指导中心还建设完成第一期 10 个系列 15 门传统文化课程，制作了 15 盒（共 50 张）优秀传统文化系列资源光盘配送至全市各社区学院（校），使优秀传统文化进入社区教育课程。未来市级层面还将继续建设及配送相关课程资源。各社区学院还与上海市终身教育学分银行联手，分层次、分类型、常态化地开设符合区域特色、与传统文化相关的课程纳入学分银行。学员参加完相关课程后，可获得学分银行相应学分。

另外，上海还以“送资源”“送活动”来保障社区教育顺利进行。在“送资源”方面，2013 年为全市社区学院和社区学校配送了“社区教育文化资源新春大礼包”和市民作品集，深受市民喜爱。在

“送活动”方面，上海市教委每年举办各类大型活动吸引市民关注和学习传统文化。如，在2014年举办的“全民终身学习活动周”开幕式上，设置了“中医保健”“茶道礼仪”等两门课程让市民体验，并为各区县的相关课程、市民活动搭建展示平台，让其成果得到展示推广的机会。

2. 深化社区教育内容，创新教育形式

随着社区教育深入开展，越来越多的社区教育工作者意识到，单纯地对居民进行职业教育与技能教育，已无法满足社区居民提升素养的要求。各社区开始深入挖掘社区教育空间，不断尝试教育内容上的突破与创新，使上海社区教育有声有色。比如，徐汇区枫林街道拥有上海市最丰厚的医疗卫生资源。在社区教育中，街道聚焦“健康”主题，在社区学校、居委学习点开设各类健康课程。徐汇区虹梅街道地处漕河泾高新技术开发区，根据开发区员工的作息时间特点，街道精心设计“午间微课堂”学习项目，内容包括国学、亲子教育、心理健康等，形成了“交朋友、问需求、寻资源、搭平台、创特色、求长效”为特点的工作运转机制。徐汇区田林街道的社区学校法制分校十年来举办普法课程和讲座二百余场，受益居民近3万人次，还为社区培养了一批普法宣传员、义务调解员和平安志愿者，居民法制理念日益增强，社区中的许多矛盾在萌芽状态得到解决，为居民依法参与社区治理提供了保障。

3. 创建学习团队，实现居民自治

现代社区人口多、密度大、异质性强、人际关系冷漠，给社区治理带来很大的困难。针对这一状况，上海发挥社区教育的“组织化”功能，以兴趣为切入点凝聚形成居民学习团队。从培育学习团队开始做起，重视加强团队自治，成为推动社区治理的有效载体。据统计，上海市目前共有各类学习团队3万多个。

在浦东新区金杨街道罗山二居，就活跃着“东方之梦”“金和啦啦队”“沪罗知音”艺术团等15支学习团队。在徐汇区湖南街道，86个学习团队的队员们每天活跃在社区居民中间，为社区教育提供丰富的精神养料。此外，该街道还将社区团队的思路不断延伸，组建“金相邻”团队，拉近社区居民邻里之间的感情；成立“弄管协会”，化解楼道口的治安卫生问题；成立“路管会”，解决弄堂口市容市貌问题。

上海终身教育研究院教授韩映雄表示，学习团队的培育和建设是深入推进学习型社会建设和学习型社区的一个重要手段和载体，是未来学习型社区建设的一个重点发展方向和趋势，对推动社区居民自治、搭建民情民意沟通平台具有十分积极的作用。

（二）海口：以社区学习圈为抓手打造学习型社区

1. 创立“道德讲堂”，提升居民道德水平和文明意识

社区居民道德教育工作是建设学习型社区的重点工作。为进一步提升社区居民的道德水平和文明意识，美兰区于2013年成立“道德讲堂”，传授传统道德伦理，弘扬道德楷模的先进精神，塑造良好的道德风尚。“道德讲堂”的创立传播了文明知识，促进了市民道德素质提升，对整个海口地区的精神文明建设起到引导作用。

2. 设立“市民学校”，营造良好的社区环境

白坡里社区居委会和美兰区于2012年共同筹资建成“市民学校”。“市民学校”设立“学习型书屋”——图书阅览室，供居民免费阅览，同时根据居民意见增购新书。在龙舌坡社区居委会办公楼内也设立一间“市民学校”，主要通过开设未成年人道德教育、居民健康、社区礼仪、消防、卫生等课程内容，每月以讲座的形式给居民宣传知识。“市民学校”依托居委会对居民开展社区礼仪和道德知识教育，邻里纠纷变少了，社区环境也越来越好了。居民在浓厚的学习氛围里，逐渐营造了良好的邻里、家庭关系。

3. 建立“文化长廊”，培养居民文化素养

人民路街道万福社区被评为“全国城市体育先进社区”，辖区内的万兴路上有一条长达230米的社区文化长廊，被称为“万福社区文化一条街”。文化长廊的宣传栏里主要有党的建设和精神文明建设的等内容，文化长廊对面是清官正气栏，主要内容是以图文形式展示古代的清官廉吏。此外，社区还设立电子信息平台宣传社区文化，为社区党支部进行党员思想教育提供了便利。“文化长廊”利用多元文化组合，彰显了文化和文明的魅力，既提高了市民文明素养，也推动了整个城市的文化品位。

（三）浙江嘉兴南湖区：发挥“四大平台”优势扎实推进学习型社区建设

1. 发挥组织平台优势，教育网络不断拓展

成立社区教育学院，完善社区教育学院组织机构，健全社区教育学院、中心（分院）和教学点三级社区教育组织网络体系。各社区均建立学习型社区建设领导小组，召开会议，讨论工作，及时解决活动中的问题。依托街道、市民学校、人口学校、法制学校，联合各驻社区单位，实现资源共享，广泛吸纳社会各界热心教育人士为学校教师。构建家庭教育、青少年教育、老年教育、再就业教育等分支教育网络，全面推动社区的创学工作。发动驻区单位与社区学校形成纵向和横向的工作网，全方位构筑社区教育基本框架和教育体系，形成较为紧密的社区教育网络。

2. 发挥载体平台优势，阵地建设不断加强

社区以共建共享为导向，在充分利用社区自身资源禀赋的基础上，引入社会力量，积极打造方便社区居民的学习平台。一是加强道德讲堂等新载体建设。2012 年，南湖区充分发挥“道德讲堂－文明

微课堂”优势，将“唱一首歌曲、看一部短片、诵一段经典、讲一个故事、做一番点评、做一次小结”作为学习的一个固定流程，在社区广泛开展。二是加强橱窗、黑板等宣传阵地建设，经常开展科普文化、普法教育、安全教育、廉政文化进社区等活动。三是加强硬件建设。新建东栅街道新南社区科教中心，社区充分利用该平台，定期开展科普活动，并与教育、文化、体育、卫生等各项服务结合，融入居民的日常生活，提升居民学习的科学素质。四是加强创建评比。

3. 发挥活动平台优势，学习效果不断体现

根据广大居民的需求，围绕“学习日”“学习周”等活动载体，认真策划，精心指导各社区开展形式多样的学习教育活动。一是通过开展知识竞赛、法制宣传、红色之旅等文体活动，深入开展“社会主义核心价值观”、学习“身边好人”等为主要内容的学习活动，做到“在生活中学习，在学习中生活”，提高群众参与学习的兴趣。二是引导居民确立“终身学习”的理念，从个人、家庭、楼宇三个层面打造学习榜样。各社区还结合自己的实际，采取“寓教于乐”的方式，组织文艺团体，让社区成为居民互相学习、提高素质的理想场所。三是通过深入开展“读书月”“睦邻节”活动，来活跃社区文化，弘扬社会正气。2012 年举办的“社区科普益民行”系列活动极大地调动了社区居民的学习积极性，营造了浓厚的学习氛围。

4. 发挥创建平台优势，居民素质不断提高

近年来，南湖区在创建学习型社区的过程中，将其与“文明城市”“和谐社区”“幸福社区”“文明社区”等一系列活动融合起来，互相推进。在创建活动中，居民把每一个细微处都作为展示嘉兴形象的窗口，“文明”成为社区主题词和风向标。居民也在实践活动获得了充实和提高，增强了荣誉感和责任感。通过创建学习型社区，提高了社区居民的道德素养，营造了社区健康向上的氛围，使社区真正成为一个文明的大家庭。

三　陶然亭街道以学习型社区创建为契机提升地区治理能力的实践探索

近年来，陶然亭街道根据本区域文化底蕴深厚、文化气息浓郁的特点，将学习型城市理论充分运用到统筹辖区发展的实践中来，坚持把提升地区治理水平、促进辖区社会文明和文化繁荣作为学习型社区建设的目标，在学习型社区建设创建中不断提升社区治理能力，以社区教育为先导，依托丰富文化资源，打造特色品牌活动，努力构建发达、灵活、开放的区域终身教育体系和学习服务体系，学习型社区创建工作迈出坚实的步伐。

（一）以共同愿景统筹辖区发展目标

陶然亭街道工委、办事处在印发的《关于在陶然亭地区进一步加强学习型社区的实施意见》文件中提出：加强学习型社区建设的总体目标是以人为本、以人的全面发展为目标，使辖区学习型社会理念深入普及，形成人人学习、时时学习、处处学习的社会氛围；辖区各类教育资源得到有效整合，终身教育体系不断完善并得到有效统筹，学习型社区的管理体制、运行机制和保障机制得到健全和深化；地区终身学习服务体系进一步完善，社区教育网络基本形成，基本满足地区成员享受终身教育和终身学习的需求；学习型组织建设广泛而深入地开展，各类学习型组织典型凸现，社会教育培训和学习型组织活动内容丰富，形式多样，成果显著；使陶然亭街道初步成为充满活力的学习型街道。

陶然亭街道紧紧围绕这一总体目标和共同愿景，深刻分析了街道发展的阶段性特征。通过街道领导班子的学习，大家认识到，随着改革开放的深入推进，越来越多的“单位人”转变为“社会人”，街道、社区承担的社会管理任务更加繁重。一些经济社会发展中产生的新矛盾、新问题在街道表现得很直接、很突出，街道的工作内容发生了很大变化，既有的工作思维和工作模式已经与形势的发展不相适应，这就迫切要求街道必须将学习型组织理论应用于推进社会服务创新的实践中去。此外，学习型社区创建还包括学习型机关、单位、企业、学校、社团、家庭等多种类型的创建活动，只有这些街道地域范围内的每个子部分都达到创建要求，街道学习型社区创建的目标才能全部实现。

基于此，陶然亭街道明确提出了“实现区域化整体发展，共创陶然式美好生活”的奋斗目标。推进区域化整体发展的共同愿景就是要实现以“优美的城市环境、优质的民生保障、优雅的文化品质、优良的道德风尚”为主要内容的陶然式美好生活。确保城市环境优美就是要把改善居民居住条件和生活环境作为城市建设重点，推进城市精细化管理，使城市功能日趋完善，城市环境更加宜居。确保民生保障优质就是要稳步推进以改善民生为重点的社会建设，基本形成“全响应”社会管理格局，不断完善社会服务保障体系。确保文化品质优雅就是要整合区域文化资源，加强文化基础设施建设，营造浓郁的文化氛围，形成独特的区域文化品质。确保道德风尚优良就是要使居民的思想道德素质、科学文化水平明显提高，身心健康水平、社会责任感明显增强，充分展示街道文明形象。推进区域化整体发展，既体现了陶然亭街道贯彻落实科学发展观、推进社会服务创新的必然要求，也找到一条学习型组织理论应用的实践途径。

（二）以共建学习平台创新市民沟通载体

社区教育学校是街道开展高质量、规范化终身教育的重要载体。如何发挥社区教育学校的积极作用更好地满足居民的学习需求，是陶然亭街道思考和实践的重要课题。

一方面是统筹整合地区教育资源。在宣武少年宫挂牌成立了规范化的社区教育学校。街道投资了160万元建成了面积1000余平方米的社区教育学院二部。该学院共设有排练厅、台球室、乒乓球室、健身房、培训教室等12间多功能活动室，极大地满足了居民活动和学习需求。拓展市民终身学习基地网络，动员辖区内的学校、机关、文化单位等部门开放学习资源，为社区群众提供场馆教室、图书资料、设备设施等各类学习服务。建立了湖广会馆、陶然亭公园等26家市民终身学习服务基地，为市民学习开放场地的同时，以讲堂、课堂、学习吧、论坛等多种形式面向辖区居民开展教育培训活动。在《陶然之窗》网站上建立了“学习超市”、学习地图，为社区居民提供个性化自主学习“菜单”。菜单内容涵盖宣武少年宫、社区文体中心等教育培训机构的培训项目，居民可以随时了解课程设置，增强了学习的自主性和灵活性。

另一方面是实现针对不同年龄段人群学习的全覆盖。充分挖掘人才资源，建立包括2400余名志愿者、20余名社区教育专兼职教师在内的社区教育志愿者种子信息库，力争满足不同领域、不同层面社区居民的教学需求。建立婴幼儿早教基地，拓展了0~3岁婴幼儿早期教育内容。以“六德”教育实践活动为载体，落实中小学生“假期回社区报到”工作，促进社会教育与学校教育的有效衔接，积极探索社区青少年“全方位、社会化”的大教育模式。鼓励辖区单位充分发挥文化、教育、医疗、环保、科普等资源优势，全面开展文化艺术普及、技能提升、普法宣传、消防安全、卫生保健等教育培训，不断满足单位职工的教育需求。依托“社区自治求职网吧”，通过对街、居两级失业人员的动态管理，把握“3540”就业困难群体、未就业大学生、拟创业人员等不同群体的不同需求，提供职业指导、陪同面试等不同服务。开展“新北京人”的职工技能大赛，集中展示外来务工人员在建设新北京中的良好风貌。关注残疾人身心健康，在四个社区康复服务站开展各类残疾人康复训练，丰富“温馨家园”心理关爱项目，开展以“快乐音乐吧”项目为代表的丰富多彩的残疾人活动。街道在开展各项教育培训活动的同时，每年开展学习之星、优秀学员的评比，促进更多的居民积极投入学习的行列中。

（三）以学习型组织重建有组织的城市社会

一是发挥学习型领导班子在创建学习型社区中的基础和龙头作用。坚持并完善理论中心组学习制度，树立终身学习意识，坚持团队学习，深度会谈，发挥集体智慧。班子每一成员都能把学习当作工作的核心、创新的基础、自觉做到学习工作化、工作学习化、学习工作一体化。坚持理论联系实际，每名班子成员都负责联系一个社区，把调查研究与解决实际问题结合起来，有针对性地明确思路、制定对策，以实际行动为群众解决困难、化解矛盾，进一步增强班子的科学决策水平和解决实际问题的能力。

二是积极推进学习型党组织和学习型机关建设。在机关内部，积极构建多层次、多角度、立体式的团队学习体系。依托党校等机构大规模培训干部。建立健全学习考评机制，将学习和培训情况与干部的绩效考核、表彰奖励、选拔任用挂钩。成立陶然论坛，搭建启发干部思维、开阔干部视野的平台。加强街道信息化建设，依托短信平台发布街道重要会议精神、重点工作进展情况，推进干部之间的信息互通。

三是深入开展学习型家庭创建活动。街道在创建学习型社区过程的同时启动“创建学习型家庭”活动，制定《创建学习型家庭活动实施意见》，形成“家家是学习之家”、“人人是学习之人”的全新理念。深化家庭伦理道德教育，促进文明家风的形成，突出家庭文化教育，提升家庭文化品位。开展“家庭藏书状元户”评选、做合格父母、家庭英语等活动，全面提升创建工作水平。

四是开展辖区单位学习型组织创建活动。北京15中学积极发挥示范高中学校的作用，在争创学习型学校过程中，积极开展读书交流论坛、创建学习型组织理论心得交流会、职工素质培训教育、干部理论培训等活动，2010年被评为西城区创建学习型组织先进单位。有“脚病治疗第一家”美誉的百年老店清华池是一家成立于1905年的老字号，注重用学习型组织理论开展经营管理，注重用团队学习方式开展专业技艺培训，注重将学习运用现代医学知识与挖掘整理传统技艺相结合，于2009年10月被列为北京市非物质文化遗产项目。“大和恒粮行”是辖区另一家老字号企业，坚持以学习引领企业经营管理，制定“企业目标”“企业精神”以及“特色产品”“粥道文化”等企业文化内涵，将传统加工工艺和现代技术融合，挖掘整理出“小米面”“三条腿玉米面”等特色产品，使断档50多年老品牌重上餐桌。“大和恒粮行”独到的米面加工手艺于2011年11月入选西城区非物质文化遗产名录。

（四）以学习型社区创建提升社区服务质量

街道开展学习型组织建设的出发点和落脚点归根结底都是为了更有力地推动社会服务管理创新，更好地服务居民群众。自学习型社区创建工作开展以来，街道工委、办事处为民办实事的力度逐步增大，基层工作作风持续转变，创建工作给居民群众带来了实惠。

一是践行“阳光理政，用心服务”的政务理念，启动组织流程优化项目，实现为民服务标准化。该项目围绕提升街道管理水平和服务标准两个重点来进行，通过对街道27个科室工作进行全面系统梳理和现状调研、职责梳理、岗位分析、知识培训、系统再造等一系列措施，努力达到为民服务的工作职责更加清晰、工作流程更加优化、内部管理更加健全、部门协作更加高效、干部能力更加提升的目标，实现为民服务水平和干部个人能力的双提升。

二是召开培育发展社会组织大会，出台扶持社会组织发展措施，实现为民服务多元化。蓬勃发展的社会组织在社会服务管理中发挥着组织引领、协调整合、示范带动和排忧解难的功能。街道按照“积极培育、重点扶持、快速发展、逐步规范”的工作思路，坚持政府引导、市场运作、社会参与、居民自愿原则，大力培育地书协会、慈善协会、老年协会、物业协会、计生协会、旅店协会等成为街道枢纽型社会组织，达到建立一批、巩固一片、服务一方的目的。通过街道购买社会服务，积极规范培育鼓励公益性、服务性社会组织的发展，探索了为民服务社会化运作的新机制。

三是围绕提升履职能力、响应能力和创新能力，深入开展“政务能力建设年”活动，实现为民服务系统化。积极开展“访民情、听民意、解民难”活动，加强政府与居民的沟通互动，真正做到“问政于民、问需于民、问计于民”。推行“一本、一会、一单”民生工作法，在社区居委会召开街道办事处主任办公会，切实解决居民实际问题。以街道新办公楼落成为契机，有效统筹公共服务资源对接社会公众需求，构建区、街、居三级民生保障服务网络。壮大志愿者队伍，丰富志愿服务内容，引导、组织有能力、有特长的党员群众参与志愿服务活动，增强区域内党组织和党员对服务群众、服务单位的认同感，带动群众共同投身社区建设。

（五）以学习型社区创建成果提升辖区品牌形象

陶然亭街道在创建学习型社区的过程中，坚持寓公共管理于公共服务之中，打造了一批特色品牌项目，实现了公共管理与公共服务的有效结合，提升了街道社会服务管理水平。

一是开展“陶然杯”地书赛为代表的群众文化品牌活动。地书是比较普及的群众健身活动，全国各地、北京各大公园均有习练者，每天仅在陶然亭公园的习练者就多达百余人。针对这一特点，陶然亭街道把地书作为凝聚群众的文化载体，先后投资上百万元扶持、支持地书发展，组建地书队伍，聘请专家授课，研制地书用具，编写地书教材，出版《北京地书作品集》和《地书画册》，并于2002年连续举办“陶然杯”地书邀请赛，促进了地书艺术的发展，影响辐射到江苏、山西、天津等多个省市，并不断扩大。2010年被评为“北京市群众文化活动十大创新项目”，同年成立了北京市首家“地书协会”。2011年被确定为西城区学习品牌。2012年，陶然亭街道以“十年传地书，怡情尽陶然”为主题，成功举办了北京第十届“陶然杯”地书邀请赛，参赛人数之多、持续时间之长、赛事规模之大均创历年之最。本届大赛首次在外省市设立了15个分赛场，首次按楷、行、草、隶、篆等书体类别进行了奖项设置。召开了陶然地书协会第一次会员代表大会，制订了《北京陶然地书协会章程》，设计推广了陶然地书协会LOGO，地书活动朝着组织化、专业化、规模化的方向发展。陶然地书协会自编的地书课程，被评为全国社区教育特色课程之一。

二是创办青少年“六德”教育实践活动展。陶然亭街道将“忠孝诚信、礼义廉耻”等中华传统美德与公民道德建设行为规范紧密结合，于2002年开始进行“六德教育”（即责任、爱心、诚实、守信、宽容、礼让），提出“道陶然六德，得文明之道”的内涵，设计形象标志。为使“六德”教育成为社区青少年道德建设可持续发展载体，街道系统思考、系统规划，结合不同时期、不同形势的要求，分解六德教育具体目标。分阶段、有步骤、按次序地推出工作载体和工作措施，使社区青少年较为系统全面地接受道德教育。10余年来，开展了一系列活动：举办“六德”教育论坛，开展“小小楼门长”“陶然娃”评选，开展“爱心洒社区、社区助成长”活动；支持辖区中小学校开展“花棍操进校园”、京剧校本课程等特色项目；推进“红领巾小队”“寻根文化”“社区好少年”等青少年社区教育系列活动；编印《“六德”行为规范》《“六德”教育活动案例集》《“六德”教育读本》等课外读物3万册；建立社区、家庭联动机制，向家长发放倡议书，倡导家长支持孩子参与社区活动；在全区街道系统率先成立关心下一代工作委员会，充分发挥“五老”作用，为“六德”教育提供智力支撑。目前，地区60%以上的青少年在接受责任、爱心教育后，关爱他人，尊师敬长方面效果明显。通过国学教育，更加关心历史，立志成才的愿望更加坚定；通过举办“六德教育记心间，争当社区好少年”活动评选，使“六德”教育深入人心，涌现出尊敬师长、关心他人、热爱劳动、身残志坚等各类社区好少年300多人，社区成为培养青少年思想道德素质的一片沃土。

陶然亭街道自创建学习型社区以来，8个社区全部被评为西城区创建学习型社区先进单位，创建达标率为100%。街道先后获得全国“平安家庭”创建活动优秀示范区、全国城市体育先进社区、全国社区教育示范街道、北京市学习型社区先进街道、首都文明街道、北京市社区“科普益民计划”优秀科普社区奖等多项荣誉

四　因地制宜完善学习型社区建设体制机制

学习型社区作为整个国家构建学习型城市的基础，是实现学习型社会的前提条件和保障。日益增长的学习需求使建立学习型社区具有紧迫性，与此同时，技术的进步，观念的更新，也使学习型社区的构建有了良好的环境。因此，学习型社区建设要理论先行，发挥优势，走出一条符合区域特色的发展之路。

（一）政府发挥统筹、引导、监督职能

学习型城市建设的本质是搭建一个政策工具和公平平台，只有在政府主导下，实事求是地研究本地实际，深刻分析具体背景、优势劣

势，才能因地制宜，找到一条适合地区实际的学习型组织理论应用的实践途径。建设学习型社区需要各级政府、民政、教育、财政、劳动保障等各个部门共同参与，政府通过协调管理，明确各个部门作用，才能共同促成学习型社区建设取得良好效果，因此，必须加强顶层设计，强化政府监管功能，支持和推动学习型社区建设。陶然亭街道要在巩固现有成果的基础上，制定学习型社区的进一步发展规划，明确未来发展目标、实施步骤和各方责任，为完善学习型社区建设体制机制指明方向。

（二）充分整合利用社会资源

创建学习型社区可利用的资源包括：社区的教育资源，如学校、图书馆、博物馆、文化馆、科技馆、少年宫、公园、社区学校、党校、青年培训基地、各类教育基地等；社区的组织资源，指社区、街道服务性机构，如党委和政府所属的党办、行政办、宣传部门等职能部门它们属于政府机构的基层组织，拥有行政职能和公共资源。社会工作志愿者组织类或慈善类组织，他们的特点是非职业，自愿性，在学习型社会建设中发挥着重要的作用；社区非营利性民间组织（NGO），具有民间性、非营利性、公益性等特点。陶然亭街道在学习型社区建设中，应注重拓展市民终身学习基地网络，动员辖区内的学校、机关、文化单位等部门开放学习资源，建立市民终身学习服务基地，在整合利用社会资源方面进行更多的有益探索。

（三）营造街道带头学习、家庭乐于学习、居民善于学习良好氛围

建设学习型社区的目标是促进社区成员的全面发展，以满足社区学员多元化需求为导向，打造和谐社区。和谐社区需要社区居民树立终身学习的理念，营造学习型社区的良好氛围。陶然亭街道应充分发

挥学习型领导班子在创建学习型社区中的基础和龙头作用，以团队学习、理论中心组学习制度、深度会谈制度等方式，将学习型社区理念落实到工作和生活中，形成带头学习、善于学习的良好环境。此外，倡导居民将学习纳入家庭生活之中，树立家庭学习的理念，开展家庭学习活动，激发社区成员参与学习的积极性，营造全家成员共同求知进步的良好氛围。

（四）加强对弱势群体的学习培训

在社区中，存在很多由于某些因素和障碍而导致职业发展机会较弱、单靠自身的能力难以维持生存，需要国家和社会给予扶助的社会弱势人群。在学习型社区建设中，应对他们进行重点关注，使他们尽快融入社区的各种活动中，提升弱势人群生存和发展能力。陶然亭街道在这方面采取了不少措施，充分体现了社会对弱势群体的关爱，应在巩固这些成果的基础上，进一步创新弱势群体学习培训的方式，拓展学习培训的内容，帮助他们更好地融入社会、创造价值。

参考文献

张兆芹、胡娇艳：《关于学习型社区运行机制研究现状的反思和展望》，《职教论坛》2013 年第 30 期。

罗娟、马羽安：《网络教育质量保障体系的构建》，《中国科教创新导刊》2013 年第 25 期。

赵丹：《近十年我国学习型社区研究综述》，《河北大学成人教育学院学报》2013 年第 3 期。

司马一民、龚培：《共建共享互动推进学习型社区建设》，《杭州（周刊）》2012 年第 7 期。

陈应征：《论学习型社区学习模式及建设途径和方法》，《天津市教科院学报》2011 年第 6 期。

孙维丰、王冕、陈立文、王亚辉：《学习型社区建设效果评价方法研究》，《河北工业大学学报》2007 年第 2 期。

安玉娟：《城镇建立终身学习型社区存在的问题及对策研究》，《成人教育》2011 年第 11 期。

青维富：《论责任政府及其构建》，《理论导刊》2010 年第 10 期。

张亚斌、韩瑞婷：《学习型社区的运行机制构建：系统、方式与范例》，《北京广播电视大学学报》2009 年第 4 期。

马丽华：《日本公民馆财政补助分析》，《河北大学成人教育学院学报》2008 年第 3 期。

陈如：《现代学习型社区创建的若干思考》，《教育发展研究》2008 年第 17 期。

《教育部重点课题“学习型社区建设与社区教育发展研究”研究成果述评》，《当代教育论坛（学科教育研究）》2008 年第 1 期。

B.5

以区域化整合提升街道统筹治理能力的现实路径

——陶然亭街道区域化发展理论价值与实践意义

摘　要：　街道办事处作为城市基层政府派出的服务管理主体，对辖区负有属地责任，具有统筹治理的职能。但要落实这一职能，提升基层治理效率，则需要进一步理顺条块关系，创新治理理念，改革体制机制。在街道层面的基层治理实践中，引入现代区域治理理论，创新治理理念，开展多元主体、互动参与式治理，成为现代社区服务管理工作的一个新方向。本文分析了区域治理理论的内涵与特征，结合陶然亭街道近年来推行区域化整合的实践，剖析了其在社区治理工作中的意义，提出了实现区域化整合与共享的现实路径。

关键词：　区域治理　整合共享　陶然亭街道

街道工委、办事处作为“机关的基层、基层的机关”，肩负着统筹辖区治理、监督专业管理、组织公共服务、指导社区建设的重大职责。经过多年发展，街道现正处于经济发展方式转变、城市管理模式转换、社会治理方式转型和公共服务理念转化的历史拐点。面对“要求无限、职责有限，需求无限、资源有限，矛盾无限、手段有限”的现实和当前的新形势和新要求，陶然亭街道逐渐探索出了一条“区域化整体”的思路，通过街道工委发挥总览全局、协调各方的作用，创新服务方式、引导多元共治，努力在街道统筹辖区发展的工作中走在前列。这一思路契合了当前我国城市基层管理的深刻变革，是对区域治理理念的生动实践。

一 区域化整合的理论概述

随着社会经济的发展和改革的不断深入，我国的基层社会结构从单一模式向网络型模式转变。街道社区作为人们生活的基础区域，承载着中国转型期发展的具体问题，正在成为各种社会矛盾和焦点问题的聚集区域。在社区管理实践中，借助现代区域治理理念，开展多元主体、互动参与式治理，成了社区管理工作的一个新方向。

（一）区域治理：社区治理的理论根据

作为公共管理学的一个重要概念，“治理”从20世纪末开始在全球范围逐步兴起，并已在学术界和具体实践中被广泛接受。党的十八届三中全会提出“国家治理体系和治理能力现代化”，这是我国首次在党中央的文件中如此鲜明地提出“治理”这一概念，标志着我国治国理政思路的重要变化。按照著名学者俞可平的定义，“治理”一词的基本含义是指：“官方的或民间的公共管理组织在一个既定的范围内运用公共权威维持秩序，满足公众的需要。治理的目的是在各种不同的制度关系中运用权力去引导、控制和规范公民的各种活动，以最大限度地增进公共利益。”

与传统的管理相比，治理在主体上强调多元参与，发挥政府、社会、个人等各方力量；从治理方式上，既有传统的强制性管理，也采取协商、互动、激励等方式；最终实现公共服务和公共产品的有效供给。

区域治理就是在区域公共事务管理中如何把治理理念或理论具体落实。中山大学行政管理研究中心教授陈瑞莲对区域治理的定义是："区域治理是指政府、非政府组织、私人部门、公民及其他利益相关者为实现最大化区域公共利益，通过谈判、协商、伙伴关系等方式对区域公共事务进行集体行动的过程。"区域治理强调多元主体、公众参与、互动协商，是"治理"这一概念在区域内的具体化。而社区治理则是区域治理理论在社区的具体运用。

在街道社区引入和实行区域治理理念，有着现实的迫切性和必然性。进入21世纪，中国社会转型期所面临的政治、经济、文化、社会、生态等一系列突发性问题逐步涌现，这些问题在社区集中体现。

第一，利益的多元化要求多元治理主体加入。随着经济体制转轨和社会结构转型的交互作用，社会分层逐渐加剧，利益多元化格局越发明显。利益主体多元化造成了利益诉求的多样化。回应多元诉求，合理统筹兼顾，需要一个整合的机制来促进社区健康发展。要求政府机构、党组织、居民自治组织、营利性机构、志愿组织、居民个人等全部作为治理主体，通过沟通、协商、合作等方式，围绕社区日常公共事务开展工作，努力做到公共资源的优化配置，实现公共利益最大化，满足不同利益诉求。

第二，社会矛盾的凸显要求整合性治理。当前我国已经进入矛盾凸显期，各种利益纠纷大量涌现，需要政府及时回应，快速化解矛盾。而我国传统社区治理结构按条块分割，众多的分支机构和职能交叉，造成了力量分散，效率低下，这一现象也有学者将其称之为"权力结构的碎片化"。防范社会矛盾，提高服务能力，必须充分发挥各方力量的综合效应，把有限的基层治理资源有效集中整合，构建多元主体参与共治的良好局面。

第三，公民权利意识的觉醒要求政府改变管理理念。改革开放的不断深入和经济的快速发展带来了公民个人意识、权利意识的不断崛起。各城市不断增长的物业纠纷、环境纷争等无一不是权利意识觉醒的表现。随着群众权利意识的迅速崛起，他们对公权力不再是无条件地服从了，随时可能会与政府发生冲突。以往那种集体化、权威化的管理模式将越发难以为继。这就要求在社区治理中加强沟通、谈判、妥协等，实行交互式治理。

第四，社区成员的社会化与多样性要求增强社区的包容性。在计划经济时代，户籍制度和单位制度条块分割、相对封闭的社会政策体系。社区居民户籍相对单一，管理也依托单位进行。随着人口流动的加剧和单位身份制的不断解体，社区人口逐渐多样化，既有本地人口，也有新移民、本地非户籍人口、外来流动人口等；人的身份也由传统的“单位人”逐渐向“社会人”过渡。这就要求在社区治理中注重包容性，在社区资源的分享上消除社区居民的身份隔离和社会标签，从而使不同户籍、职业、阶层的居民平等相处，是每个人都感受到对社区的认同感、归属感，从而促进社会的和谐与稳定。

（二）整合与共享：社区治理的路径选择

社区治理的目标是建立起一种行政调控与社区自治相结合、互补，行政资源与社会资源相互整合，政府力量与社会力量互动合作的新型社区治理模式。其中，区域化整合、多主体互动是关键，这要求在社区管理中加强各主体建设，培育民间力量，理顺体制机制，形成共同治理格局。

第一，推动社区资源整合，发挥多元主体作用。社区整合与共享对于提高社区治理能力具有重要的意义。只有社区资源整合能力提高了，社区各种资源得到更好的统筹和支配，才能有效地开展社区服务、繁荣社区文化、美化社区环境、发展社区卫生、推进社区居民自治。一般而言，社区资源分为物质资源、文化教育资源、组织资源、人才资源等。物资资源包括资金和设施，这是满足社区成员生产和生活需要的基本保障；文化教育资源是社区内的特色文化、历史传统、文化遗产、价值观念等，是塑造社区共同价值观的基础；组织资源指社区内各种企事业单位、非政府组织、居委会等自治组织，它们是社区治理有序进行的依靠力量；人力资源是社区内的居民，它们是社区建设的重要人才资源。在资源整合中，首先要充分发挥社区政府、党组织、居民委员会等居民自治组织、社区群团组织等体制内组织在社区资源整合中的作用，做好组织指导、宣传教育、动员群众等工作，发挥这些单位的政治核心作用。其次要培育社区资源整合的新载体，发挥非政府组织、非营利组织、志愿者等各自作用，使其起到连接居民与政府、整合社区资源、凝聚社区力量、协调社区矛盾、提供社区服务等作用。

第二，建立和完善社区资源共享，构建多元的资源获取渠道。社区资源共享，就是把社区内的各种社会资源进行整合，由社区进行支配，为社区内的人群所共享。首先要充分发挥政府的统筹协调作用。政府、党组织要通过领导小组、联席会议、协商议事委员会、工作委员会等形式，鼓励引导社区单位参与社区共建共享，通过多种途径和手段，合理利用现有资源设施，以满足社区居民的需求。其次要建立管理制度，形成激励机制，明确各类社区组织及其驻区企事业单位的责任与义务，形成制度化的激励和约束机制充分调动各单位参与社区资源共享的积极性，激励各单位开放和共享设施和资源。

第三，有效回应社区的多样诉求，构建社区治理多元格局。城市化快速发展带来的社区的众多问题，使社区成为矛盾的集聚点。在社区资源整合的进程中，必须对居民诉求进行及时有效的回应。这既是提高政府管理绩效的动力，也对政府管理提出的新要求。要有效提升社区的资源整合能力，就必须通过合作共治，发挥政府、市场、社会三大部门各自的优势，发挥党组织、政府要和企业、社区民间组织等治理主体联动参与，及时发现和化解矛盾，维护居民利益，社区治理多元格局。如陶然亭街道设立的“大工委”就是这一理念的典型案例。

第四，培育社区公共文化，增强居民文化认同感与归属感。社区治理应该将社区文化建设作为一项重要内容。社区居民在社区参与的过程中，共同创造出特有的社区文化，并将一定价值观内化为自己的思想观念，这对增强居民归属感，打造和谐社区具有强大的推动作用。第一，要建立健全社区文化制度。社区文化制度对社区生活和行为的规范化、明确化，既是规则，也是精神文明建设的载体。要增强居民对社区的认同感，培养建设社区的责任心，必须依靠各项管理制度、公约等日常行为规范来实现。第二，要大力发展公益性文化活动，增进社区居民之间的感情，营造社区和睦环境。第三，要突出重点，深入发掘和利用本土文化资源，打造特色品牌，增强社区居民的自豪感与归属感。

二　国内街道社区区域化整合实践经验借鉴

（一）上海大宁路街道：以社区资源整合为切入，提升社区自组织能力

近年来，上海大宁路街道以街道办事处为主导，多方参与形成“合力”，在推进社区资源整合，提升社区自组织能力方面取得了积极的成效。

1. 明确任务分工，完善分级协调机制

一是明确市区两级政府统筹协调职能，指导街道和社区进行资源整合，并给予人才资金支持；明确街道办事处在实际工作中具体开展社区资源整合职能；明确社区居委会在社区资源整合过程中的基础性作用，努力发挥自身主观能动性，在此基础上形成了“两级政府、

三级管理、四级网络”的社区组织协调机制。

二是发挥融合街道党工委和行政组织、驻区单位、居民区共同参与社区治理的积极作用，建立行政组织党组、驻区单位综合党委、居民区党委，构建多元共建的“1+3”社区党建新格局。这种社区党建模式完善了社区党组织体系，更扎实地巩固了党组织在领导社区治理中的政治核心地位。

2. 进一步权力下沉，增强居委会资源整合能力

辖区事务工作协调领导小组，是街道办为方便指导和促进居委会在社区居民和辖区企事业单位中开展资源整合而成立的专门机构。街道办赋予社区居委会管理的权力，下沉到社区各单位组织，对辖区内的各项资源进行充分发掘和整合，在社区建设中积极吸引更多力量参与，利用好各类有效资源。

3. 发挥社区民间组织在资源整合中的作用

街道向居民宣传社区民间组织在社区治理中的重要作用，使居民更加了解、关注社区民间社会组织，并积极参与社区民间社会组织。同时加强引导，积极扶持优秀社区民间社会组织，以点带面，进一步推动社区民间社会组织实现在社会建设中的作用。

4. 街道办事处提供强有力的保障

街道办加大资金投入，将社区建设软硬件提升纳入城市建设整体规划，并从政策上给予保障。大宁路街道将大量资金投入社区生活服务设施等一系列社区基础设施项目上，改善了社区活动中心和体育文化设施等，推动了社区各项活动的有效开展，为居民生活创造了良好的环境，也为社区资源优化配置奠定了坚实的基础。通过这些措施的实施，大宁路街道在整合人才资源、组织资源、物质资源、信息和文化资源上取得了突出的成效。

一是建设志愿者队伍完善人才保障。街道社区在人力资源整合方面，发挥辖区自身优势，积极培育壮大志愿者队伍，提升社区服务和

社区建设水平。目前社区已组建包括家政服务、社区教育、医疗保健、法制宣传等服务内容在内的十余支志愿者队伍。社区以志愿者队伍为依托开展社区志愿服务，深受社区广大居民欢迎。

二是建立民间组织服务中心完善组织保障。为将民间组织、群众团队等社区资源进行有效整合，街道社区于2005年12月成立民间组织服务中心，民间组织服务中心下设五个管理小组：民政、卫生、劳动、体育、教育等。截至2009年，街道共有市、区注册的各类民间组织34家，街道群众团队有105支。根据居民需求情况，民间组织服务中心还在文艺类、学习类、健身类三个主要团队中设立秘书处，负责各类团队日常管理事宜。此外，街道社区还设置关于便民利民、养老敬老、法律服务、流动人口等方面需求相关的服务机构。

三是联席会议制度完善信息文化资源保障。街道社区通过学习型社区联席会议制度等方式实现社区文化资源整合，以多种形式开展了卓有成效的文化教育活动，完善了社区信息文化资源供给。利用上海大学图书馆、风华中学等驻区资源优势，丰富场地、设施和各项服务，为居民学习交流提供便利。同时聘请上海大学对外交流学院的外籍教师，建立图书阅览室、社区文化活动室、休闲健身中心、计算机检索室等社区服务场所。

四是挖掘自身优势完善物质资源保障。街道有自身的比较优势便于开展物质资源整合，辖区内有一流的体育场——闸北体育场、大宁灵石公园、“中国马戏第一城”的上海马戏城等，都为市民休闲娱乐、陶冶情操提供了很好的场地资源。此外还有占地150平方米，藏书2万余册的街道图书馆，环境优美，适宜阅读，年服务人次达3万多。在居民健身方面，街道辖区内大宁路540弄健身苑是全区最大的健身苑，还在13个体育健身点分布在各个居民小区之中。此外，还有每季度开班的街道社区学校，对社区居民开展职业培训、继续教育和文化艺术等内容。

（二）宁波霞浦街道：“三个整合”推进区域化建设

2011 年以来，宁波市北仑区霞浦街道通过实施“三个整合”，全面推进启动区域化建设，在服务中提升和强化社区功能。

整合辖区资源，推进城乡一体化建设。打破各行政村“各自为政”的建设格局，确立区域“一盘棋”发展新思路，落实区域内事关民生的公共设施项目。

整合公共服务资源，增强工作合力。各社区以“组织共建、服务共管、设施共享、活动共搞”的方式，通过各社区社会组织的领导，更好地强化服务功能，扩大服务领域，完善服务机制，形成农村社会组织建设工作的合力，使社会组织工作由点到面、由纵到横，把社区服务延伸到区域内的每个村落，做强融合文章。

整合文化教育资源，丰富居民文化生活。社区公共服务中心一方面在承接政府社会管理和公共服务职能中发挥作用，另一方面对辖区内有限的资源进行集中整合，有助于挖掘资源潜能，提高整体效益。各社区将对原先的街舞队、柔力球队等文化队伍进行重新编排整合，并挖掘有一技之长的村民和外来务工者组建不同类别的文化队伍，同时拟组建合唱队、舞龙队、篮球队、草根讲师团等多支新队伍，让村民能与城市居民一样共享多维性社区大文化的乐趣。

三　陶然亭街道推进区域化整体发展的主要做法

2012 年以来，陶然亭街道工委、办事处以党的十八大精神为指导，深入贯彻落实市、区第十一次党代会精神，按照区委提出街道要在统筹辖区发展中发挥基础性作用的总要求，坚持系统思考和区域治理理念，明确提出了“实现区域化整体发展、共创陶然式美好生活”的工作思路，努力在街道统筹辖区发展的工作中走在前列。

（一）提出共同愿景，引领区域化整体发展的方向

区域化整体发展就是街道工委、办事处既要把辖区单位和居民当作服务对象，又要把辖区单位和居民当作合作对象和依靠力量，积极搭建共驻共建共享平台，全面整合各方资源，推动区域全面协调可持续发展，携手共同创造美好家园。

第一，构建理念体系。为了带领广大居民和辖区单位共同建设美好家园，街道自2011年以来，将创建学习型组织理念应用于推进社会服务管理的实践中，召开了区域化整体发展启动大会，提出了“携手四方、共创陶然”的区域精神、“阳光理政、用心服务”的政务理念，和“团结、奉献、求实、向上”的机关文化以及旋律优美的《陶然之歌》一起构成了街道的理念体系（图1）。

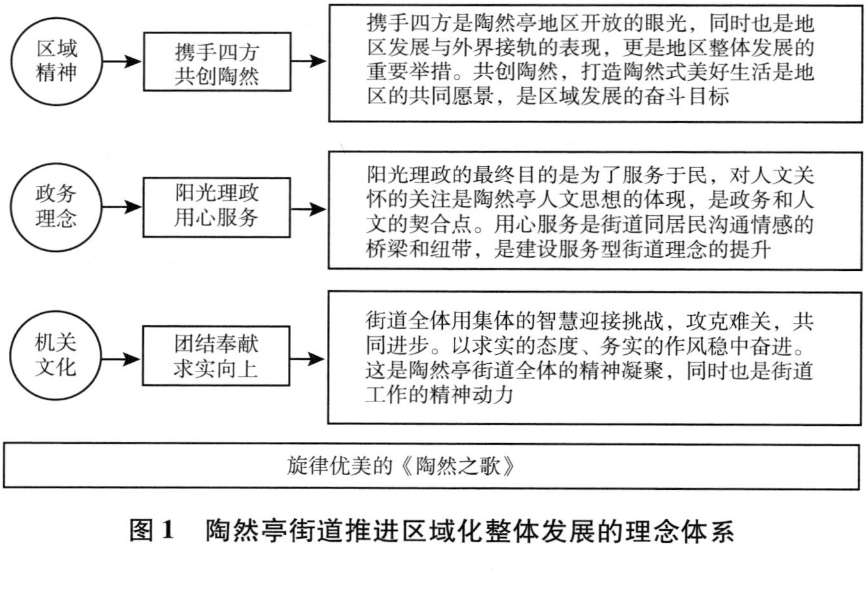

图1　陶然亭街道推进区域化整体发展的理念体系

第二，明确目标措施。街道对实践路径进行了“顶端设计”，通过构建党委领导系统化、政府负责规范化、社会协同组织化、公众参与多元化、法制保障专业化的“五化”格局不断探索实现以优美的

城市环境、优质的民生保障、优雅的文化品质、优良的道德风尚等"四优"为主要内容的陶然式美好生活。"四优"目标要通过一个个的微网格来实现。街道通过成立"网格议事会"，将"四优"目标细化为便民服务、绿化美化、垃圾处理、车辆停放、文化阵地、宣传设施、民生保障、安全宜居等具体内容，并通过综合整治一次性实施到位（图2）。

"四优"目标

优美的城市环境，是区域发展的品位形象
优质的民生保障，是区域发展的根本归宿
优雅的文化品质，是区域发展的精神追求
优良的道德风尚，是区域发展的文明塑造

"五化"措施

以区域党建为龙头，实现党委领导系统化
以区域服务为主旨，实现政府负责规范化
以区域共建为基础，实现社会协同组织化
以区域文化为引领，实现公众参与多元化
以区域执法为依托，实现法治保障专业化

图2　陶然亭街道推进区域化整体发展的目标措施

第三，规划发展布局。街道以区"十二五"规划为指导，全面对接"一核一带多园区"的产业发展空间布局，结合地域特点和资源禀赋，规划了以南横东街、陶然亭路为分界的三条特色发展带，即中信城北部金融业带动的总部经济与现代文明生活的北部区、中山会馆南侧220千伏变电站项目与都城大厦国家电网公司带动的电力经济及和谐宜居的中部区、国家药监局项目带动的食品药品经济与陶然亭公园为核心的休闲文化的南部区。三条发展带对应着三条服务带，街道在三个区域内合理规划了老年餐桌、早餐门店、卫生服务站、便民菜站等服务设施，满足了居民需求（图3）。

共同愿景的提出、区域标识的发布和发展布局的规划，凝聚了街

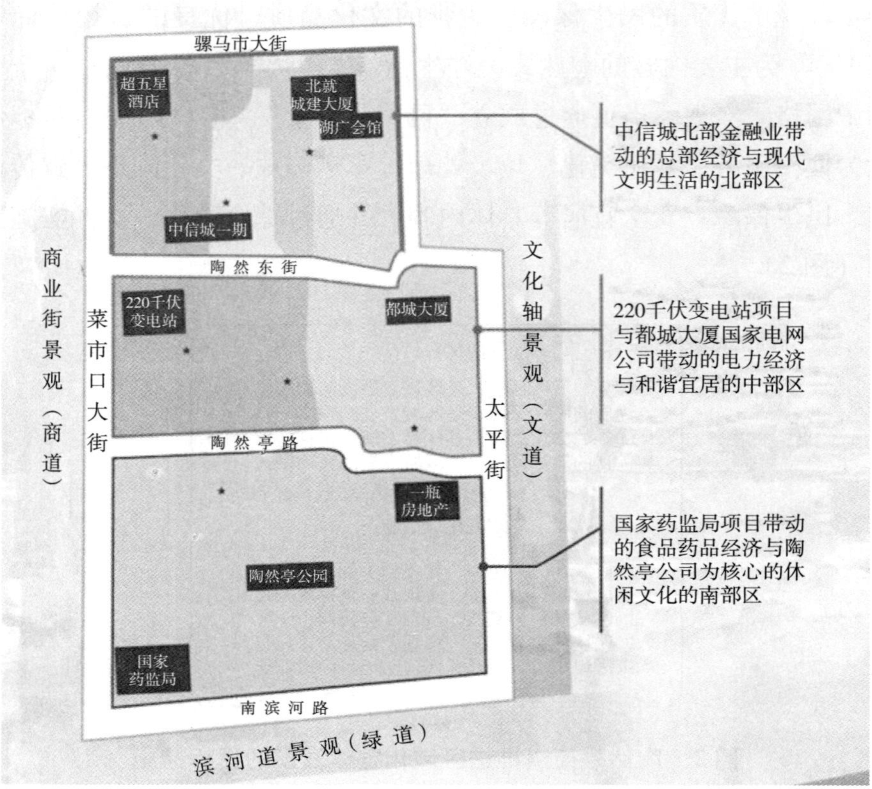

图3 陶然亭街道三条特色发展带

道各类组织和居民群众推进区域化整体发展的广泛共识，树立了以共同利益为纽带的价值导向，汇集了共建陶然美好家园的强大合力，筑牢了区域化整体发展的思想基础。

（二）构建组织体系，夯实区域化整体发展的基础

推进区域化整体发展首先要有健全的组织机构。街道积极推进开放性的组织体系建设，分别在决策、执行、监督层面进行了组织再造，构建了以“大工委”为统领、7个专业委员会为依托、8个社区“大党委”为支撑和85个网格为基础的“1+X”网络体系。

在决策层面，街道成立了“大工委”。“大工委”组成人员为15名，其中3名为街道工委领导班子成员，1名为社区居民代表，1名为非公企业党组织负责人，其余10名均为辖区规模较大的单位党组织负责人。“大工委”作为区域化整体发展的最高议事协调机构，全面谋划涉及区域发展的中心任务、大型活动等重大事务。在社区成立“大党委”，通过建立大事共议、难事共商、要事共决、实事共办的工作机制和采取“席位制”增设区域发展党委委员等有效形式，引导社会单位积极参与社区建设。

在执行层面，成立了隶属“大工委”的党建协调、经济发展、城市管理、民生服务、文化体育、安全维稳、精神文明建设等7个专业委员会作为执行机构。各专委会针对服务对象的不同特点，成立了老年人协会、物业协会、食品业协会、旅店业协会等一系列行业协会，在加强行业自律的同时，为区域发展提供专业服务。地书协会积极承办“陶然杯地书邀请赛”，辖区单位文化资源对居民开放的力度不断增大。街道“关工委”以深入开展“六德”教育活动为载体，积极构建家庭、学校、社会共同参与的未成年人思想道德教育体系。街道“关工委”荣获全国五好基层“关工委”先进集体光荣称号。

在监督层面，以开展“访听解”活动为契机，按照居住相邻、利益相连、需求相近的原则把8个社区细分为85个网格。实行机关干部进网格工作制，并在每个网格内至少分配1名社区工作者，探索成立了“网格议事会”、“楼管会”、“院管会”和“街管会”等一系列组织。通过搭建联系、组织、服务、引导群众的群众工作平台，居民群众享有了充分的话语权、参与权、决策权、监督权，便有了主动参与社区治理的积极性，同时也能感受到政府为居民办实事的决心和能力。街道通过再造组织体系，打破了“各自为战”的体制壁垒，基本实现了对辖区内人、地、物、事、组织的全覆盖，夯实了资源整合的组织基础，扩大了街道工作覆盖面。

（三）转变资源观念，激发区域化整体发展的活力

街道坚持“携手四方、共创陶然”的区域精神，用项目运作推动资源整合，深入挖掘了区域内行政、社会、市场、居民、党建等各类资源，实现了双向服务、互利共赢的目标，创造了良好的区域发展环境。

第一，整合行政资源。主动适应区、街财政体制调整新变化，在京都瑞成大厦为中小企业注册、年检、咨询开展“一站式”上门服务，增大协税护税力度，不断优化发展环境。深入实施组织流程优化项目，回收社区服务站部分公共服务职能，全力推进国家级行政服务标准化大厅建设，统筹优质公共服务资源对接公众需求。充分发挥综治牵头，公安、房管、拆迁公司参与的“四方”协调机制作用，确保“大吉片”拆迁、珠朝街腾退顺利进行。整合辖区内公安、城管、工商等行政执法资源，在拆除违法建设、群租房整治等治理“城市病”的过程中探索建立了一主多辅、相互配合的保障性执法机制。成立重大工程、文明街巷、院落建设项目组，机关干部进工地、下社区、入网格组织群众制定施工改造方案，积极对接区域内“落地”项目。

第二，撬动社会资源。街道本着用最少的资金撬动最大的社会资源这一原则，“大工委”联合辖区单位发布了一批便民项目，充分体现了辖区单位的社会责任。健宫医院、陶然亭医院联手推出“家庭式医生”服务，推进了区域化卫生医疗体系建设。建立了少年宫、湖广会馆、陶然亭公园等 26 家市民终身学习服务基地，街道被评为全国学习型社区示范街道。配套区 2000 万元社会建设专项资金，启用 94 万元购买社会组织服务。制定出台了培育发展社会组织的《指导意见》和《管理办法》，培育扶持了地书协会、老年人协会等一批富有特色的社会组织，由社会组织成员编创参演的情景剧《诗话陶

然、点亮人生》，集中展示了社会组织培育成果。

第三，盘活市场资源。充分发挥物业协会、餐饮业协会等行业协会作用，为辖区居民提供准市场化服务。龙泉社区依托“共建互助联合会”，协调驻区部队和永庆物业公司采取“批零对接”方式创办了便民菜站，解决了群众买菜难问题。街道物业协会发布“菜单式”便民服务项目，探索了在老旧小区、平房院落内推行准市场化的物业管理模式，解决了62中、陶然亭小学环境保洁的难题。老牌国企北灯公司与社区合作开办“老年餐桌”，赢得了良好的社会效益。

第四，挖掘居民资源。街道通过深入挖掘文化、教育、医疗等人才资源，把具有一定优势特长的社区居民集聚到志愿服务中来。粉房社区骡马市大街10号楼的一位老人自愿腾出居室创立了以互助式家庭养老服务为主题的楼宇俱乐部。楼宇俱乐部将该楼内的老年人分成就餐、就医、生活等3个互助小组，老人足不出楼便可搭伙做饭、开展娱乐活动并享受上门体检等多项服务，满足了老年人的个性化需求。

第五，用好党建资源。发挥党员先锋模范作用，开展“凝心聚力促发展、优质服务促和谐”主题双向承诺活动，健全党员公开承诺、设岗定责、结对帮扶、走访慰问等党员联系服务群众的机制，含辖区单位党组织在内的1576名党员共认领了为老服务、环境美化等1859个岗位，发挥了党员的先锋模范作用。

通过各类资源的深度整合，街道、社区党组织打造了一批贴近群众、贴近生活的服务项目，激发了区域化整体发展的活力。

（四）转变工作方式，健全区域化整体发展的工作机制

街道以共驻共建共享为目标，充分发挥新模式、新资源带来的新动力，围绕“大工委”决策、执行、监督的组织体系探索了深化区域化整体发展的工作机制。

在决策上，推行民主议事协商机制。街道“大工委”定期召开会议，研究部署文明城区创建、街巷整治改造等涉及区域发展的重大事项。以黑窑厂小区 11、12 楼为试点，社区“大党委”依托“网格议事会”，以“绿化美化楼前小环境”为主题，通过组织居民和辖区单位全程参与问题提交、方案讨论、解决实施、效果反馈等环节，探索了一栋楼宇、一个院落的“微网格”民主自治模式，调动了居民参与社区公共事务的积极性，实现了政府行政管理与社区自治管理的有效衔接和良性互动。

在执行中，深化共驻共建机制。建立项目认领机制，设立了区域化整体发展项目资金 20 万元，鼓励支持辖区单位开放资源认领了“走进芭蕾，传递艺术之美”“光明 e 家”“红色电影放映基地”等多个项目，受到居民好评。建立表彰奖励机制，10 家开放内部资源服务居民的辖区单位受到表彰。召开落实“门前三包”责任制动员部署大会，出台《关于进一步提升城市管理水平，落实“门前三包”责任制的实施方案》，推进街道环境建设工作。召开为老服务工作推进大会，出台《加强为老服务工作的实施意见》，构建街道主导和社会参与相结合、居家养老与社区养老相结合的为老服务体系。建立信息发布机制，改版《陶然之窗》，增设与居民互动栏目，及时发布招聘、讲座、影讯等辖区单位的便民信息。

在监督上，完善区域评价机制。街道每年坚持召开社区代表大会，对街道办事处和派出所、城管分队等 13 个职能部门的工作进行公开评议。对网格内居民身边的事务实行“一事一议”，增加社区群众、辖区单位等服务对象的满意度权重比例。推行“一本、一会、一单”民生工作法，考核机关干部下社区、进网格情况。发挥街道网格监督管理指挥中心作用，建立信息发现报告机制，为增强工作有效性提供有力保障。

街道通过建立深化区域化整体发展的工作机制，有效地调动了辖区单位和居民参与街道公共事务的积极性和创造性，增强了参与街道活动的意识与热情。

（五）提升价值内涵，增强区域化整体发展的文化认同

随着街道持续推进区域化整体发展，越来越多的单位和居民对区域化整体发展的认识逐渐提高，对街道、社区的认同感和归属感也不断增强。

第一，弘扬“携手四方、共创陶然”的区域精神。积极培育辖区单位和居民群众共同创造美好家园的理念愿景，旋律优美的《陶然之歌》在社区居民中广为传唱。通过树立“资源共享、事务共商、活动共办”的理念，不断深化区域化发展的整体意识和街道、单位、居民在区域治理中的平等协作关系，进一步增强辖区群众对“陶然文化”的认同，“陶然文化”的影响力日益增强。

第二，增强居民的法治意识和市场意识。实行网格议事，拓宽民主管理和民主监督的渠道，逐步理顺健全街道为主导的群众利益协调、诉求表达、矛盾调处、权益保障等机制。以骡马市大街 10 号楼为试点，积极探索了老旧楼房物业管理的新模式。通过区域物业协会等社会组织为居民提供有偿服务，用市场规律解决了环境建设中的瓶颈问题。

第三，培育互助、诚信、公益、民主为重点的公德意识。将精神文明建设和社会主义核心价值观教育有机融入推进区域化整体发展的过程中，在小区、楼院、胡同等居民生活“共同体”内大力倡导树立“讲文明、树新风，共建美好家园”的集体观念和主人翁责任感，广泛开展“邻居节”“楼宇俱乐部”“爱护我身边的小环境”等各具特色的“邻里守望”志愿服务活动，推动形成良好社会风尚。

街道通过推进区域化整体发展，形成了共同创造陶然美好家园的精神力量，营造了辖区单位和居民群众共驻共享共发展的良好氛围。

四　区域治理视域下实现街道统筹的现实路径

如何在单中心的治理结构中实现多中心的有效治理，是区域治理理论的一个难点。陶然亭街道的实践为解决这一难题、发挥好街道统筹辖区治理的基础性作用做出了新的探索。

（一）在思想观念上统筹，树立共同发展的理念共识

一要解放思想。发挥街道统筹辖区发展的基础性作用，其核心是为了实现发展成果受益面的进一步延伸和资源优势的持续转换。必须要把区域化发展工作纳入街道发展大局中去审视，破除不适应区域化整体发展的思想壁垒。要树立“资源共享、事务共商、活动共办”的理念，强化区域化发展的整体意识和地区各级党组织、党员的协作意识。要以共同利益为纽带，在小区、胡同等居民生活“共同体”内大力倡导树立居民的集体观念和主人翁意识。

二要更新观念。必须扬弃旧有的工作思路和工作习惯，逐步树立与区域化整体发展相适应的工作理念。要充分发挥和运用好新模式、新机制带来的新资源、新动力，重点打造适应区域化整体发展、掌握统筹辖区发展本领的基层领导班子和干部队伍，着力在增强统筹力、执行力、发展力和服务力上取得新进展。要遵循统筹兼顾、因地制宜的原则，引领带动辖区单位以共建共享为目标，激发自身潜能，不断营造整体发展的良好环境。

三要增强文化认同。以区域文化为引领，培育增强社会认同的文化精神。要积极发挥文化的多元性、融合性作用，弘扬区域文化，塑造区域品牌。积极培育辖区单位、社区成员在共同的工作、生活中逐步形成的文化精神理念，形成推进区域化整体发展的精神力量。

（二）在科学规划上统筹，制定共同发展的目标任务

通过科学制定区域化整体发展规划，保证区域化整体发展工作循序渐进和统筹辖区发展基础性作用持续发挥。

一是在宏观上，要根据区域化整体发展工作所面临的新形势新任务以及不同阶段不同领域所遇到的突出问题，进行调研论证和全面系统分析，进而形成以方向目标、工作重点、实施步骤、方法举措为主要内容的规划纲要，以此来指导区域化整体发展工作有计划地部署实施。

二是在微观上，要从辖区发展的实际出发，在工作内容、方式、载体和机制等方面对街道统筹辖区发展基础性作用的发挥做好科学合理的安排。要在推进区域化整体发展、发挥街道基础性作用的实践过程中更加注重规划引领，更加注重典型模式引领，更加注重体制机制引领。

（三）在资源要素上统筹，建立共同发展的长效机制

一是推进互联共享。支持鼓励各类组织之间开展形式多样的联系交流，提高资源的集约利用程度，最大限度地发挥资源的互补效应。要用足用好政策资源、合理使用行政资源、积极盘活市场资源、深入挖掘居民资源。依托街道信息中心平台，大力推进集社会公共服务、精细化城市管理和综治维稳于一体的街道信息化建设，逐步实现辖区各级各类组织间的网络互联互通、信息资源共享的沟通机制。

二是鼓励各方参与。加快构建和完善区域化整体发展公众参与体系，建立长效的资源共享奖励机制。设立区域化整体发展专项资金，实行项目认领制，鼓励引导辖区单位每年结合自身优势认领街道“大工委”推出的共建发展和社会管理等项目，激发各方参与区域化整体发展的积极性。

三是培育发展社区社会组织。要坚持以人为本、服务为先，统筹公共服务资源对接社会公众需求，不断加大发展服务性和公益性社会组织的力度。积极规范培育区域化医疗卫生、物业管理、慈善等协会组织成为街道枢纽型社会组织，充分发挥其在社会治理中的作用。鼓励公益性、服务性社会组织和志愿者队伍的发展，通过街道购买社会服务，为社会组织搭建交流、协作和服务社会的平台。

（四）在社会动员上统筹，构建共同发展的网络体系

一是健全组织机构。按照“组织设置全覆盖、组织领导区域化、组织管理双重性”的思路探索，逐步形成以街道“大工委”为区域工作核心，以区域专业委员会、社区“大党委”和“网格化管理”为基础的“1+X”区域化党建工作模式，形成区域化整体发展的合力。要坚持以区域化党建为龙头，充分发挥街道党建协调委员会的作用，围绕居民群众和社会组织的利益需求，按照条块结合、资源共享、优势互补、共驻共建的原则，搭建辖区内各种主体都能参与的组织平台，努力实现政府职能到位、市场作用正位、社区功能归位、辖区单位入位。

二是扩大工作覆盖面。以“党建带共建，共建促发展”为目标，综合运用现代管理科学和信息科技手段，构建“党建工作联创、经济发展联促、城市管理联抓、精神文明联建、文体活动联办、安全维稳联保、民生服务联做、社区共建互助”的运作体系。要通过建立包括利益协调、应急处置、综治维稳、社会事业、社会保障、社会服务等涵盖各项内容的网格化工作模式，对区域化整体发展所涉及的各种情况和问题综合整理分析，力求做到全面响应、快速处理，不断提升发展品质。

三是注重社会评价。深化监督机制，组织党代表、人大代表、政协委员等各界人士对推进区域化整体发展情况进行检查监督。依托社

区代表大会建立量化统计、分析的指标评价体系，增加社区群众、辖区单位等服务对象的满意度权重比例，加大社区居民、辖区单位对政府服务评价的参与力度。

参考文献

北京市西城区陶然亭街道：《2010～2014 年工委、办事处工作总结》。

北京市西城区陶然亭街道：《2010～2014 年工委、办事处各科室工作总结》。

郭荣茂、杨贵华：《城市社区资源整合中的自组织能力建设——上海大宁路街道社区资源整合调查》，《上海城市管理职业技术学院学报》2009 年第 3 期。

杨贵华：《社区共同体的资源整合及其能力建设——社区自组织能力建设路径研究》，《社会科学》2010 年第 1 期。

石建莹、刘琦、李茜：《西安市社区管理初探》，《陕西行政学院学报》2013 年第 2 期。

B.6

流程再造与政府执行力

——以陶然亭街道行政服务标准化建设为例

摘　要：　政府流程再造的重要目标是推进政府服务标准化，这需要构建完善的服务标准体系。行政服务标准体系构建工作实质是将政府流程再造理论运用到行政服务领域，以流程再造推动政府服务再造。本文首先对政府流程再造的理论基础和实践要求进行梳理，在此基础上，对行政服务标准化建设的路径和任务进行了分析。在对陶然亭街道行政服务标准化建设全过程进行回顾的基础上，提出了对今后相关工作的启示。

关键词：　政府流程再造　行政服务标准化　公众需求　陶然亭街道

为适应新时期的发展任务，改善政府形象，提升政府的公信力，实现和谐发展，提高街道公共服务水平，必须利用科学、系统的管理思想和管理手段，建立标准化的公共服务管理体系，以真正提高服务水平，改善政府形象。

一　流程再造理论概述

流程再造是20世纪90年代初产生于美国的一种组织变革的新方

法，最早是为了解决企业如何在一个竞争越来越激烈的环境中处于有利地位的问题，后来其思想逐渐应用于政府部门。

（一）从“业务流程再造”到“政府流程再造”

“政府流程再造”（Government Process Reengineering，GPR）理论由“业务流程再造”（Business Process Reengineering，BPR）发展而来的。“业务流程再造”的定义最早见于一本名为《改革公司：企业革命的宣言书》的书中，该书由美国学者汉默和钱皮在20世纪90年代所著，书中从三个方面对“业务流程再造”进行了定义：一是流程再造工程的实质是对之前组织的业务流程进行重新的思考和构建；二是流程再造工程的目的是以满足顾客需求、适应市场变化和提高竞争力为导向，改善业务流程所需成本、提高业务的效率、优化提升服务质量；三是流程再造工程的运作模式是以提高流程运作能力和应变能力为主要依据，改变以前的金字塔式组织架构，加强组织要素之间的协调能力，最终达到高效率和快节奏的要求。

“业务流程再造”作为一种企业管理思想，深刻反思了传统企业专业化分工及科层制组织结构沟通协调困难、灵活性不够、对顾客需求关注不够等弊端，提出了如何将企业间竞争的焦点从产品或服务在生产营销中的具体问题转移到企业的组织框架和运作机制等流程性因素的问题，一经提出，立刻成为席卷欧美众多国家的管理革命浪潮。

行政管理学者发现，这一思想蕴含的核心管理思想和管理方法同样适用于政府部门，因此将其引进到政府服务中，提出了“政府流程再造”理论。学者拉塞尔·M. 林登认为建立在19世纪工业化结构基础上的美国政府机构同样存在碎片化、低效率、滞后性、单一性等问题，已经无法满足社会公众的需要。他在《无缝隙政府：公共部门再造指南》一书中指出，正确的政府管理模式需要转变思维，从政府专业化的、分割的运作模式转向联系紧密的协作模式，达到部门组织之间无边界、无缝隙的联系，这需要运用业务流程再造的相关理论。流程再造的首要任务是转变观念，改变官僚机构模式、以开展职能部门工作为主要目标的传统运作模式，从全面协调和加强创新等方面进行顶层设计，构建新的运作体系，增强运作和发展活力。

政府流程再造理论在我国已经有较深入的理论和实践探索，我国学者从四个方面对其进行定义：一是政府流程再造的基础是市民需求，必须以满足老百姓的根本利益为导向；二是政府流程再造的方式是借鉴现代企业中关于业务流程再造的理论和实践经验，重新构建政府部门服务管理流程；三是政府流程再造的趋向是根据外部环境变化，推进部门之间的沟通协作，提高决策、运行和监管等综合行政能力；四是政府流程再造的着力点是提供百姓满意、社会需要的公共服务产品。

（二）“政府流程再造”的必要性和原则

传统的政府流程是在基于官僚制组织结构下设置的，这种流程横向上以职能为中心，依据专业化分工的划分部门，纵向采用分层制的金字塔结构实现管理目标。一般来说，现代政府在开展实际工作中大都会采用这种模式，因为它具有清晰的层级划分，责任主体较好确定，方便于政府规划和管理等优点。但是，随着公共管理问题日趋复杂、社会需求越发多样、信息技术的不断进步，这种管理体制的局限性便日益凸显。

其主要问题有：第一，回应百姓诉求问题。层级导致各层业绩考核取决于直接上级，而不是以公众需求为导向。传统金字塔结构的层级控制体系将政务流程分割为一个个子系统，下级隶属于上级，绩效考核由上级决定，公众诉求缺乏了解和回应。第二，平行部门沟通问题。传统政府流程金字塔模式不易出现上下级之间沟通机制的障碍，但由于部门之间职能分工明确，一旦出现责任主体之间的交叉或者需要联动协作解决一些实际问题的时候，就会面临专业化分工和条块分割所带来的弊端，甚至导致职能交叉、协调沟通不充分、部门利益驱动、部门臃肿、工作人员的职责分工不明确等问题。第三，管理人员队伍问题。传统政府管理流程中基本都是专人专项，长期的单调部门运作，使政府职能部门一些人员主体意识不强，缺乏责任感，而如果从事新的部门工作又会出现由于技能单一所带来的适应能力差等问题。第四，人、财、物资源浪费问题。传统政府管理流程的沟通方式会导致政府内部的信息传达能力和传达效率不够，进而产生人员重复劳动和资源浪费等现象。

对传统的政府流程进行再造是解决上述问题的有效途径。根据政府流程再造的基本理论，在推进政府流程再造过程中必须注意以下几点。

一是政府流程再造的实质是实现由促进政府各部门更好地履行职能导向向更好地服务于百姓需求导向的跨越，因此必须将满足居民需求作为政府流程再造的首要标准。要打破政府内部门、上下级之间简单严格的上下隶属关系，以最大限度满足公众需求为目标，每个部门、每个管理者共同努力，提高公众满意度。因此，政府的职能、行为、改革等一切工作都必须以公众为中心，把满足公众需求作为政府工作的出发点和落脚点。始终把满足公众利益摆在首要位置，对居民利益诉求展开深入调研，抓住百姓最关心的迫切问题，制定提供相应的公共服务产品。此外，还要积极适应市场和居民需求的变化，对居民评价和反馈的信息进行收集整理，根据具体情况及时调整政策措施，保障公共服务产品供给，提高供给水平和供给能力，最大化地满足百姓需求。

二是整合资源，建立面向流程的工作模式。政府流程再造应该首先对政府流程中各种资源进行优化和整合，调整归并业务内容相近的机构、理顺交叉部门职能，由过去职能部门专业化的分工模式向综合服务能力过渡，建立部门之间的沟通、协调、联动机制，实现无缝隙和协作一致的政府管理和公共服务体系。面向流程，意味着处于同一工作进程的人而不是执行同样职能的人，围绕目标进行工作。因此，建立跨功能性的工作团队是必然要求，一方面要充分发挥个人的积极性、主动性和创造性，另一方面团队成员之间高度合作，才能实现个人和团队的有效结合，保证政府业务流程的高效运转。

三是组织模式从金字塔形的垂直结构向基于电子政务的扁平化结构转变。突破部门间的界限，实现良好互动和协作是政府流程改造力求达到的效果，实现官僚科层制组织模式向流程扁平化模式再造已成为必然要求。要优化线式流程，改善垂直领导，优化管理层级，促进行政服务与事务处理的通畅性，扩大管理幅度，提高管理效能。推进权力下放，以建立综合型职能部门为导向，实现三个过渡：其一，由过去各职能部门分立的模式向综合服务模式过渡；其二，由过去垂直管理为主导的组织架构向以水平模式为主导的扁平化组织体系过渡；其三，由过去的政府制定服务产品内容为主向主动适应民众需求变化为主导优化公共服务产品供给体系过渡。

四是依托信息技术，优化服务能力。现代信息技术是实现政府流程再造的手段，也是其目标。技术的运用目的是促进政府体制创新，建立以服务为中心，以公众需求为导向的政务环境。因此，政务信息化本身也就是政府流程再造的一项重要组成部门。要把推进电子政务建设与深化政府流程再造有机结合起来，充分利用现代信息技术，突破时间空间限制，加速信息传递，完善信息收集方式，推进信息共享，优化配置业务流程，以信息化手段推进行政服务及时高效实施，增强百姓为政府的信任感和满意度。

五是人员技能从专才向通才转变。在传统科层制组织中，政府职员分属不同的部门。而政府流程再造要求建立跨职能团队。因此，必须要从专才型人才向通才型政府雇员转变，以通才取代专才。政府职能部门要重视人才队伍建设，全面提高政府人员的综合能力，在完善自身本职工作技能的基础上，主动适应时代变化需要，及时更新观念，增强自我学习能力和业务规划能力，积极响应政府职能改革对技能多样化的要求。

（三）流程再造与行政服务标准化

行政服务标准化以促进政府科学、规范、系统化地提供行政服务为目标，引入现代服务标准化理论，从管理理念到实际操作等各个层面入手，对政府服务标准进行重新设计和制定。构建行政服务标准体系实质上是将政府流程改造理论运用到行政服务领域的过程，是运用“流程再造”的原理实现“政府再造”的一项系统工程。

1. 行政服务标准化的构建过程

根据政府流程再造理论，政府流程再造的实施过程分为四个阶段。

一是准备阶段，首先充分调动和组织相关人员，树立服务观念，对百姓利益诉求展开调查。分析论证政府流程再造实施的必要性和可行性，根据民需确定政府流程再造计划项目内容，制定政府流程再造的近期目标和远期目标，为推进政府流程再造打下良好的基础。在准备阶段，应具备三个基本条件：政府职能部门的支持、队伍人员上的准备和公众需求的准确掌握。

二是确定阶段，在前期准备完成后，政府流程再造项目正式进入运行期。要进一步分析梳理现有流程的利弊，清理不合理流程，简化复杂流程，整合可合并流程，将流程任务自动化。在方案的选择上要考虑三个方面的要素：其一，所选方案必须满足前期制定的近期和远期战略目标要求；其二，必须考虑实际情况，在人财物足以支撑的基础上，能够适应组织形式等变化的需要；其三，要充分利用职能部门优势，结合信息技术手段。在此基础上，完成新流程方案设计的确定工作。

三是实施阶段，开发详细的执行计划。在分阶段、分层次完成试点实验之后，对相关流程进行重建，确定最优方案，全面推进再造计划的实施。

四是评估阶段，结合前期制定目标中政府流程再造工程预期达到的效果，利用科学的方法进行评价，根据百姓需求和社会反馈的结果，及时调整完善政府再造流程计划内容。

在行政服务标准体系构建过程中，应按照流程再造理论，结合实际，确定构建的流程。其一，搜集和整理组织内部原有的管理制度、规定、规程等规范性文件，对文件与规范之间的重叠内容进行查找识别，重新建立清晰完整的管理工作体系。其二，按照标准化工作一般规律的相应要求，将整个构建工作划分为组织模块、标准体系搭建模块、标准编写模块、标准体系运行模块等不同类型，分派专职人员负责，提供人、财、物力支持。其三，在搭建模块的过程中，按照实际情况，梳理需要在组织内部制定的标准，制定标准体系框架，在运用科学的分类方法，整合标准，完善标准体系。

2. 行政服务标准化构建的任务

行政服务中心建设是各级政府深化行政管理体制改革，提高公共服务质量和效率的有效实践，是行政服务标准化建设的主要载体。行政服务中心标准化建设的内容和任务主要有三项。

第一，管理体制标准化。行政服务中心在发展过程中存在着一些管理体制上的问题，因此要对政府公共服务的职责范围、工作方法、程序和行为操作进行的统一规定。充分分析公众公共需求总结，梳理政府公共服务实践工作，制定完整的标准体系，以标准的形式规定行政服务中心对工作人员的工资、福利、奖惩等的管理，规范规章制度如服务标准、奖惩标准、绩效考核标准等，提高指导政府提供行政服务的效率和水平。

第二，工作标准化。明确各级工作人员岗位职责和服务标准，解决权责交叉和职责不清等问题，避免岗位领导人、管理人员以及工作人员之间相互推诿，提高公共服务质量和效率。组建“一站式”工作小组，优化工作事务岗位配置，将相同或相近的工作岗位进行资源整合，纳入工作小组。提高团队协作效率，降低行政成本，促进人力资源充分合理利用。

第三，绩效评估的标准化。传统对工作人员的评估方式仅仅是单位内部的事，公众无权、无渠道参与评估。在标准化建设中，工作人员对公共服务对象所提供的服务应该成为一项重要内容。绩效评估标准化就是要从内部和外部对岗位工作人员进行全面有效的评估。绩效评估标准化有利于促进政府工作人员工作作风转变，提升公共服务质量，提高公众满意度。这就需要确定政府各部门制定出科学合理的政府工作评价标准，并有效应用于政府绩效管理的实践中。

二　国内行政服务标准化建设主要经验

（一）厦门：行政服务有标准、重细节、更便民

2013 年 3 月，厦门市开始着手推进行政服务中心标准化建设工作。2014 年 10 月 17 日，《厦门市行政服务中心行政服务标准体系》正式发布实施，该体系包括基础标准、提供标准、管理标准、工作标准四个部分，是福建省涉及面最广、数量最多的特色行政服务标准体系。

1. 科学构建突显“人性化”规程

该《标准体系》共有标准 1543 项，其中自主制定 1435 项，引用国家、行业和地方标准 108 项。该《标准体系》最大的特点是“人性化”，各个方面均编制了相应标准，真正实现“有人就有工作标

准，有事就有质量标准，有物就有管理标准”。同时，每个标准既可独立运行实施，又相辅相成构成有机整体，对行政服务中心进行系统、全面的规范，实现从管理制度化向管理标准化的跨越。

该《标准体系》对业务办理规程也突显“人性化”的特征，一是在政务公开方面，做到办理时间、收费标准、办理流程面向公众，让老百姓更加了解政务操作流程和政务办理效率；二是在细节上，设置“办理条件”“重要提示”“材料备注”等温馨提示，方便群众办理各项业务；三是在群众监督方面，提供信息咨询和信息监督服务，保证了办理规程的公开透明。

此外，该《标准体系》还兼有“个性化”特色服务标准。例如，在企业设立《照后并联审批办理规程》标准中，规定了各相关部门的办理职责，还对“同步受理、统一登记、并联审批、限时办结”等审批服务运作要求做出明确规定；在《季节性大厅管理规范》标准中，对适用范围、信息公开、人员管理等都进行明确规定；在《服务大厅现场管理规范》标准中规定了卫生要求、桌椅摆放、符号指示等细则，为群众营造了良好的服务环境与氛围。

2. 提升服务打造“九大”中心

厦门市行政服务中心全力推动行政服务标准化建设工作，着力打造“九大”中心，即：打造能办事、快办事、阳光规范、智慧人性、创先争优、公正廉洁、活力向上、特色品牌和温馨便民的政务服务中心。

截至2014年10月，已有100个行政事业及公共服务单位进驻行政服务中心，入驻项目覆盖率达90%以上，完成647项服务事项审批工作，成为福建省入驻部门最多、入驻项目最全的市级行政服务中心。所有审批部门均成立审批处或审批办整建制入驻，入驻项目包括审批事项及与审批有关的公共服务事项等。除需要技术审查、现场勘验的一些项目外，大部分项目均能直接完成受理、审批和办结，实现一站式办理和一条龙服务。

中心从 2012 年 5 月运行以来，减少审批事项 96 项，减少了 21.9%。审批环节全部精简到 5 个以内，“一审一核”事项比例提升至 23.3%；审批时限平均压缩至法定时限的 33%；“即来即办”事项比例提升至 17.8%，即来即办件量占比提升至 76.5%。大部分事项实现通过内网及办公自动化系统审批，230 个事项实现互联网预审、终审或全程网上审批。结合《标准体系》编制工作，进一步规范了审批事项管理、审批的自由裁量权以及审批工作服务标准。制定了《厦门市行政服务中心行政审批办事指南管理暂行规定》，对市直各审批部门保留事项的主体、依据、条件、程序、办理方式等要件进行明确规定，精简、规范申报材料，建立协调通畅的审批流程机制。

（二）安徽：创新引领政务服务标准化建设

安徽省大力推进政务服务标准化建设，近年来取得了明显成效。

截至 2014 年 7 月，已形成 16 个省辖市政务服务中心，62 个县（市）政务服务中心。安徽省积极打造政务服务标准化建设的旗帜和标杆，全省通过国家级服务业标准化试点项目终期评估的有合肥、蚌埠二市和广德，通过省级服务业标准化试点项目终期评估，有铜陵、池州、马鞍山三市和庐江、含山、和县、凤阳、歙县、无为、当涂、明光、巢湖、濉溪 10 地。

1. 建立联合工作机制

2010 年以来，在安徽省质监局、安徽省政府政务服务中心和安徽省政务公开办公室三家机构协调合作和共同努力下，初步建立了全省层面的政务服务标准化建设合作机制。为广泛开展政务服务标准化建设动员和部署工作，2010 ~ 2014 年安徽省质监局先后与安徽省政务公开办公室和安徽省人民政府政务服务中心联合下发《关于加强政务（行政）服务中心标准化建设的意见》《关于开展全省政务公开和政务服务“标准化建设年”活动的通知》《关于印发全省政务公开政务服务“标准化实施年”活动方案的通知》《2014 年全省政务服务标准化工作方案》等文件，并召开全省政务公开政务服务“标准化建设年”动员大会、全省政务服务标准化建设现场会，纵深推进纵深服务标准化建设。

2. 制定政务服务标准化建设指南

2011 年 8 月，安徽省编印了《安徽省行政服务标准化建设指南》，该书将 26 项政务服务地方标准经过梳理汇编成册，为推进政务服务标准化建设提供了良好的技术基础。该书建立在安徽省质监局与安徽省政府政务服务中心大力推进政务服务标准制订修订，制定《行政服务中心标准体系建设指南》《行政审批服务术语和定义》《政府信息公开服务规范》等一系列政务服务标准体系的基础上，涵盖了众多政务服务的重点领域。

3. 引入“统一、简化、协调、优化”标准化原理

安徽省将“统一、简化、协调、优化”的标准化原理引入推进全省政务服务建设过程中，收到很好的效果，树立了法治、高效、责任、服务、廉洁的政府形象。“统一”原理是指行政审批的办理事项、具体要求、操作流程和服务质量关键控制点等的统一，运用“统一”原理制定和实施一系列政务服务标准。“简化”原理就是对政务服务事项进行全面梳理和简化，精简和再造政务服务流程，提高办事效率。“协调”原理就是标准之间的协调，一是要明确职责权限，二是要标准间的有机衔接，完善责任链条，形成管理闭环。“优化”原理一是要运用 P－D－C－A 循环模式，实施动态化管理，评价和改进、更新和完善政务服务标准体系；二是要制定和实施一系列细化、量化、可操作的政务服务标准，加强权力监管，让权力阳光、廉洁、透明。

三　陶然亭街道行政服务标准化建设的实践探索

为进一步加强政府自身建设，提升行政效能，强化服务功能，提高服务质量和群众满意度，努力实现区域化整体发展的奋斗目标，2012 年 10 月，陶然亭街道启动实施组织流程优化项目。该项目于 2012 年 10 月正式启动至 2014 年 4 月结束，历时一年六个月，经过了启动调研、体系建设、运行实施、总结改进四个阶段。

（一）第一阶段：启动调研阶段

1. 启动宣传、成立项目组、确定工作方案阶段

2012 年 10 月，陶然亭街道根据《北京市西城区开展政务能力建设年活动的意见》及《北京市西城区国家级行政服务标准化试点工作方案》的相关要求，结合街道实际，将加强党的领导系统化与行政负责规范化工作相结合，制定了《陶然亭街道组织流程优化项目工作方案》，成立了专项工作领导小组，聘请专业咨询机构研讨确定工作方案，全面启动街道组织流程优化项目。

为确保此项工作顺利实施，陶然亭街道召开启动大会，开展全员动员，做好宣传工作，统一思想，提高认识，在全体机关干部以及社区党委书记、居委会主任、服务站站长范围内进行意识培训，强化街道工作服务标准化运行管理理念。专项工作领导小组也召开了多次的小组内部会议，研讨按职责识别相关活动及流程。

2. 资料收集、访谈调查、系统诊断阶段

该阶段主要由专业咨询机构进驻街道，开展组织现状调查，收集适用于行政服务标准化建设的国家标准、行业标准和地方标准，以及与行政服务工作有关的法律、法规、规章、政策文件。与街道主管领

导和各科室进行座谈交流，对街道文化、组织机构设置、职责分工等进行充分调查了解。收集街道现行制度、规范、程序、办法、要求，确定街道担负的职权任务，明确项目数量，包括事项类、任务类和职责类。

专业咨询顾问团队采用街道高、中层干部，各科室访谈及问卷调研等方式，对街道的组织架构、部门职责分工、人力资源状况、管理制度等内部情况进行了总体的调研。访谈过程中，专业咨询顾问团队与各科室负责人和处级领导面对面交流，了解街道的基本情况。在问卷调查过程中，专业咨询顾问团队设计问卷分为街道管理现状、个人情况调查、意见想法三部分，其中客观性问题 28 项，主观性问题 4 项。通过问卷调查，从跨部门工作完成情况、科室之间协作配合、制度状态及可操作性、本街道的主要优势、街道目前创新能力、学习氛围和能力、是否明确干部选拔机制、培训需求等方面获得了客观有效的信息意见。

在上述工作的基础上，顾问组对街道的管理系统进行了客观有效的诊断，提出了访谈及问卷调查问题点，形成改进方向，并对流程体系文件的架构做了汇报，确认了项目的改进需求及方向，并且确定了服务流程建设项目的目标、改进的关键点、问题点以及具体工作计划。同时对公共服务体系建设的整体架构思路做了汇报说明，并提出了流程改进方面的建议和看法，获得普遍认同并达成共识，为流程优化项目的顺利进行奠定了基础。

（二）第二阶段：体系建设阶段

在前期对街道情况了解的基础上，通过职能分析、岗位分析、风险因素分析，对街道内部服务体系的总体框架进行优化设计，确定了陶然亭街道流程优化体系建设的目标、流程优化体系建设的整体思路以及流程优化体系的文件架构，编制了公共服务体系流程图、科室工作手册和街道管理手册。

1. 流程优化体系建设整体思路及目标

流程优化服务体系是依据政府法律法规，上级单位（主要是区政府）相关部门文件，结合街道战略、方针，辖区单位居民需求，以流程为基础，建立的标准化、持续改进的服务机制。其目标是通过规范化管理、文件化管理、流程化管理以及在此基础上的持续改进，实现工作接口明确、岗位职责明确、制度规范明确、工作标准明确。

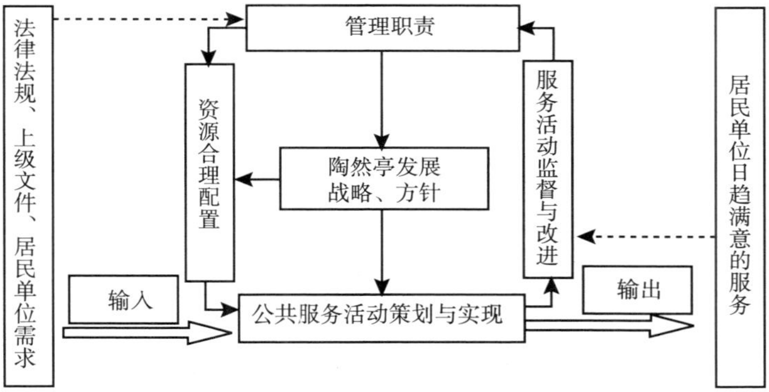

图 1　流程优化体系建设整体思路

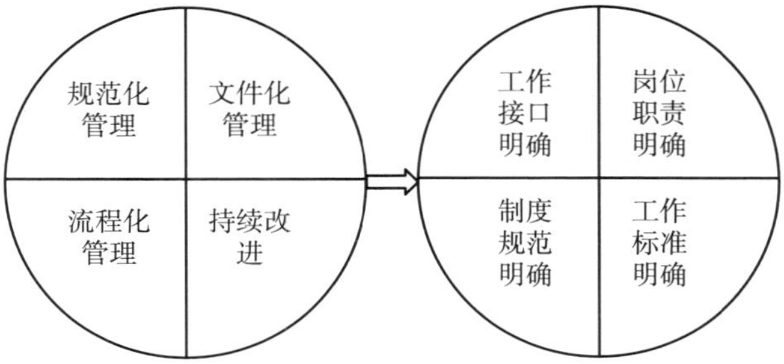

图 2　流程优化体系建设目标

2. 流程优化体系的文件架构

流程优化体系的文件架构由宏观到微观分为四个层次：法律法规、上级文件——街道管理手册——科室工作手册——记录表单、报告等。

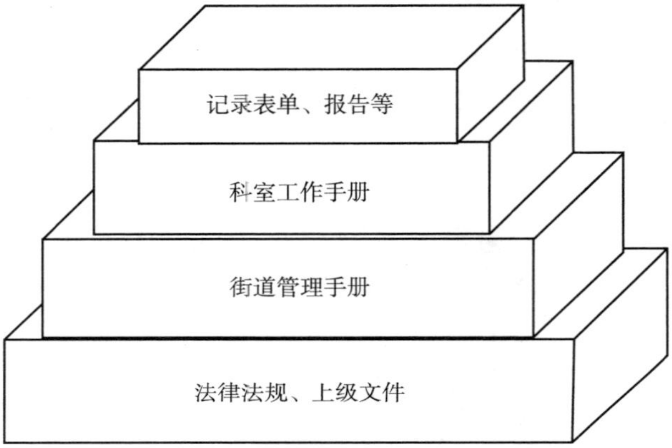

图3　流程优化体系的文件架构

（1）体系文件层次说明

①法律法规、上级文件：流程优化体系文件建立的基础是法律法规、上级文件，以及街道的整体战略及政务理念；

②街道管理手册：主要描述街道战略、政务理念，公共服务体系策划，街道管理流程（核心流程）及各科室通用流程；

③各科室工作手册：根据公共服务体系管理手册要求，结合各科室实际情况，细化工作服务流程的实施方法和操作细节。流程文件主要规定各科室的关键活动。服务规范主要针对服务窗口，以场景的方式，明确面向服务对象的统一作业标准，从而确保服务的一致性；

④记录表单及报告等为体系运行的证据，上级、法规有统一要求的表格优先使用，可统一活动记录的可制定陶然亭内部使用表单，不能统一的各部门或人员自定格式。

（2）体系文件解决的问题

街道管理手册主要解决管理系统性问题和制度执行性问题。手册中明确了管理层次、功能区块和管理线路，为解决管理系统性问题提供了依据。手册明确，通过运行管理和监督改进管理两大区块来确保制度执行的落地问题。

科室工作手册主要解决四类问题：一是工作接口问题。手册明确了科室、岗位、上级部门（区里或其他行政部门）之间的工作接口问题；二是岗位职责问题。手册流程图中明确了职责关系、流程走向和所应承担的职责；三是制度描述问题。手册以科室或部门的主要活动为主线，整合科室制度，对关键活动均以职能流程图来表达；四是工作标准问题。手册明确工作应达到的结果、应形成的记录和必须控制的节点。

3. 编制流程图、科室工作手册、街道管理手册

在专业咨询顾问组的培训辅导、各科室的积极努力下，双方经过讨论沟通，编制完成公共服务体系流程图及科室工作手册。其中，科室工作手册编制是一项非常复杂的工作。2013 年 5～6 月，专业咨询顾问组先行对社保所、人事科和团委等典型科室工作手册进行重点指导，做出样板，再经过研讨、修改、确认，最终完成。同时其他 23 个科室也编制了科室的工作手册的草稿。随后，专业咨询机构和专项工作小组对 23 个科室的工作手册进行了研讨及优化改进。

在研讨工作手册之后，专业咨询顾问组根据以往类似项目的经验，结合政府街道的特点，策划街道管理手册的组成部分及模板，经过和街道核心项目组探讨并形成共识，明确管理手册的编写要求及内容、组成部分，确定管理手册的组成主要包括：体系策划、基本的管理思想和方法（如：PDCA 过程方法、持续改进思想）、街道核心流程（管理流程）、同时把各科室通用流程、街道常用的制度汇编吸纳

到管理手册中，以满足街道对现状不断改进的需求。在与街道领导确定了管理手册的架构和内容后，进行了管理手册的编制。

随后，顾问组、街道科室领导对科室工作手册进行审核，对街道管理手册进行研讨。最终，在各科室的大力配合下，完成了科室工作手册和街道管理手册的审核、修改工作。

（三）第三阶段：运行实施阶段

流程优化体系初步建立以后，陶然亭街道全面运行工作服务标准化运行管理模式，并采取多种形式，对街道工作服务标准化运行管理模式进行宣传贯彻和培训，促使街道机关工作人员了解、掌握相关情况和标准。集中开展内部审核工作，对工作实施情况进行检查、指导和督导。做好实施过程中的相关记录，结合工作实践，针对运行中存在的问题进行调整，完善街道管理和服务体系。建立健全机关绩效考评体系，建立符合街道机关特点的考核制度，健全符合街道特点的考核指标体系。

（四）第四阶段：总结改进阶段

流程优化体系运行的同时，陶然亭街道及时对组织流程优化工作进行全面总结，分析有益做法，查找问题与不足，提出改进措施，形成工作报告。并由领导小组组织对各部门运行情况进行逐一检验，对街道工作服务标准化运行管理模式进行验收。同时对街道中层以上干部进行专项培训，提升内部执行和审核能力，持续对运行中出现的新问题进行改善，以提高街道整体管理和服务的水平。

经过 1 年 6 个月的时间，在街道领导、各科室领导、专业咨询顾问组、街道人事科、街道项目组的共同努力下，陶然亭街道的标准化公共服务体系基本建立，为优化行政职权，提高人力资源效率，实现工作绩效考核，促进队伍建设和实现动态管理，形成有效的第三方及公众约束机制等提供了有力的保障，并在具体实施过程中显现成效。

具体来说，该项目取得的成果如下。

制度建设上：该项目共形成街道管理手册 1 本，科室工作手册 28 本，梳理出职责 182 项，工作 543 项，流程 431 个，为各科室工作的规范提供指导。

预期成效上：第一，按科室的职责理顺了科室的活动、工作流程，制定流程图及相关制度，使得科室间的工作接口和活动职责得以明确，为以后确定科室关键工作指标和科室干部考核提供了参考依据。第二，服务管理流程得到统一。具体表现在服务标准得到统一、服务效率得到提升、信息传递有据可查和服务流程标准化。对外服务的一致性，减少了风险和争议，对于提高服务水平、提高政府公信力具有重要的意义。第三，人员能力和意识得到提升。通过针对性的培训、研讨及参与文件的制定、修订过程，大部分工作人员对于管理的 PDCA 原则和“标准化”的核心精髓有了深刻的理解和掌握，并在沟通能力、学习能力以及学以致用的能力上获得了较大的提升。第四，人员创新性得到引导和激发。街道通过流程优化项目导入，在公务员队伍中吸纳企业先进的管理理念、管理工具，对各部门在今后的工作中，组织开展创新活动，创造创新氛围，增强公务员的创新意识有积极的作用。第五，对外服务呈现一致性。具体表现在社区、公共服务末段界面服务一致性；通过在街道社区、公共服务科室建立流程制度和服务标准，对街道服务窗口能让居民、辖区单位体验到沟通、处理流程、内容一致性；服务过程中特殊情况处理思路一致性；档案、记录呈现一致性；服务礼仪规范的一致性，对于实现街道整体协调发展、区域和谐进步具有积极的意义。第六，公共服务体系实现规范化、文件化、流程化，有利于优化内部职权体系、实现对外公共服务标准化，从而实现街道服务质量的不断提高。

四　创新体制机制推进陶然亭街道行政服务标准化建设

街道办事处作为基层政府，一方面承担着政府的各项职能，另一方面又与社区百姓紧密相关，在承上启下的过程中发挥着重要作用。为了适应新时期的发展任务，改善政府形象，提升政府的公信力，实现和谐发展，提高街道公共服务水平，陶然亭街道必须利用科学、系统的管理思想和管理手段，将党领导系统化和行政负责规范化相结合，建立标准化的公共服务管理体系，以真正提高服务水平，改善政府形象。

（一）强化公共服务意识

行政服务标准化建设最重要的并不是方法与技术，而往往是心态与习惯的改变。行政服务人员要具备践行改革创新的心态，推进服务型政府职能转变，一切围绕如何高质快捷地满足公众需求，转变工作方式。陶然亭街道在行政服务标准化建设过程中，应强化公共服务意识，开展全员动员，加大宣传力度，提高党和政府工作人员对服务标准化的认识。在全体机关干部以及社区党委书记、居委会主任、服务站站长范围内进行意识培训，强化街道工作服务标准化运行管理理念，为行政服务标准化建设工作提供了良好的思想基础，减少行政服务风险和争议，提高行政服务水平和政府公信力。

（二）厘清各部门服务职能

公共服务标准化指标体系建设的首要任务就是对接公民基本公共服务需求，厘清各级政府部门的基本公共服务职能，明确基本公共服务项目、服务质量标准和服务流程，强化政府部门的主体责任。对于公共服务由多个部门共同承担的情况，首先要厘清每个特定部门的职能，明确相关部门应承担在相应环节上的服务标准，再建立各部门之间的联动机制，做实行政服务标准化建设。陶然亭街道应在广泛调研分析的基础上，理顺按科室职责和工作流程，创新行政服务管理机制，在部门工作对接和联动顺畅的基础上明确分工，根据部门和科室职责拟定考核方案，严格考核程序，提高行政服务标准化建设能力。

（三）紧密结合信息化技术

信息技术是政府流程再造的有效推动。政府信息化不仅是工作方式和工作环境的信息化，还包括各级政府在实际操作中有效整合业务流与信息流，减少资源浪费。在推进行政服务标准化建设过程中，要充分利用信息资源，避免条块分割所导致的信息孤岛与数据隔离，实现信息的整合与共享，完善业务流程。

（四）形成多方参与机制

政府是推进行政服务标准化的主导，确保公民享受基本公共服务是行政服务标准化的出发点和落脚点。推进基本服务标准化实施过程中，公共评价是衡量基本公共服务水平质量和效果的主要依据。因此，必须建立广大群众和社会组织等共同参与的评价体系，倒逼政府不断提高基本公共服务效能。陶然亭街道在行政服务标准化建设工作中，应以提高居民满意度为目标，聘请专业咨询机构研讨确定工作方案，在对公众需求进行全面调研的基础上，启动街道组织流程优化项目，确保工作的科学性和合理性。

参考文献

李小龙、赵彬：《政府公共服务流程再造的必然性和可行性分析》，《重庆科技学院学报（社会科学版）》2011 年第 4 期。

王洪强：《从西方“政府再造”理论评析我国政府再造》，《合作经济与科技》2011 年第 18 期。

上海市司法局行政审批改革工作领导小组办公室、王琼、陈律伦：《创新社会管理与改革行政审批工作的若干思考》，《中国司法》2012 年第1 期。

王曙光、曲发川、张媛：《行政服务标准体系构建研究》，《2012 年度标准化学术研究论文集》，2012。

宣传国：《服务型政府视野下的政府绩效管理研究》，黑龙江大学硕士学位论文，2011。

肖小明：《论民生问题背景下责任政府的构建》；《提高领导创新社会管理能力理论研讨会暨中国领导科学研究，2011 年年会论文集》，2011。

李平、章少伟：《论政府流程再造与服务型政府建设》，《地方政府发展研究（第七辑 2011）》，2012。

徐艳晴：《健全行政问责制，构建责任型政府》；《中国行政管理学会 2011 年年会暨“加强行政管理研究，推动政府体制改革”研讨会论文集》，2011。

调研报告

Survey Reports

B.7

陶然亭街道开展青少年“六德”教育的实践与启示

摘　要：全面提高公民的道德素质是社会主义道德建设的基本任务。青少年是国家和民族的未来，加强青少年道德教育关系社会主义建设和发展。为加强青少年道德养成，陶然亭街道提出在青少年中广泛开展“六德”教育，即“责任、爱心、诚实、守信、宽容、礼让”六种品德。“六德”教育抓住青少年的发展特征，契合了弘扬中华民族传统美德和爱国主义为核心的民族精神的需要，是青少年道德品质教育培养的有效途径。

关键词：青少年　道德教育　“六德”教育　陶然亭街道

一 道德教育需从青少年抓起

青少年时期是个体形成正确世界观、人生观和价值观的关键阶段。青少年的健康成长关系国家的命运，也是每个家庭的期盼。加强青少年思想道德教育，是每一个家庭的需要，也是党和人民的事业后继有人的战略需要。新中国成立以来，党从长远的角度考虑，始终加强青少年的思想道德教育并把它作为社会主义核心价值体系建设的一项基础性工程。

马克思认为，实践性是道德的重要属性，道德不单是意识层面上的，它在人类的实践活动中发挥着重要作用，人类依靠道德可以认识世界、改造世界，从事与自身提升与完善的一系列实践活动。从本质意义上来说，道德的根本是依附于各个主体自身需求的一种价值关系，它可以维持需求者和被需求者之间的稳定关系。而这种稳定关系一旦出现超乎双方“公约”就会被打破，因此自律性、自觉性和实践性是道德的三大特征。依靠这些条件，道德才会运用评价、预测、调节等手段，对社会关系和社会发展产生能动作用。

（一）道德的三大特征：自律性、自觉性、实践性

自律性。马克思认为，之所以能够形成道德，根源在于人类的自律精神。道德在指导和约束人类活动中发挥着自律规范角色的作用，道德的养成是一个从被动到主动、从他律到自律的过程。道德与法律同样具有约束力，同样作为调整人们关系的行为规范，但法律是一种具有强制力的权力规范，而道德强调的是人的自觉自愿，自觉履行应当承担社会责任和义务。道德以善恶来评价，以社会舆论、传统习惯和人们内心的信念等方式为评价标准，强调的是人的自律。

自觉性。道德是个体在追求自身发展的同时自觉、主动地遵守的

一种社会行为规范。行为主体会根据所处社会发展阶段的道德标准规范自身的行为，进行自我评价和激励，以期望达到社会的认可。与宗教意志不同，道德是人们自主和自愿的行为。限于人类发展初期的认识水平和实践能力，而往往会向超自然能力寻求帮助，这是宗教意志产生的背景。

实践性。马克思认为，实践是人类一切社会活动的本质特征。中国传统伦理思想和强烈的处世态度以“修身、养性、齐家、治国、平天下”为主导，这种价值观决定了实践对于道德形成的重要作用。道德的本质是实践着“做人”的学问，在人伦关系的基础约束下，人们依靠道德来践行各种社会关系。对于青少年的道德培养来说，一方面要在青少年道德教育中采取实践教育的方式让社会道德内化于心，另一方面要积极引导青少年在实践中运用社会道德的要求指导日常行为规范。

（二）青少年道德养成教育直接关系个体发展和社会价值实现

青少年道德养成教育既是个人发展的重要途径，也是促进国家和社会进步的关键因素，必须予以高度重视。

一是有利于个体的成长。著名教育家陶行知认为，个体发展首先是道德的培养，没有良好的道德品质做根基，即使习得许多知识和技能也不能保证个体健康发展，甚至走向危害社会的地步。这句话告诉我们道德在个人成长过程中的作用，对于个人成长来说青少年阶段的道德教育尤为重要，甚至超过能力学习。当今正处在社会主义市场经济时代，随着经济的发展，人们的思想观念也会发生巨大变化，特别在利益驱使下出现为满足个人利益而不择手段的现象，这些与社会主义核心价值观相悖的行为严重损害了一些社会群体的道德观念和道德水平。青少年时期可塑性强，是培养良好的道德行为习惯的关键时期，是实现未来良好发展的重要积淀期。良好的道德行为养成有利于个人良好习惯的形成和优秀素质的培养，同时促进个体对自己、他人和社会的认识程度的提升，促进个体更好地融入社会、贡献社会。

二是有利于社会发展进步。劳动者是社会生产力结构中最活跃、最积极的主导因素，劳动者的素质高低决定其借助生产工具对劳动对象实施改造的程度。青少年日常接受的道德观念，在实践中逐渐形成道德品质和习惯行为，并内化成价值观念，进而影响个体改造世界的能力和成果，促进社会生产力的发展。道德具有自律性和自觉性，良好的道德素质能够有力地推动社会发展和社会秩序文明和进步。青少年积极培养良好的道德习惯，不断积累优秀品质，关系民族的兴衰成败，国家的长治久安和社会的和谐有序。青少年道德素质的提高为国民素质提高打下了良好基础，也为国家文明、民族复兴提供了可靠的保证。

二　陶然亭街道开展“六德”教育的实践探索

（一）陶然亭街道开展“六德”教育的背景

2001 年 9 月 20 日，中共中央印发《公民道德建设实施纲要》，文件为如何在新的历史条件下继承弘扬中华民族优良传统道德和爱国主义为核心的中华民族精神指明了道路。为广泛地动员社会各界关心支持和参与道德建设，我国将每年的 9 月 20 日确定为“公民道德宣传日”。为加强未成年人思想道德建设，2004 年 2 月党中央、国务院出台《关于进一步加强和改进未成年人思想道德建设的意见》，文件下发之后，“讲文明，树新风”系列主题活动在全国各地纷纷展开。

根据《关于进一步加强和改进未成年人思想道德建设的意见》精神，全面落实《爱国主义教育实施纲要》和《公民道德建设实施纲要》，北京市提出加强和改进未成年人思想道德建设的指导思想和基本原则，按照“建首善、创一流”的总体要求，增强北京广大未成年人爱国情感，规范日常行为习惯，提高基本道德素质。在中小学生中大力弘扬和培育民族精神，培养高度社会责任感和文明素养，塑造积极进取、蓬勃向上的青少年队伍。同时综合利用教育资源，积极推进实践教学和学生参加社会实践、社区服务有机结合，组织开展多种形式的未成年人德育实践活动。

2002 年初，陶然亭街道确立了“道德建设从娃娃抓起”的工作方针，把中国传统文化、中华传统美德和以爱国主义为核心的民族精神紧密结合，将“忠、孝、诚、信、礼、义、廉、耻”等千年古训与公民道德建设 20 字行为规范融为一体，反复论证并归纳提炼了“责任、爱心、诚实、守信、宽容、礼让”六种品德，作为青少年长期培养遵从的道德规范和行为准则。街道的“六德”活动一经推出，得到学校、家长特别是未成年人的普遍认可和欢迎，引起了社会广泛反响。街道认真贯彻落实《中共中央国务院关于进一步加强和改进未成年人思想道德建设的若干意见》精神，注重发挥统筹辖区发展的基础性作用，不断加强社区、辖区学校和未成年人家庭的沟通联系，采取了目标分解的方式，分阶段、有步骤地推出“六德”教育品牌活动，通过青少年喜闻乐见的形式，切实把“六德”教育实践活动扎实引向深入。

（二）陶然亭街道开展“六德”教育的主要做法

陶然亭街道精心搭建起学校、家庭、社区“三位一体”的教育平台，积极探索社区青少年“全方位、社会化”的教育模式，将课堂教育、体验教育、实践教育、养成教育有机统一起来，以“修身利己、实践养成”为目标，通过贴近生活、充满互动、富于创新的实践活动，让孩子们在知中行、在行中悟、在悟中从，潜移默化地让传统美德和文明行为在孩子们幼小的心灵里生根、开花、结果，使“六德”教育活动效果更加明显、更加牢固。

一是充分发挥学校的主导作用。以“六德”教育大讨论为主题，开展传承中国文化、弘扬民族精神的国学教育，“陶然诚信娃”征文演讲比赛、“青少年诚信网上行”和“宽容、礼让社区行”辩论赛等活动，激发了未成年人参与“六德”教育的兴趣和热情。开展“陶然娃”形象标准征集和“陶然娃”形象大使评选活动，吸引更多青少年参与“六德”教育，并将这种活动常态化，产生了一批“陶然娃”。“陶然娃”在社区开展志愿服务体验、文明乘车引导等系列活动中起到引领示范的效果，他们的榜样作用得到社区居民的认可。印发“六德”日记本和课程表，倡导孩子写道德实践日记，从小事做起，在日常行为中，将培养“六德”形成习惯，起到很好的教育效果。地区中小学将京剧、地书、名亭等鲜明的陶然文化元素有机融入“六德”教育中。福州馆小学将京剧作为校本课程，并成功申报“六德”特色项目，开展了“陶然娃”闯梨园、京剧服饰 DIY 等活动，自编自创了京剧童谣和舞台剧《三家店》。陶然亭小学组建了学生义务导游队，开展了“陶然娃”名亭话古人实践活动。黑窑厂社区青少年在“六德”故事展演活动中，集中展示了地书才艺，得到与会专家的好评。学校开展了针对不同年龄层次的“爱心洒社区、社区助成长”和“高中生社区主任助理”实践活动，1600 余名中小学生分别与孤寡老人、残疾青少年和敬老院的老人结成“帮扶对子”，让青少年努力成为“孝老有心，助老有我”理念的弘扬者和践行者。

二是充分发挥家庭的基础作用。开设家庭教育课堂，每年开展不同主题的“说三句话、办三件事”活动。孩子们从做家务劳动、用尊称敬语等日常生活中的点点滴滴做起，促进良好道德行为习惯养成，推动自身健康成长。陶然亭地区老旧平房集中，弱势群体较多，多年来，街道在未成年人工作中，始终注重对这些家庭的未成年人给予特殊关爱帮扶。建立地区贫困青少年数据库，对辖区所有贫困家庭的青少年就学等基本情况进行登记，通过日常走访、服务，随时补充信息，实现动态管理。设立专项资金用于解决贫困青少年学习、生活、医疗等方面的困难。街道连续九年出资几十万元，资助特困家庭子女共500余人。开展“用爱心托起明天的太阳”“谱爱心曲、圆学子梦”等主题活动，通过这些活动孩子们得到激励，从小培养了立志成才、贡献社会的信心。针对单亲家庭、困难家庭和流动人口家庭开展的“单亲宝贝俱乐部”“关爱候鸟儿童”等活动，通过心理辅导、专题培训和设置社区小记者、文明宣传员等实践岗位，帮助他们疏解压力，激发“人人皆能成才”的潜能。

三是充分发挥社区的平台作用。成功举办“六德”教育论坛，邀请教育部门领导、教育专家和家长代表百余人参加讨论，产生由“六德陶然娃”“六德陶然少年”“六德陶然青年”构成的青少年成长道德教育体系。搭建人才资源共享平台，组建了“五老”队伍义务法律宣讲团，成立了由辖区校内教师、教育专家组成的顾问团，广泛发动热心人士参与青少年教育。开展“魅力陶然游”、“文化寻根”等道德教育实践活动，组织《我们的“六德”》《“六德”行为规范》《“六德”教育活动案例集》等一批道德教育辅助读物编印。以漫画、卡通画、儿童画等形式，绘制了龙泉社区200米长的“六德”文化墙。搭建人文资源共享平台，以荣获全国学习型社区示范街道殊荣为契机，与中国戏曲学院附中、中央芭蕾舞团等16家文化单位签订《共建协议书》，最大限度发挥单位资源优势，为未成年人提供教育服务。搭建社区团队资源共享平台，巩固扩大社会组织培育成果，成立了青少年书画社、法知社、文艺社等20多个社区青少年社团和红领巾文明劝阻队、红领巾环保队等40多支特色少先队，开展“文明小标兵”“争做环保小卫士”“青少年社区文艺演出”“青少年社区书画展”等活动，促进未成年人提升综合素质和健康成长。

（三）陶然亭街道开展“六德”教育的经验启示

1. 构建社区、学校、家庭“三位一体”大教育格局

未成年人的思想道德建设不仅是学校的责任，更需要社会各方面的关心、支持和帮助。社会和家庭环境直接影响着未成年人的身心健康，因此，为未成年人创设良好的社会成长环境和家庭成长环境是加强青少年思想道德建设的重要组成部分。陶然亭街道“六德”教育之所以有声有色，很重要的经验之一就是注重从社区、学校及家庭入手营造良好的教育环境。一是充分发挥社区的教化功能，利用社区自身的思想道德资源，主动联系社会团体、企事业单位等为学生开展社会调查、志愿服务、公益活动等社会实践提供条件。在节庆日、寒暑假开展学生喜闻乐见的、健康向上的活动，突出道德的内涵，寓教于各种有益活动之中，丰富学生的课余活动。二是充分发挥学校的主渠道、主阵地作用，建立以学校领导、班主任为主体，共青团及少先队员负责人共同组成，广大师生共同参与的学校思想政治教育网络，负责在校期间学生的道德教育，并对学生的学习和生活进行引导；加强学校与家庭教育、社区教育的信息交流，做到资源共享。三是坚持把学生家长作为家庭教育的主体。学校成立家长委员会，发挥家长参与学校教育管理的作用。教师经常开展家访活动，以各种形式与家长进行沟通联系，对学生的思想道德与学习提出意见和建议。

2. 健全政府、学校、社区协同互动的未成年人教育机制

未成年人少年思想道德教育能否收到良好的效果，除了受多元化的社会价值观念影响，还需要家庭、学校和社会三种教育方式的有效衔接。陶然亭街道一方面通过签订《校地青少年德育合作备忘录》等方式，积极探索建立学校与街道、社区的校地联系制度；另一方面建立《中小学生社区活动联系卡》，将“回社区报到”评语、表扬信等形式寄送给学校，反馈青少年在社区内的表现情况，学校依据其对

学生的思想品质、道德素养做出评价。在社区层面，还将未成年人德育工作开展情况纳入社区年终考评体系，接受社区居民代表的监督。社区积极开展特色活动，倡导家长支持孩子参与，表彰在未成年人教育中涌现出的先进家庭和个人，营造社区和家庭教育相互联动的和谐氛围。

3. 整合资源，为社区教育提供物质基础和资金保障

一是提供资金保障，陶然亭街道把教育经费安排在年度财政预算的首要位置，大力支持社区教育分院、市民学校、地区中小学建设。为表彰优秀社区教育志愿者，街道还专门建立《未成年人“六德”教育专项活动资金》。二是多种方式保障教育资源，利用社区学院和市民学校的资源优势，创新协议式社区教育资源整合模式。街道投资建设了社区学院，联合街道八个社区的市民学校，为市民提供包括学习型社区、学习型家庭创建在内的全程全方位服务。此外，街道每年与辖区各学校签订《陶然亭地区青少年德育合作备忘录》，学校向街道、社区开放体育馆、操场、电教室等场地，实现了分布于社区的各级、各类学校教育资源的有效开发与利用。

三　关于三方联动解决青少年道德养成教育问题的建议

青少年对人生价值观认识呈多元化趋势。处于青少年时期的个体变动性和可塑性较强，世界观、人生观、价值观正处于逐渐形成阶段，尚未形成稳定的道德观念，容易受到外来因素的影响。当前，在市场经济条件下，在尊重规则、鼓励竞争的同时，由于恶性竞争衍生出来的损人利己、唯利是图、金钱至上以及享乐主义对青少年也产生了很大的影响，传统道德观在市场经济大潮的冲击中趋向弱化。互联网、微信、微博等为主要标志的新媒体为青少年成长提供了新渠道和

新视野，同时也以不同的形式对青少年思想品德和人际关系产生着巨大影响。特别是当前我国不少学校为了升学只注重对应试考试能力的提高，而忽视了其他素质的培养，致使不遵守社会公德的现象经常出现，例如在旅游景点乱涂乱画、不爱惜公共财产、公共场所乱扔乱吐等，这些问题的出现更加凸显了强化青少年道德教育的紧迫性。为此，特提出如下建议。

（一）进一步优化家庭教育环境

家庭是道德教育的摇篮，是青少年的启蒙学校。家庭是对青少年的影响最直接、最持久、最深刻的。第一，父母要为青少年的道德成长营造良好的成长环境。青少年的成长需要良好的生活空间，这直接影响着青少年的行为习惯和健全人格的形成。要建立良好的家庭关系，让孩子在和谐、温暖的氛围中快乐成长。第二，父母要为青少年道德养成树立良好的榜样，父母道德素质潜移默化地影响着孩子的思想和行为。因此，父母要提高自身的道德素质，为孩子树立良好的榜样，家长注重自身言行的示范作用，不断提高自己的道德修养。通过亲子交往和共同参与社会实践活动等多种形式不断促进其道德素质的提高，是父母的责任和义务，也是道德教育的途径之一。

（二）进一步改善学校教育环境

校园环境是青少年道德行为习惯养成、身心素质的培育、良好人格塑造的重要因素，良好的校园环境对青少年学校教育具有强大的推动作用。一是学校要紧跟形势不断更新教育理念。淘汰传统的德育灌输教育理念，培育现代学校德育模式，如引入情感教育、活动德育、生活德育等特色模式，让学生在学习中快乐，在快乐中学习。更新学生德育评价方式，推动教育评价模式多元化，以满足不同学生的道德教育方式需要。倡导学生通过开展自我批评、相互评价等方式，在自省自律中提升自我道德素质。二是教师要注重发挥榜样作用。教师不但要传授知识，还要身体力行，带头形成良好的道德行为习惯。教师的一举一动对学生具有潜移默化的作用，要在传道授业解惑中规范自身行为引导学生，以身作则，促进学生品德学习和良好道德形成。三是为青少年道德养成教育创造良好的文化氛围。学校的自然环境也会对青少年道德素养的形成产生很大的影响。和谐的自然环境能够让青少年体验到人与自然的和谐相处，感受到文化的熏染。要让校园花、草、道路、建筑充满和谐之意，利用这种隐性教育因素促进青少年道德养成。

（三）进一步营造良好的社会教育环境

除学校环境和家庭环境外，社会教育对青少年的成长也同样具有不可替代的作用。社会教育是青少年道德培养的重要途径，也是学校教育和家庭教育的有益补充。青少年的认知能力与社会生活关系密切，要充分利用社会环境资源，通过宣传丰富具体的事例等方式来提高青少年道德认识，形成良好的道德习惯。发挥社区教育的合力作用，通过宣传栏、推广阅读、好人好事等形式营造良好的社会氛围，渲染社区道德环境，增强青少年道德意识。拓宽道德宣传渠道，充分利用广播、电视、报纸、网络等媒体的舆论宣传导向作用，加强道德意识宣传教育，在潜移默化中促进青少年道德品质养成。

参考文献

贾海丽：《青少年道德养成教育研究》，内蒙古科技大学，2013。

李媛媛：《论植根地域文化发展社区教育——北京市陶然亭街道为例》，《成人教育》2011 年第 9 期。

谭兰：《青少年道德行为养成教育问题研究》，华中师范大学，2006。

黄海：《从青年研究到青年学——一种真问题与真学问相结合的文化人类学反思》，辽宁师范大学硕士学位论文，2005，第68页。

陈福清、张旭昆：《市场经济条件下的道德养成——兼论政府在道德养成中的作用》，辽宁师范大学硕士学位论文，2000，第1~4页。

闫玉：《略论养成教育的内涵及实施途径》，武汉：华中师范大学硕士学位论文，2000年第12期，第9页。

陈延斌：《建构“两纲八目”的未成年人道德养成德目规范体》，北京：首都师范大学硕士学位论文，2008年第11期，第2~7页。

朱冬梅：《关于未成年人道德养成教育规律初探》，北京：首都师范大学硕士学位论文，2009年第35期，第8页。

B.8 陶然亭街道在网格中践行党的群众路线的探索与思考

摘　要：“网格化”是实现社会治理精细化的重要举措，但如何使“网格”由自上而下的行政化的管理单元变为上下结合的自治性的服务单元，真正把“网格”做活做实，是城市基层社会治理现代化过程中一个值得关注的重要课题。北京市西城区陶然亭街道将践行党的群众路线与创新网格化社会治理结合起来，积极探索在网格中践行党的群众路线的新模式，通过搭建居民群众议事平台，组织居民参与发现问题、分析问题、解决问题的全过程，把践行党的群众路线变为创新社会治理的长效机制，进一步提升了社会治理精细化水平。

关键词：网格　群众路线　居民议事　陶然亭街道

一　坚持党的群众路线与创新社会治理相辅相成

坚持党的群众路线与创新社会治理有着很强的关联，二者在价值理念和实现目标等方面上是相通的。群众路线是党的根本工作路线，从价值观层面来说，群众路线要求把人民群众当作是推动历史发展的主体，一切为了群众，一切依靠群众，在中国共产党的领导下，为人民群众创造幸福的生活指明方向。从决策方法层面来说，群众路线的实质是党将群众分散的、无系统的意见集中起来，经过总结研究转化为系统的意见，并付诸实践检验。

因此，社会管理和群众路线的精神是紧密相连的。社会治理是指拥有权威的多元治理主体在一定范围内对社会组织、社会生活和社会事务进行规范，并在协调和服务过程中满足群众生活和发展的需要。客观来讲，社会治理是为了满足社会需要和维护社会秩序，即服务和管理。社会治理的主体是多元化的，需要党政机关、企事业单位、社会组织和公民等共同参与。因此，坚持党的群众路线与创新社会治理的基础都是坚持人民群众的主体作用，调动人民群众参与的积极性，发挥人民群众的主观能动性。

（一）社会治理创新必须坚持党的群众路线

构建党委领导、政府主导、社会协同、公众参与的多元共治主体格局，实现党和政府、社会、居民之间的良好互动是社会治理的目标。多元共治需要走群众路线，从群众中来，到群众中去，充分依靠人民群众的集体智慧，为发挥人民群众的积极性、主动性、创造性提供良好的环境，打下良好的群众基础。只有坚持党的群众路线，公民利益整体保障体系才能得以构建，群众的利益诉求机制和协调机制才能不断得到健全和完善，人民群众的知情权、监督权、参与权和话语权才能得到保障，人民群众在社会治理创新中主体地位才能得到充分发挥。

（二）社会治理创新为党的群众路线的深化提供了平台

随着我国转型期特征日益突出，人民群众关注政策信息、参与社会治理的诉求也不断增强。党的十八届三中全会提出“创新社会治理体制”，要“加强党委领导，发挥政府主导作用，鼓励和支持社会各方面参与，实现政府治理和社会自我调节、居民自治良性互动”，在明确广大人民群众是社会治理主体的同时，强调形成共商共治的多元参与模式。同时还指出，在社会治理的过程中，“真正实现把人民群众作为改革和社会治理的依靠力量，让群众参与到社会公共事务管理之中，以党的政治领导帮助群众组织起来，在社会治理中实现群众的主体地位”，明确了社会治理是深化群众路线的重要手段。

（三）在“网格化”管理中践行党的群众路线是社会治理精细化的必然要求

当前社会的深刻变革和矛盾的错综复杂，诸如经济社会协调发展问题、民主法制建设问题、文化价值认同问题、社会建设管理问题、城市生态环境建设等，都在基层社会体现得很充分、很突出。面对这些矛盾问题，实行“网格化”是进一步细化管理服务单元、细化管理服务内容和提高管理服务效率的重要举措。结合践行党的群众路线，在网格中更便于找到群众关注的共同利益，在网格中更便于面对面传递党的声音，在网格中更便于真正了解百姓需求，在网格中更便于将党的群众路线落到实处，也只有在网格中才能将社区民主自治做得更细更实，真正取得实效。

二　陶然亭街道创新社会治理的实践探索

社会生活的基本构成空间是社区，和谐社会的构建必须以和谐社区为基础。社区是否和谐是检验一个社会建设成功与否的关键因素。随着我国城市化进程的加快和城市社区人口的迅速增长，社区建设出现新的问题，传统的社区管理模式的弊端日益凸显。主要表现为粗放型的管理模式，落后的管理手段，居高不下的管理成本和当前工作效率和服务质量与人们日益增长的社区公共服务需求之间的矛盾。北京市西城区陶然亭街道深刻反思传统城市社区管理模式，积极探索与尝试城市社区管理服务模式转变，在网格化管理的基础上，不断创新社会治理的新模式。

（一）通过“网格问事”，联系群众更加密切

一是科学合理地划分网格。街道将8个社区按照完整性、便利性、均衡性和差异性的原则，根据人、地、物、事、组织等基本情况，综合考虑地理位置、人口结构、服务需求等因素划分为85个网格。根据居民结构关联度可适当细分网格，确保一个网格内的居民群众有共同利益。二是机关干部和社区工作者进驻网格。推行街道机关干部联系派驻网格机制和社区工作者联系网格“外勤”制，科、站、队、所等职能部门也要依据工作职责联系网格。每个网格至少分配一名机关干部和一名社区工作者，机关干部每周至少联系网格一次，联系的网格相对固定。把在职党员进社区报到工作纳入街道在网格中践行党的群众路线中来，探索在职党员分配到网格中做群众工作的参与方式。

三是持续做好“访听解”工作。深化“一本、一单、一会”工作机制，机关干部和社区工作者进网格要做到“四问”，即问实际困难、问解决办法、问资源出处、问长效管理。通过干部参与网格内问题提出、解决和解决后居民自治管理的全过程，逐步建立起街道主导的维护群众权益机制。

（二）通过“群众议事”，组织群众更加有序

一是成立网格议事委员会。在符合相关法律法规的前提下，按照实际居住在网格中的家庭户数设置由至少5人组成的网格议事委员会（以下简称“网委会”）。一个网格内可以设置一个或多个网委会。社区居委会要积极支持网委会开展工作，网委会要主动接受社区居委会的指导与监督，按照及时发现问题、确实弄清问题、正确解决问题三

个程序办事。网委会成员由实际居住在本网格内的党员、居民代表、热心参与志愿服务的群众和派驻联系网格的街道机关干部、社区工作者担任。网委会成员需具有广泛的代表性和较强的议事能力，可以通过社区党组织举荐、居民代表推选和个人自荐相结合的方式产生。二是发挥基层党组织和党员作用。积极推进以社区党组织为核心、以“网格党小组”为基础的“横向拓展、纵向深入”的服务型党组织体系建设。在街道“大工委”、社区“大党委”和“网格党小组”中深入开展“三级联创”活动。充分发挥党的思想政治工作优势，及时准确掌握群众诉求和思想动态。发挥党员先锋模范作用，探索党员公开承诺、设岗定责、结对帮扶、走访慰问等党员联系服务群众的好做法、好经验，确保每个网格内有党员，党员作用在网格发挥，党员形象在网格展示。

（三）通过“为民办事”，服务群众更加务实

一是规范问题解决流程。网委会原则上每月组织召开议事会，负责梳理网格内居民提出的意见。意见应属城市管理、民生保障、文化建设等涉及公共利益的范畴，涉及多个网格的同类意见可由社区居委会牵头梳理，意见经网委会筛选后确定为议题。网委会组织居民对议题进行充分讨论，并在街道职能部门和法律工作者的参与下制定可行性方案，形成问题解决的议案。议案以投票表决的方式经绝大多数居民赞同后，由社区党委、居委会审议形成决议，按照问题的轻重缓急统筹落实解决，并上报街道网格监督管理指挥中心。形成议案的问题必须解决，解决结果须由街道科室、职能部门经由社区通过“一事一评议”的形式向居民进行反馈。二是利用资源整合解决问题。街道“大工委”及其下设的七个专业委员会要以搭好平台、建好组织为重点，全面整合辖区内的各类资源。用好行政资源，探索建立保障性执法机制，加大专业监督执法力度；撬动社会资源，通过街道

“大工委”每年推出的项目认领制，鼓励辖区单位为居民无偿、低偿开放内部资源；盘活市场资源，通过街道购买服务的方式，培育公益服务类社会组织发展壮大；挖掘居民资源，以街道作为全市第一批开展社会动员工作试点为契机，发挥群众骨干队伍、志愿者服务队伍、“五老”队伍等积极作用，主动参与志愿服务。

（四）通过“自治管事”，引导群众更加自觉

一是弘扬培育“携手四方、共创陶然”的区域精神。以网格内居民议事解决过程和解决后的自治管理为重点，在小区、楼院、胡同等居民生活“共同体”内大力倡导树立“讲文明、树新风，共建美好家园”的集体观念和主人翁责任感，增强居民对社区的认同感和归属感。增强居民的市场意识和法治意识。鼓励区域物业协会等社会组织为居民提供菜单式服务，用市场法则解决网格内的瓶颈问题、难点问题。提高运用法治思维和法治方式推动工作、解决问题的能力，引导群众合理合法表达诉求、维护权益。二是加强以公益、互助、民主、诚信为重点的公德意识教育。将培育社会主义核心价值观有机融入网格中践行党的群众路线中来，广泛开展“邻居节”、“楼宇俱乐部”、“爱护我身边的小环境”等各具特色的睦邻文化活动，鼓励居民提供居室、车辆、书籍等资源开展互助服务，动员社会各层面力量，推动形成良好社会风尚。

三　为网格治理注入践行党的群众路线之魂

在网格中践行党的群众路线，是按照新形势下群众工作的要求，通过机关干部和社区工作者深入网格，与广大居民群众携手构建“网格问事、协商议事、为民办事、自治管事”的工作机制，使居民群众享有充分的话语权、参与权、决策权和监督权，努力形成干部在

一线工作、资金在一线使用、服务在一线实现、文化在一线提升的生动局面，切实解决好服务群众的“最后一公里”问题，进一步密切党群关系，不断提升基层社会治理水平。

（一）坚持党的领导，加强服务型党组织建设

陶然亭街道积极发挥了街道工委和社区党委的战斗堡垒作用，领导和支持各类社会组织在社区和网格中发挥积极作用。把在网格中践行党的群众路线作为加强基层服务型党组织建设的重要途径，使党员作用得到发挥，宗旨意识不断增强。党的十八大要求要重视创新基层党建和加强基层服务型党组织建设。党的十八届三中全会指出要在推进全面深化改革的过程中，充分发挥基层党组织的战斗堡垒作用。街道把在网格中践行党的群众路线作为街道加强服务型党组织建设的载体和抓手，重点就是要抓好基层党组织建设、党员队伍建设和在职党员作用的发挥。积极推进以社区党组织为核心、以“网格党小组”为基础的“横向拓展、纵向深入”的服务型党组织体系建设。在街道“大工委”、社区“大党委”和“网格党小组”中深入开展“三级联创”活动。发挥党员先锋模范作用，探索党员公开承诺、设岗定责、结对帮扶、走访慰问等党员联系服务群众的好做法、好经验，确保了每个网格内有党员，党员作用在网格发挥，党员形象在网格展示以及在职党员要以所在单位为整体进社区报到等活动，党员参与街道的网格工作，发挥了模范带头作用。

（二）坚持以人为本，切实做到服务群众

街道始终坚持把居民利益作为工作开展的根本出发点，把百姓利益诉求作为服务提供的第一信号，把居民满意度作为检验工作情况的首要标准，真正使在网格中践行党的群众路线成为转变工作作风、提高做好群众工作能力的生动实践。街道以“网格议事会”和“楼管

会”为载体，根据居民利益的关联程度建立社区议事协商制度。“网格议事会”由网格格长、副格长、楼门院管理员、居民代表和街道机关工作人员组成，是社区居委会开展工作的基础，是组织社区居民参与民主协商议事形式。“网格议事会”由社区工作者召集、组织，议事和问题的解决需要居民、机关干部、社区工作者、科站队所等多方参与。坚持民主协商、公平议事、服务居民的议事原则，定期研究社区环境、民生保障、文化活动、评优表彰等涉及居民身边公共利益的社区事务，按照民意征求、民主商议、议题办理的程序议事。

（三）坚持街道主导，动员社会参与

充分发挥街道在决策部署、组织实施、投入保障等方面的主导作用，切实转变职能部门履职方式，理顺关系，尊重社区居民的主体地位，积极动员辖区单位共驻共建、资源共享，形成推进基层社会治理的强大合力。街道在做群众工作的过程中，积极发挥街道各类资源的优势，坚持以整合资源、发挥优势、服务群众为目的，通过对社会闲散资源进行整合，实现社区资源整体优化配置，为社区各项工作的开展提供便利条件。街道充分利用行政资源、社会资源以及市场资源，解决了网格议事的问题、街道“大工委”推出的共建发展和社会管理等项目，居民停车难的问题。

（四）坚持法治思维，推进民主自治

十八届四中全会提倡依法治国，基层群众的工作体现着党的领导、人民当家做主和依法治国的有机统一。街道综合运用政策、法律、经济等手段，因势利导，依法协商调解群众反映的问题，及时处理关系群众切身利益的实际问题，基层干部的法律观念和依法行政意识不断增强，依法行政水平不断高。及时更新管理观念和管理方式，自觉摒弃与法律要求不符的行政手段和工作规程，严格依照

法定程序，运用民主和法制的手段做好群众工作。加大法律服务、法制宣传和社会主义民主素质教育力度，积极培育群众文明理性参与社会治理的意识，引导居民积极有序地参与基层民主选举、民主管理、民主决策、民主监督等活动。积极推进由社会管理向社会治理的转变，突出群众在社会治理中的主体地位。切实把民主协商的结果以居民公约的形式固化下来，重点培育居民诚信、互助、公益、有序的公德意识。在小区、楼院、胡同等居民生活“共同体”内大力倡导树立“讲文明、树新风，共建美好家园”的集体观念和主人翁责任感，广泛开展“邻居节”“楼宇俱乐部”“爱护我身边的小环境”等各具特色的“邻里守望”志愿服务活动，推动形成良好社会风尚。

四 关于深化在网格中践行群众路线的建议

（一）构建社会矛盾调解机制

通过创新有效预防和化解社会矛盾体制，能够及时反映问题、化解矛盾和保障居民的权益。西城区在构建社会矛盾调解机制方面，最大的特色是立足现有基础，使用“大调解”的概念，将人民调解、行政调解、司法调解和劳动争议调解等融入进来，形成联动调解机制。从联动机制的内容上来看，法院、公安机关、政府、社区等机构形成互动，不断规范联动程序，丰富服务内容，扩展调节领域，强化法律效力，非诉调解力度进一步加大。在基层的人民调解组织上，依靠区人民调解中心、街道人民调解委员会、社区以及专业性、行业性和区域性调解委员会等各类调解组织，构建上下联动的调解组织体系。推进法制信访政策落地，建立区级部门、街道、社区的三级信访代理体系，拓宽民意表达渠道。

（二）提高公众与社会组织参与社会治理的积极性

党的十八届三中全会提出要优化党、政府和社会的关系，不断完善教育培训机制，提高社会群体参与社会治理的积极性和治理能力。

培养和提高公众参与社会治理的意识与能力，首先需要党和政府为民众与社会组织参与社会治理创造条件、提供平台。要加强对公民和社会组织培训，通过多种渠道激发公众参与意识，提高参与社会治理能力。党委、政府和社会组织分工合作，街道党委发挥领导核心作用，政府发挥主导作用，社会组织发挥参与治理作用，各司其职，相互联动，推进社会治理和落实群众路线相互促进。尤其是社会组织在社会治理创新中的作用越来越明显，大力培育和规范社会组织有利于政府与社会协同共治，提高社会治理效能和水平。

（三）明确网格员的角色定位和岗位职责

社区网格建设管理坚持专职化、规范化的原则，网格管理员不应做社区的“准干部”和群众的“管家婆”，网格管理员应当定位为政府职能下沉的基础和群众表达诉求的喉舌。网格管理员的主要职责是定期开展走访巡查，搜集社区居民的诉求，全面掌握网格内的社情民意。一方面做好本职工作，定期按要求采集和上报信息，为政府各部门提供全面而准确的第一手资料；另一方面要善于发现问题、反映问题，确保群众说话有人听、社会管理无死角。在做好本职工作的基础上，网格管理员才能胜任社区干部等其他角色。结合实际情况，建立健全网格员考评机制，构建由社区负责平时考核，街道办负责年终考核，综治办、相关职能部门和社区居民共同参与的考评模式。根据考核情况，在全市范围内建立基于自愿申请的换格制度。

参考文献

薄谊萍：《坚持党的群众路线与创新社会治理——以北京市西城区为例》，《党的建设》，2015，中共中央党校。

《中共中央关于全面深化改革若干重大问题的决定》，人民出版社，2013，第60页。

何增科：《从社会管理走向社会治理和社会善治》，《学习时报》2013年1月28日。

高新民：《党的群众工作的历史经验与当代创新》，《理论视野》2011年第7期，第47~48页。

高新民：《国家治理体系现代化与党的群众路线》，《新视野》，2013，第59页。

B.9
陶然亭街道构建多元化为老服务体系的调研报告

摘 要： 当前我国人口老龄化趋势越来越严重，为老服务的需求量与日俱增，随着为老服务得到重视，社会为老服务资源也在增加。但是，需求的增长速度远远大于为老服务资源的增长速度。面对为老服务方面设施设置不合理、人员配备不充分、资金投入不充足等问题，陶然亭街道深入贯彻落实老龄事业规划，进一步完善为老服务体系，以“敬老有心，助老有我”的为老服务工作理念，坚持以区域化发展理念为导向，以民生工作为主线，围绕多元化为老服务体系建设，整合辖区各方资源，保障为老服务工作的平稳推进。

关键词： 人口老龄化 为老服务 多元参与 陶然亭街道

一 银发浪潮下的北京为老服务体系建设

我国在2000年底步入老龄化社会以来，60岁以上的人口增长速度不断加快。据调查显示，2010年我国60岁以上老人有1.78亿，2012年增长至1.94亿。结合最新政策和近些年人口变化情况预测，2025年我国老年人口将超过3亿，2030～2050年我国迎来人口老龄化的高峰期，未来的为老服务面临严峻形势。

近年来，北京市委市政府积极应对老龄化，围绕打造“9064”养老服务模式，不断提高养老服务能力，积极推动养老福利由补缺型向适度普惠型转变。

（一）构建“9064”养老服务格局

2009年北京市民政局会同发改委、规划委、财政局及国土资源局等五部门联合出台“关于加快养老服务机构发展的意见”，坚持“全面关怀、重点照顾”的原则，打造“9064”养老服务新模式，即争取到2020年，在养老服务比例构成上，居家养老占90%，社区养老占6%，服务机构养老占4%。构建“9064”的养老服务格局符合我国现阶段的养老服务趋势，也符合老年人的意愿。一是，传统大家庭模式逐渐转变为小规模模式，老年人占家庭人口比例相应增加，家庭在养老中的地位占主导。二是，当前养老机构发展速度不能适应老年人口规模迅速增长的需要，数量和服务质量跟不上。三是，我国传统观念比较认可在家庭中赡养老人。只有将家庭养老和机构养老两种模式相结合，发挥综合优势，构建以居家养老为主流的养老服务模式才能应对当前我国日益严峻的养老问题。居家养老的最大特征是家庭和社会共同承担的一种养老方式，老年人不需要到专门的养老机构便可以享受到社区以及社会力量提供的专业化养老服务。与其他模式相比，居家养老有明显优势：一是居家养老可以使老年人生活在习惯多年的环境里，自由安排自己的老年生活，不会产生不适应；二是居家养老能够让老人获得更多的家人关怀和亲情满足，维护了老年人的权益；三是一些家人的经济条件不足以满足购买敬老院、福利院等养老机构的高价格服务，社区可通过居家养老使老人得到关怀和帮助；四是在提高居家养老服务质量的同时有利于社区资源得到充分的整合利用。居家养老模式基于以上优势，获得了广泛的认同和推广。在构建居家养老服务体系过程中，不仅需要家庭和政府双方的努力，还要就充分借助市场和社会的力量才能实现。

（二）强化政府的养老服务责任

为推进居家养老服务，北京市出台并实施了居家养老“九养政策”等一系列政策措施，累计达20多项。一是在全市的国民经济与社会发展计划和《北京城市建设总体规划》中纳入社区为老服务的内容，给予财政支持，创建为老服务示范品牌。二是推进居家养老社会化，将为老服务从民政工作转变为全社会共同参与的社会性事业，综合利用社会资源，改善社区养老服务的基础设施；三是落实社区在居家养老中的作用，从家庭照料、文体娱乐、日常出行、就餐就医等诸多方面的为老年人提供便捷服务；四是通过政府购买服务等方式培育壮大养老为老服务社会组织，建立长效机制，支持引导社会组织提供多样化的养老服务。经过多年的努力，北京市已经初步建立多元化供给的居家养老体系，不断探索居家养老服务的运作模式、操作规范、服务内容等方面创新，积累了丰富的经验。

（三）社区为老服务初成体系

社区老人面临的主要问题也是为老服务的主要考虑方面，包括高龄、多病、空巢等，北京市结合这些情况制定了相应措施。一是依托为老服务场所，提供家政、日托、送餐、陪伴等基本服务，满足老年人的服务需求；二是利用社区的服务中心和社区服务网点开展便民、利民服务和满足老年人需求的志愿服务；三是制定实施一系列优惠政策，引入社会资源，吸引商家加盟社区服务网络，提高为老服务质量；四是运用市场化手段，培育中介组织和社会单位支持，为老年人提供各种日常生活服务；五是针对老年人最为关心的健康问题，建立完善社区老年人医疗援助系统，实现大病进医院、小病在社区，为社区老人提供综合、便利、连续、及时的卫生服务。

（四）老人精神文化服务受到重视

社区更加重视为老服务中的精神文化服务，使老年人获得精神上的慰藉，排解老年人晚年的孤独感，维护老年人的身心健康。社区积极提供心理慰藉、娱乐活动、体育活动、文化生活、营养保健等丰富老年人精神生活的服务。西城区所辖各社区为居民养老提供了养老服务，包括养老院、老年人健康咨询讲座、社区照料室、对孤寡老人的“一帮一”服务、老年人救助电话等。结合老年人的兴趣爱好，建立休闲娱乐场所，包括老年人活动室、健身场地、老年学校等，还不定期举办丰富多彩的精神文化活动。

二　陶然亭街道打造多元化为老服务体系的实践探索

陶然亭地区人口 5.5 万人，老年人占到总人口的 25%。经过调研，其中就餐、就医、入住养老机构和精神慰藉成为地区老人的四大需求。陶然亭街道从辖区老年人的实际需求出发，从补短板开始，积极完善社区为老服务体系，以实实在在的服务让老年人真正得到实惠、分享改革发展成果。

（一）建设为老服务设施，提升服务环境与品质

陶然亭街道龙泉社区数字文化图书室为宣武图书馆龙泉分馆，建筑面积 100 平方米，于 2013 年投入使用。陶然亭小学提供场所，区文化委及街道共同投入 50 万元进行装修及购置设备。设有两名工作人员负责日常管理，配有 10 台电脑，9000 册图书、一台电子读报机

及一台电视，并开通了网络服务。在免费为老年人提供图书借阅服务的同时，还开设电脑培训课程。

聚老阁是集休闲、娱乐、培训、咨询、日间托老等多功能活动场所，面积约 70 平方米，内部配有课桌、讲台、书柜、沙发和柜床，陈设的大部分装饰品均出自老年协会编织班的老年人之手。聚老阁的建设是辖区资源共享的体现，场所是永庆物业公司无偿提供使用的闲置工作间，街道投入 20 余万元进行装修，辖区 66117 部队赠送了 4 部总价值万元的空调。此外，制定了严格的管理制度及使用须知，安排专人负责日常管理。为更好地给老年人提供心理辅导和专业法律咨询，聚老阁还设立“陶然亭地区老年人心理关爱服务站”及“陶然亭街道夕阳红公益法律服务中心”。每周五设立了志愿者服务日，由地区的志愿者在此为老年人开展免费理发、医疗咨询等志愿服务活动。

（二）提高老年餐桌服务质量，推进老年餐桌建设步伐

一是着力打造多种类型餐桌模式。餐饮企业的服务商在餐厅内设立专用餐桌，为老年人提供价格优惠、自由搭配的用餐选择，价格以 15 元左右为主，设置早、中、晚三餐服务。企业内部食堂开办老年餐桌。为保证辖区有送餐服务需求老年人的餐饮质量，街道、社区及企业共同探讨制定合作方案、制度、协议及监督机制，统一购买保温餐具。目前，建立了 5 个分餐网点，在每个餐点至少安排企业和社区 2 名工作人员开展服务，为老年人开设用餐服务。目前，共有两家企业开展此类服务。老字号企业提供特色餐饮服务，主要有：北京大和恒粮行为老年人提供质优价廉的主食厨房服务；南来顺饭庄，为有清真饮食需求的老年人提供主食、套餐、炒菜等服务；致美楼饭庄，为老年人制作传统、家常及地方特色的饮食。单位宿舍设立老年服务中心。水利部宿舍负责人利用楼内老年活动中心，在街道及黑窑厂社区的协

助下，设立餐桌分餐点。辖区具有资质的服务商提供送餐服务，宿舍管理部门委派专人负责分餐、订餐。在解决了离退休老职工就餐问题的同时，丰富了中心的使用功能，成为楼内综合性的老年服务中心。

二是不断完善管理监督制度。在管理方面，为方便老年人识别与监督，陶然亭街道为服务商统一制作了灯箱，并制定了《陶然亭街道服务商管理基本规范》《陶然亭街道居家养老服务单位准入制度》《陶然亭街道居家养老服务规范》，要求老年餐桌服务单位严格执行，确保服务质量；并根据西城区“套餐制作‘营养好、口味好、搭配好’、配餐做到‘无菌操作、无菌加工、无菌配餐’”的要求，严格施以规范、监督，对于不合格企业及时责令整改。16 家养老餐桌服务单位按照《西城区规范化养老（助残）餐桌考评标准》进行规范化建设，结合具体工作要求，建立相关服务规范、明确工作职责，宣传服务内容和形式，完善服务记录等各种基础数据台账。

三是大力扶持餐桌阵地建设。街道投入 40 余万元对永庆物业老年餐桌进行装修改造，全面改善用餐环境，充分利用空间，搭建院外阳光棚，扩大用餐面积。此外，并贴补企业进行老年餐桌的电改气工程，提高餐饮制作的效率与质量。街道重点开展了老年餐桌的品质提升工作，与老字号——清华池合作，开设老年餐桌自助餐服务，并为福州馆社区、新兴里社区老人开展老年餐订餐服务。清华池老年餐桌服务已经从 26 人增加至 120 余人，清华池提供的老年餐性价比较高，品质和口味颇受老年人欢迎，取得良好效果。街道居家养老助残餐桌在 2011～2013 年间共获得各级政府扶持及奖励资金 60 余万元，街道及时下拨扶持资金并引导企业做好居家养老助残餐桌的发展和服务品质的提升，使地区老年人获得更为方便优质的服务。

（三）关注老年人健康，不断深化“家庭医生式”服务

2010 年，作为全市开展“家庭医生式”服务工作的试点，陶然

亭街道率先启动了此项工作，成立了 8 支服务队伍，深入社区及家庭，为辖区有需求的老年人建立健康档案，提供个性化的健康指导。随着老年人对健康关注度的提高，为了满足服务需求，提高服务能力，2013 年街道以社区卫生服务中心为核心，联合健宫医院、首都医科大学和北京卫生职业学院等单位，搭建辖区公共卫生服务合作平台。将辖区 60 周岁以上老年人作为重点服务对象，建立“8 + 3 + N”模式，即建立 8 支“家庭医生式”服务团队，每个团队由医疗、护理、防保 3 名人员组成，每个团队配备 N 个卫生志愿者，为辖区签约居民提供服务。志愿者承担居民健康信息的采集、为行动不便老人送药、开展慢性病管理、到社区做健康指导的工作。设立固定服务站和流动服务站，满足不同身体状况的老年人需求。建立“楼宇俱乐部”流动服务点，为老人上门送医、送药，定期测量血压、血糖。此外，为高龄及行动不便的老人建立家庭病床，开展膳食指导，针对身体状况提出合理化建议。

目前，街道社区卫生服务中心已与辖区 6541 名老年人签订了《家庭医生式服务协议》，并为 1000 余名 65 周岁以上老年人、41 名 60 以上低保老人进行了免费体检。100 名首都医科大学和北京卫生职业学院的在校学生组成的志愿团队已为社区老年人提供服务累计 600 小时。

（四）成立品牌为老志愿服务队，无偿提供助老服务

街道针对关爱社区空巢、独居老人，充分利用社区内外的社区居民、社会组织、驻区单位、高校志愿者、辖区居家养老服务商等为老服务资源，为老年人提供各种服务。陶然亭街道从在社区志愿者平台注册的志愿组织中精心挑选，成立了一支由清华池、陶然亭卫生服务中心、红土店液化气站、晨晨理发店等 10 家居家养老服务单位，150 名具有专业技能人员组成的“乐陶然”为老志愿服务队。服务队深

入敬老院及社区，为有需求的老年人开展入户义诊、上门理发、修脚洗浴、打扫卫生、代换煤气、文体活动等为老志愿服务，形成“专业服务进社区”的长效机制。自“乐陶然”为老志愿服务队成立两年来，共举办为老志愿服务活动达百余次，受益老人超过3000人次。其中，清华池作为辖区单位，定期到敬老院为老人义务修脚，把“流动清华池”带到老人身边，为辖区内80岁以上老年人提供上门修脚优惠服务。老人可以拨打清华池预约上门服务电话，准确预约上门修脚服务时间。此外，清华池还定期为孤寡老人提供免费修脚服务，确定每月10日为店内助残服务日，持相关证件的残疾人享受五折优惠。目前，辖区为老志愿者注册人数为7605人，达到常住人口的15%。街道还尝试建立了完整的“实名制”为老服务义工体系，建立起义工服务管理体系、义工评价和监督体系，义工福利保障体系为一体的新型为老服务义工体系，变无偿为低偿，促进社会力量的参与。

（五）深入开展结对子活动，密切关注特殊老年人群体

街道在辖区内广泛开展结对子志愿活动，积极组织、发动、安排辖区203名由单位职工、个体工商人员、楼门院长、积极分子、老党员、青少年组成的社区为老服务志愿者，与303名高龄或行动不便的空巢、独居老人结成“一对一”或“一对多”形式的对子，定期以多种形式为他们提供生活帮助、心灵慰藉、安全防范关注等多方面的服务，确保老人们日常的平安。此外，街道注重在传统节日及假日对特殊老年群体的关怀，根据他们不同的身体状况、生活状况及需求，开展有针对性的个性化的慰问活动，确保其平安过节、平稳过冬。

（六）探索互助养老模式，建立“楼宇养老俱乐部”

街道建立了“楼宇养老俱乐部”，即：组织居住在同一楼宇中

的老年人形成互助团体，选取楼内一处场所作为俱乐部活动地点，街道协调老年餐桌服务商送餐到此，社区和企业在活动时间安排专人服务，俱乐部成员于此享受取餐、订餐和送餐到家的餐桌服务，并根据成员需求定期安排就医、理发、家电维修等上门便民服务；成员之间以此作为交流平台，分享自己手中资源开展互帮互助。街道在需求集中的社区内挖掘资源，租借闲置房屋，为特殊老年人群体提供居家型的综合服务。陶然亭街道在粉房社区和黑窑厂两个社区进行了试点，使老年人不出单元门即可享用到老年餐桌服务，搭建了政府协调、企业参与的便民平台，营造了不同年龄、不同身体状况的老年人之间守望相助的和谐生活氛围，满足了特殊老年人群体的基本生活需求。

三　陶然亭打造为老服务体系的主要经验

（一）创新“敬老有心，助老有我”的为老服务工作理念

陶然亭街道高度重视为老服务工作，并将为老服务作为街道的全局性、战略性工作，召开了街道为老服务工作推荐大会，制定了指导为老服务工作的《陶然亭街道进一步推进为老服务工作实施意见》，结合街道多年来为老服务工作开展的实际情况、辖区特色及地区文化，将街道为老服务理念凝练为“敬老有心，助老有我”，借以体现街道在积极努力地为辖区老年人提供真诚服务的同时，号召辖区各方力量弘扬中华民族敬老、养老、助老的美德，真正做到用大家的资源服务大家，用大家的力量帮助大家。街道各部门、社区居委会、社区老年人代表参加的为老服务工作研讨会还特别为老年人量身定制了一万册《为老服务工作手册》，将7大类与老年人密切相关的政策和服务资源明确提供给老年人。绘制“敬老助老特色街”文化墙，宣传

敬老孝亲的美德，为地区养老助残服务商制作了统一的标志和灯箱，规范了管理制度，方便老年人识别和监督。

（二）构建政府主导、政策引导、多元参与的为老服务格局

构建多元化为老服务体系，必须妥善地处理好为老服务体系中的政府、市场和社会的关系。随着经济社会的发展和老龄人口的不断增加，群众的为老服务需求也不断提升，政府主导作用的发挥需要坚持市场在资源配置中的决定性作用，引入市场机制，整合利用各方面资源，提供形式多样的为老服务产品，增加供给总量、提升服务效率和水平。陶然亭街道按照市、区、街多元参与为老服务体系建设的要求，社区开展深化“以需求为导向，以服务为核心，以群众参与为基础，以信息化为支撑，多元主体共同参与”的全响应社会服务管理体系建设。针对社区居民的需求，整合社区、社会组织、市场及居民自身资源，成立社区社会组织“楼宇俱乐部”作为推动社区网格化机制开展社会动员的工作载体。满足社区需求，挖掘多方资源，提升互助意识，推进多元主体参与社区治理为主要内容，共同服务于社区建设与发展，共同解决社区居民的需求。

（三）完善为老服务体系，建立服务商管理的长效机制

街道统一制定《陶然亭街道服务商管理基本规范》《陶然亭街道居家养老服务单位准入制度》《陶然亭街道居家养老服务规范》，要求老年餐桌服务单位严格执行，确保服务质量；并根据西城区“套餐制作‘营养好、口味好、搭配好’、配餐做到‘无菌操作、无菌加工、无菌配餐’”的要求，严格施以规范、监督，对于不合格企业及时责令整改，对于老年餐桌的准入把好关。结合具体工作要求，建立相关服务规范、明确工作职责，宣传服务内容和形式，完善服务记录等各种基础数据台账。此外，街道为辖区居家养老服务商设计统一的

服务标志及形象灯箱，规范管理，树立街道服务商整齐划一的形象，便于百姓的识别与监督。

四 关于进一步优化社区为老服务的几点建议

（一）构建以社区为依托的为老服务体系

一是建立医疗健康服务体系。依托社区卫生服务机构，借助辖区大中型医疗机构资源优势，保障老年人医疗健康服务人才供给。加强老年人医疗保健知识传播，提高老年人预防疾病能力和处理紧急情况能力。二是建立精神文化服务体系。大力开展老年文化、教育事业，积极吸引社会资本参与，发挥社会组织和社会力量在提供为老服务中的作用。三是建立法律援助服务体系。社区为老年人提供法律援助服务，维护老年人的合法权益。加大向老年人宣传法律知识的力度，增强老年人自我保护意识，当老年人合法权益受到侵害的时候，为其提供法律咨询、调解和代书等服务，协助老年人通过合法途径维护自身权益。

（二）构建为老服务政策支持网络

一是制定社会组织参与为老服务的引导激励政策，推动社会组织和民间力量成立专业型为老服务机构；二是制定支持为老服务产业发展的政策，丰富为老服务产品供给；三是制定紧急救助服务相关政策，规范老年人医疗救助市场；四是制定中介服务机构相关政策，给予资金、人才、信息保障。

（三）构建社区为老服务的人力资源系统

一是以社区为老服务为重要领域，加强社区工作人员的专业化水平，培养社区为老服务专门人才，加强现有人员队伍的培训力度。二是确立志愿者服务标准，规范志愿者奖励制度，大力宣传和鼓励社会力量广泛参与社区为老志愿服务，通过开展志愿活动带动他人广泛参与，提高社会服务意识和参与社会服务的热情，形成良好的为老敬老社会氛围。三是依靠政府支持和社区组织建立志愿者服务队伍，丰富社区服务人力资源，加强服务人员岗前专业化培训，提高社区服务人员的专业素质和专业技能。四是落实职业资格技术管理认证制度，促进志愿者服务长期性和规范化发展。

（四）构建以政府为主导的社区为老服务平台

一是建立社区为老服务评估平台。政府首先确定社区内有为老服务需求的老年人群体，促进给予的资金补贴最大化利用。在社区为老服务发展规划实施的过程中，对前期提供为老服务的质量和效能组织评估，便于下一步开展为老服务工作。二是建立社区为老服务宣传平台。弘扬中华民族传统美德，加强子女赡养老人观念，广泛开展敬老、养老、助老道德教育，增强全社会养老敬老观念和参与为老服务意识。三是建立社区为老服务管理平台。设置专门机构管理社区为老服务，明确责任，规范管理，引入社会力量，特别是优秀的企事业单位参与社区为老服务。四是建立社区为老服务指导平台。社区为老服务必须与社会发展相适应，在坚持统筹规划的同时进行分类引导，根据社区不同情况因地制宜开展社区为老服务，促进社区养老服务事业健康发展。

（五）激发企业、社会力量的参与热情

养老服务的公共服务的属性决定了大部分为老服务的微利性质，而推进为老服务市场化则需要建立养老服务的补偿和激励机制，才能有效调动企业和社会组织的积极性。一是规范政府购买服务、委托和

外包等形式，为企业和社会组织参与提供为老服务创造条件。二是通过政策扶持、税收优惠、财政投入等方式，切实降低养老服务机构的运营成本，为参与养老服务的企业和社会组织提供良好的政策空间。三是建立社会为老服务企业的准入和质量跟踪制度。无论是老年人自行购买养老服务，还是政府委托服务机构提供的服务，都必须执行严格的准入制度，保证服务质量。开展服务机构评估制度，以奖代补表彰优秀服务机构和个人，建立符合准入制度企业列表，及时删除服务争议多、服务质量差的服务商。

参考文献

陆杰华、吕智浩：《北京市社区为老服务的现状、问题和政策建议》，《北京观察》2007 年第 5 期。

张文：《我国人口老龄化发展的趋势与特点》，《中国老年报》，2000。

熊必俊：《老龄化对社会经济发展影响的再认识》，《中国老年报》，2000。

萧振禹：《人口老龄化呼唤老年市场体系》，《中国老年报》，2000。

李立新：《数字透视“中国老龄化”》，《中国老年报》，2000。

B.10 陶然亭街道推进社区民主自治的调研与思考

摘　要：　社区民主自治是基层群众自治的重要形式。大力推进社区民主自治，对于完善基层民主制度，加快推进基层社会管理创新，最大限度激发社会活力，巩固党在基层的执政基础意义重大而深远。近年来，陶然亭街道针对辖区楼院平房混合、人群结构复杂、服务需求多元的特点，坚持把社区民主自治作为建设和谐社区的实践途径，进行了积极探索，取得了一定成效。课题组采取走访座谈、问卷调查、查阅资料等方式对街道的社区民主自治的实践进行了调研，并针对社区自治中存在的实际问题，提出了重视发挥党委领导、社区主体、网格载体、协商平台、法治方法以及干部的主观能动性等六个作用的对策建议。

关键词：　社区民主　自治　社区调查　陶然亭街道

一　推进基层民主自治需要突破“瓶颈”制约

党的十八大和十八届三中全会做出重要指示，要推进基层民主自治，促进基层民主广泛多层制度化发展，健全完善社会主义协商民主制度。基层民主自治的内涵是通过民主选举、民主决策、民主管理和民主监督来实现基层群众的自我管理、自我教育和自我服务。多年来，在自上而下的推动和自下而上的实践中，我国城乡基层民主自治取得了一定成效，但仍有许多严重制约发展的“瓶颈”障碍。

一是基层民主自治流于“形式化”。这主要表现在基层的各项民主权利发展不平衡，群众有投票选举居委会成员的权利，但在社区日常的公共事务中，民主决策、民主管理和民主监督的权利还未充分落实。形式化的民主选举权的落实掩盖了其他各项民主权利的残缺。习近平总书记指出，发展基层民主要“切实防止出现人民形式上有权、实际上无权的现象”，“人民只有投票的权利而没有广泛参与的权利，人民只有在投票时被唤醒、投票后就进入休眠期，这样的民主是形式主义的”。事实上，由于缺乏有效的自治载体和实现形式，作为法定自治组织的社区居委会在实际工作中大多成为基层政府的“腿”，无法有效克服其行政化问题，从而处于十分尴尬的境地，其自治组织性质及其权威日益受到严重的质疑和挑战。

二是群众参与度不高，参与能力不强。目前看来，绝大部分社区的群众参与都是小范围、低水平和象征性的，普通群众的参与渠道和参与能力都很有限，导致基层民主自治主体缺位现象严重。由于群众缺乏基本的知情权和参与权，很多涉及社区群众切身利益的公共决策中，不少基层政府想当然地“替民做主”，致使许多给老百姓办的惠民好事得不到群众的认可，“政府买单，老百姓不买账”的问题屡屡发生。

近年来，围绕着如何扩大居民群众参与，西城区积极探索居民代表会议及常务代表制、民主恳谈会、居民议事会、网格议事会、社区论坛、社区评议会以及民主听证会等多种社区居民参与辖区公共事务的平台，议事范围从政府的实事工程、拆迁改造、环境整治、公共设施以及服务项目到邻里纠纷矛盾、社区文化活动、社区环境治安等多有涉及，赋予居民更多的知情权、建议权、表达权、决策权和监督权，在社区公共事务的讨论、决策、实施、管理和监督等各个具体环节中，逐步地引入了协商民主元素，扩展了居民表达利益诉求和参与公共事务的渠道，为基层民主自治发展提供了新的生长点。

二　陶然亭街道全方位探索社区民主自治的创新实践

陶然亭街道工委、办事处作为区委、区政府的派出机关，切实负起指导社区居民委员会（以下简称社区居委会或居委会）依法实现自治的职能，在开展社区服务、推进重点工程和实施重大项目的过程中，努力探索社区民主自治的有效方法，积极拓展居民自治的渠道。

（一）以社区换届为契机，对民主选举进行了探索

社区居委会换届选举工作是社区民主自治的核心环节。在第八届社区居委会换届选举中，街道进行了新的探索尝试，较之以往有四个特点：一是社区居委会成员构成采取“4 +2 +1”模式，即由 4 名社区专职工作者和 2 名居民代表、1 名辖区单位代表组成，调动了居民和辖区单位积极参与社区建设的积极性。二是选择群众基础较好、居民对社区认同感较强的 4 个社区采取“户代表”选举的方式，扩大了社区居委会直接选举的覆盖面。三是推行社区“两委”成员交叉任职，5 个社区的党委书记和居委会主任实行“一肩挑”，加强了基层党组织对社区建设的组织领导，促进了社区党委、居委会和服务站的协调运转。四是在提名社区居委会成员候选人上，采用了社区居委会成员由群众自荐、选民提名、居民代表推荐和社区党组织推荐相结合的办法，实现了以扩大党内基层民主带动社区居民民主。

（二）以网格议事为载体，对民主决策进行了探索

街道在以黑窑厂小区 11、12 号楼为试点探索的基础上，根据地

域相邻、利益相同、需求相近的原则，将街道划分为85个群众工作网格，每个网格均成立了由5～7人组成的网格议事委员会（简称“网格议事会”）。“网格议事会”的成员全部由实际居住在本网格内的党员、居民代表或热心参与志愿服务的群众担任。“网格议事会”具体负责居民问题的收集、提交与反馈。“网格议事会”讨论的问题，大部分是与居民利益密切相关的问题。居民站在自己的立场讨论问题解决办法，提出不同方案。“网格议事会”组织居民经过反复充分的可行性讨论后，按照绝大多数委员的意见确定将问题交付街道等职能部门解决。问题解决后，再由“网格议事会”将结果反馈给居民。经过提交问题、讨论方案、解决实施、反馈结果等一系列环节，真正做到“什么问题需要解决、是否可行、问题解决后的反馈等居民的大事小情都由居民自己说了算”，实现了话语权、决策权和监督权的“放权于民”。“网格议事会”来自于群众、根植于群众，既把居民从原来的服务对象转变成了决策主体，又延伸了基层工作的触角。居民群众在议事过程中扮演了解决问题的“第一角色”，社区民主自治得到充分体现。

（三）以自我调解为引导，对民主管理进行了探索

由老旧楼房物业管理引发的居民住户与物业公司之间的矛盾一直是社区民主自治的难点问题。街道以骡马市大街10号楼为试点，由粉房琉璃街社区党委、居委会协调，成立了居民自治性质的“楼管会”，积极解决居民、物业公司的矛盾。“楼管会”通过对上百户居民的逐一走访和召开多次座谈会，共收集环境脏乱、车棚破损、门禁失灵等11项物业服务问题，绝大部分居民表示如物业公司解决上述问题后，愿意主动缴纳物业费。物业公司根据居民意愿提出问题解决方案，街道对施工经费给予一定支持。工程验收后，楼管会组织居民与物业公司签订《物业补充协议》，对物业费的缴纳标准、清欠追缴

等事宜做出明确规定并严格执行。在楼内显著位置公示物业公司收支和各户物业费缴纳情况，引导居民树立“谁享受服务谁缴费”的市场意识。楼管会还创立了以互助式家庭养老服务为主题的“楼宇俱乐部”。楼内居住的一位老人自愿腾出居室供俱乐部开展活动。“楼宇俱乐部”将该楼内的老年人分成就餐、就医、生活 3 个互助小组，老人足不出楼便可搭伙做饭、开展娱乐活动并享受上门体检等多项服务，满足了老年人的个性化需求。

（四）以创新形式为重点，对民主监督进行了探索

街道坚持每年召开社区代表大会，对街道办事处和派出所、城管分队等 13 个职能部门的工作进行公开评议和监督。社区代表大会代表由居民和辖区单位代表组成，其中每个社区的居民代表根据社区内总人口数的2‰~5‰比例的要求，由各社区居民代表大会通过差额无记名投票的方式选举产生；辖区单位代表均是热心支持社区建设工作，有一定参事议事能力且能够深入群众听取和反映社区居民的要求和意见，并在群众中有一定威信的代表。街道依托社区代表大会建立了量化统计、分析的指标评价体系，增加社区群众、辖区单位等服务对象的满意度权重比例，加大社区居民、辖区单位对政府服务评价的参与力度。各社区还从扩大民主参与、畅通民声渠道入手，探索了社区网站、居民论坛、居务公开栏、居民议事厅等社区民主监督模式，拓宽了社区民主监督的渠道。

三　推进民主自治的实践成效与存在问题

为了总结陶然亭街道推进社区民主自治的实践经验，切实了解在推进过程中存在的实际问题，进一步完善民主自治机制，2014 年，街道蓝皮书课题组与陶然亭街道一起组织开展了社区民主自治建设专项调查。调查抽取了 97 名年龄在 18 周岁到 70 周岁之间的社区居民，

通过调查问卷和深度访谈结合的方式，详细了解掌握了街道社区民主自治的发展现状。

（一）问卷调研基本数据分析

九成以上调查对象能够理解居民自治的含义。在涉及居民对社区民主自治理解的调查中，九成以上调查对象能够理解居民自治的含义：94%的调查对象认为“民主自治是居民当家做主”，5%的调查对象认为“民主自治是政府和社区的事”，仅有1%的调查对象认为是“走过场搞形式”（图1）。

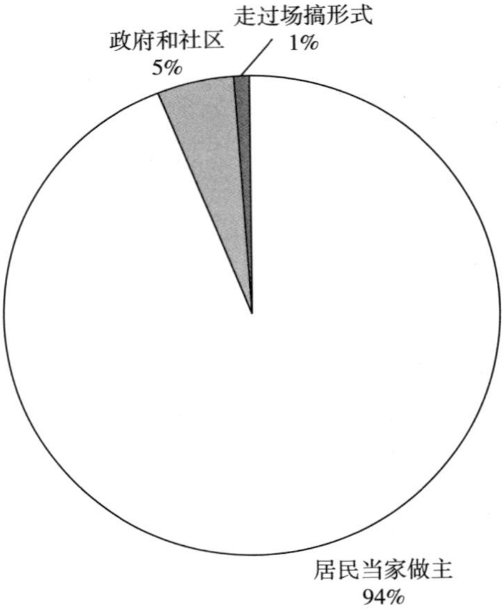

图1　社区民主自治

在回答“您认为社区基层民主是否重要”时，99%的调查对象选择了“重要”，他们认为“基层民主是居民实现自治、直接参与民主的方式与途径”；只有1%的调查对象选择了“和我无关，无所谓”，说明绝大多数居民对社区民主的重要性表示认可（图2）。

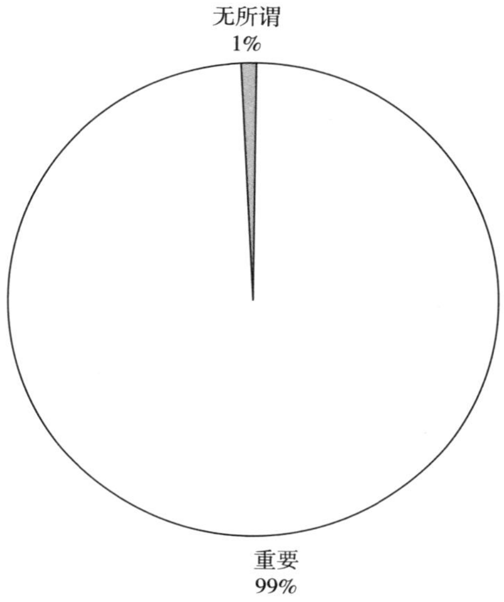

图2　社区基层民主的重要性

六成以上调研对象认为社区民主建设需要政府引导。在调查“您认为政府在社区民主建设推进中应扮演何种角色”时，66%的调查对象选择了“引导者”，22%的调查对象选择了“共同参与者”，另有12%的调查对象选择了“领导者”，由此可见，大部分居民认为“政府引导”是推动社区民主建设的最有效途径（图3）。

八成以上调研对象愿意积极参与社区公共事务。在调查“您对社区民主事务的参与情况如何时”，84%的调查对象表示“很积极，对社区事务愿意热烈讨论发表自己意见”；12%的调查对象表示“一般，但会关心社区建设的一些重要决定”（图4）。在涉及居民参与社区民主自治的调查中，大部分调查对象认为民主选举公开透明，选举前，63%的调查对象对候选人了解；选举时，96%的调查对象考虑候选人最主要的因素是懂政策、能为居民说话办事；99%的调查对象民主选举时亲自投票。通过调查，94%的调查对象认为“社区召开听

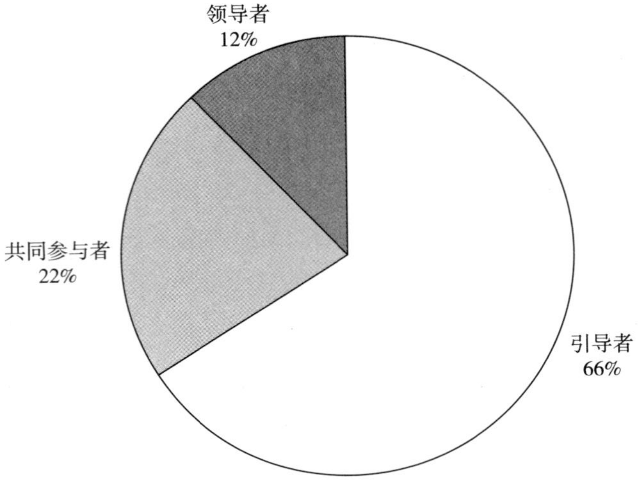

图3　政府在社区民主建设中的角色

证会和协商议事会，重视居民的参与，居民可以积极发表自己的意见，社区能够充分考虑居民的意见和建议”。

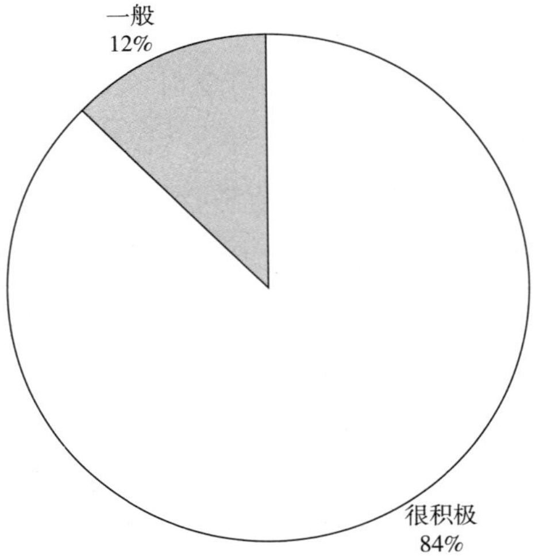

图4　居民对社区民主事务的参与情况

九成以上调研对象认为街道推进社区民主建设效果良好。在问及街道推进社区民主自治建设的效果时，91% 的调查对象认为“所在社区民主自治的效果很好，居民的意见能得到充分考虑，能得到切实的实施和反馈”；8% 的调查对象认为“效果一般，居民能反映自己的意见，但对最后决策的影响不大，得不到反馈”。在问及“您认为通过哪种方式来推进社区民主自治建设的成效最明显”时，排在前三位的依次为：86% 的调查对象选择了“壮大社区志愿者队伍”，84% 的调查对象选择了“发挥党员模范带头作用”，80% 的调查对象选择了“加强社区民主自治宣传教育”（图 5）。

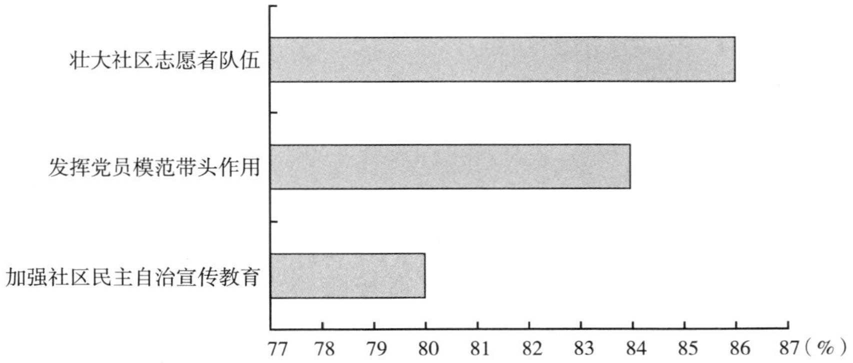

图 5　街道推进民主自治的方式

（二）调研中发现的主要问题

课题组通过对问卷的深入分析和综合研究后认为，经过多年的实践探索，陶然亭街道的社区民主选举制度不断发展，民主管理机制基本健全，协商民主制度日益完善，民主监督渠道逐步拓宽，街道社会管理服务的科学化水平进一步提高。但在许多方面仍存在着需要解决的问题，社区民主自治任重而道远，主要梳理出四个方面的问题。

一是社区民主自治的内容不够全面。一些居民在座谈时指出，

"社区把民主自治工作的主要精力放在了民主选举上。自治实践中的民主决策、民主管理、民主监督没有形成定律，效果不明显。选举是重要的，但仅仅是自治的开始，民主自治所有实实在在的工作内容是要落实在选举后，如果光抓选举，不抓平时，居民自治就会只剩下一个选举空壳"。

二是社区民主自治的制度不够健全。一些居民认为，社区居委会在自我管理、自我教育、自我服务、自我监督中起到主导作用，基本保证了多数居民群众的民主权利，但由于社区居委会现行自治制度不完善，且有的制度尚处于探索阶段，导致了民主自治的广泛性和真实性得不到充分体现。

三是社区民主自治的基础不够牢固。目前，由于社区民主自治的载体和抓手不够明晰，部分公共事务由政府包办，且社区居委会的信息未能及时公开，导致居民关注公共利益少、关注个人利益多，居民对社区民主自治的内容和参与民主自治的程序还不够了解。加之社区居民的结构和利益诉求日益多元化，导致居民之间的利益关联度减弱，许多社区居民的社区意识比较淡薄，对社区缺乏归属感。

四是少数基层干部社区民主自治的意识不够强。在基层工作中，"服从上级指示"的惯性思维和"拍脑门决策"的现象依然存在，民主的意识和民主的工作方法易被忽视。社区居委会的职能尚未理顺，承担了大量行政事务性工作，影响了自治功能的发挥。

四　进一步提升社区民主自治水平的对策建议

针对街道推进社区民主自治中存在的问题，进一步提高地区治理水平，需要从党委领导、社区主体、网格载体、协商平台、法治方法以及干部的主观能动性等方面综合施策，以深入实践群众工作网格化为基础，调整街道、社区运行机制，全力构建基层党组织领导的充满活力的社区民主自治格局，努力实现街道行政管理与社区群众自治的有效衔接和良性互动，有效破解社区民主自治中的难题。

（一）发挥基层党组织的领导核心作用，把握社区民主自治的正确方向

在街道层面，要增强街道工委决策的民主意识、规范决策程序，继续将体制内的决策机制向体制外延伸，全面落实区域化党建工作要求，努力坚持把文明城区创建作为街道“大工委”发挥作用功能的主渠道和主阵地，发挥好街道统筹辖区发展的基础性作用。在社区层面，要通过“大党委”实行大事共议、难事共商、要事共决、实事共办的工作机制和采取“席位制”增设区域发展委员等有效形式，着力引导社会单位主动参与社区建设，形成社区居民和辖区单位之间的良性互动。完善党员设岗定责、依岗承诺和结对帮扶等制度，充分发挥党员在社区民主自治中的先锋模范作用。

（二）发挥社区居委会的主体作用，加大社区民主自治的制度保障

坚持以扩大党内基层民主带动社区居民民主，到2015年力争使社区居委会户代表选举比例达到100%，委员中居民和辖区单位代表比例达到100%。完善社区代表大会议事规则，社区代表大会每年召开一次。推广骡马市大街10号楼试点经验，运用民主自治的方式，探索老旧小区准物业管理新模式。发挥街道网格监督管理指挥中心作用，建立信息发现报告机制，实现社区精细化管理。创新基层公共事务公开形式，对社区党务、政务和财务等及时进行公开。强化社区居委会的经费保障，规范社区居委会公益金使用管理，提高社区各项经费使用效率。

（三）培育社区民主自治的网格载体，真正找到群众关心的公共利益

根据新形势下党的群众工作的特点规律，按照完整性、便利性、均衡性、差异性原则，根据人、地、物、事、组织等基本情况，综合考虑地理区位、人口结构、消费需求等因素把街道划分为若干个网格。以楼门、院落为单位，进一步将网格细分，形成微网格。每个微网格内居民的人员相熟、文化相近、构成相似、利益相同。要以微网格为纽带，通过搭建“联系群众、组织群众、服务群众、引导群众”的群众工作平台，让居民群众享有充分的话语权、参与权、决策权、监督权。

（四）推行社区协商民主的工作方法，拓宽社区民主自治的实践途径

以“网格议事会”和“楼管会”为载体，按照“议行分设”的原则，根据居民利益的关联程度建立社区议事协商制度。“网格议事会”定期研究社区环境、民生保障、文化活动等涉及居民身边公共利益的社区事务。推广街道物业协会“菜单式”便民服务项目，开展街道“大工委”推出的“社区文艺人才培养工程”“夜间免费泊车”“红色电影放映基地”等项目认领活动，整合社会、市场等各类资源激发社区民主自治的内在活力。以“楼宇俱乐部”为依托，打造各具特色的楼院文化。切实把民主协商的结果以居民公约的形式固化下来，重点培育居民诚信、互助、公益、有序的公德意识，让居民群众真正成为社区民主自治的组织者、推动者、实践者，形成乐享“陶然”的和谐氛围。

（五）提高运用法治方式解决问题的能力，保障社区民主自治的实现效果

社区民主自治发展的成效，最终取决于作为参与主体的社区居民

自身的民主意识和民主治理能力，体现着党的领导、人民当家做主和依法治国的有机统一。要加大法制宣传及法律服务的工作力度，积极培育群众理性的民主参与意识，了解掌握社区民主自治的规则、程序和要求。要加强社会主义民主素质教育，建构起协商民主所需要的公共精神和公民美德，引导居民积极、理性、有序地参与基层民主选举、民主决策、民主管理、民主监督活动，不断提高社区民主自治的科学化水平。

（六）发挥基层干部能动作用，增强社区民主自治的责任意识

以推进文明院落、文明街巷为载体，通过干部下社区、进网格组织群众制定文明院落街巷改造方案，使机关干部和社区工作者逐步养成密切联系群众的工作作风，牢固树立为人民服务、向群众负责、遇事同群众商量和同群众共甘苦的宗旨意识。小区、院落要在居民自主和积极参与下基本达到功能完善、服务到位、管理有序的标准，力争把精品小区、院落改造、维护、管理的过程转化为社区居民自我服务、自我管理、自我监督、自我教育的生动实践。

参考文献

郝建玲：《民主自治：社区管理的法治核心》，《山西煤炭管理干部学院学报》2010 年第 4 期。

薛建泽：《城市社区民主自治建设研究》，广东海洋大学，2014。

王铭：《国家与社会互动下的社区民主自治研究》，广西民族大学，2011。

李若：《多元共治视域下城市社区民主自治的问题与因应研究》，浙江大学，2014。

案例报告

Case Reports

B.11

社区建设要以打造居民生活共同体为中心

——陶然亭街道创新社区建设的实践

摘　要：　社区是聚居在一定地域范围内的人们所组成的社会生活共同体。但迄今为止我国绝大部分“社区”还是一个行政性、地域性的概念。加强社区建设，创新社区治理，要以增强社区服务功能和自治功能为重点，逐步推动行政性社区向自治性、服务性社区转轨，使社区逐步回归居民社会生活共同体的本质属性。北京市西城区陶然亭街道在全面推进社区规范化、标准化建设的过程中，注重从强化社区服务功能入手，推行“全科接待”服务机制，完善“三驾马车”的相关制度，打造群众参与社区治理的公共平台，努力把社区建设成贴近人们生活、满足居民需求、激发人们积极参与的居民生活共同体。陶然亭街道的实践对于进一步完善社区建设具有一定借鉴意义。

关键词： 全科接待 三驾马车 居民生活共同体 陶然亭街道

一 从行政性社区到自治性社区

社区是人们在一定地域范围内聚居所组成的社会生活共同体，是社会生活的主要场所，也是社会管理的基层平台。我国城市基层社会治理的主体在相当长的时间里以居民委员会为主要组成。居民委员会是居民自治组织，也是街居体制下政府的下沉机构，被看作政府的一部分。随着我国社会主义市场经济的快速发展，社会结构发生了深刻变化，城市基层社会体制改革也不断深入，传统的单一垂直型的街居体制与现代多元化社会的治理需求存在突出的矛盾，社区治理问题越来越严峻。如何从根本上解决社区治理过程中面临的深层次问题，是新时期创新社区建设需要解决的重要任务。

党的十八届三中全会提出“改进社会治理方式，坚持系统治理，加强党委领导，发挥政府主导作用，鼓励和支持社会各方面参与，实现政府治理和社会自我调节、居民自治良性互动”。这说明，社区是社区居民与驻区单位共同生活与工作的场所，社区治理是党委领导下政府组织、社会组织和居民自治组织、驻区单位以及居民个人等多种治理力量，共同对社区公共事务进行管理的过程。

经过近 20 年的社区建设，目前北京市的社区基本上可以做到有队伍、有阵地、有经费，社区组织体系已基本健全，以社区党委为核心、社区居委会为主体，社区社会组织、驻区单位和社区居民共同参与的社区治理体制正在逐步形成，行政性的社区正在逐步向自治性、服务性社区过渡。但许多深层次、根源性的问题仍然存在，居委会对于辖区公共事务治理的主体地位不突出，社区各治理主体之间的关系没有理顺，基层政府职能转变不到位，与社区组织的职责边界不清，社区组织角色错位、行政化倾向严重，社区居民缺乏自治空间，社会组织发育滞后，居民参与社区公共事务的体制机制尚不健全，等等。

从根本上实现行政性社区向自治性社区的转变，还需要切实解决社区治理中的深层次问题。一是需要转变基层政府职能，厘清基层政府与社区组织的职责边界，梳理切实需要社区协助办理的事项，以签订协议的方式委托给社区组织，同时落实经费，真正实现“政社分开”。二是扩大居民自治的范围和空间，拓展居民参与社区公共事务的渠道和平台，形成社区让居民方便的表达需求、讨论问题、管理公共事务的良好机制，切实解决居民对社区公共事务参与不足的问题。三是培育发展社区社会组织，将“原子化”的居民通过社会组织有机联结，与社区内的驻区单位、自治组织、企业等共同形成社区生活共同体，大力发展公益性、服务性、互助性的社区社会组织，鼓励与支持其参与社区治理，增强基层社会活力。

二　陶然亭街道建设“陶然式生活”社区的三个维度

（一）打造综合受理全科服务新模式

城市社区作为城市治理的基础，和谐社会建设的基本单元，扮演着政府和市民之间桥梁的作用。北京作为全国的首都，在城市社区治理方面起着示范作用。2014 年 2 月 19 日，北京市西城区以党的群众路线实践教育活动为契机，正式出台了《西城区关于进一步加强和改进社区服务群众工作的指导意见》（西社领发〔2014〕3号）（以下简称《意见》），提出建立健全社区综合受理、全科服务、预约办理和延时工作等社区工作制度，不断改进和完善社区服务工作机制，优化社区事务办理流程和办事效率，进一步转变社区服务方式，切实提高社区工作水平。《意见》以社区居民服务需求“全响应”为目标，不断提升社区工作者的业务素质和工作能力，通过培养全科社工，建立健全首问负责、预约式服务和弹性工作等社区工作制度，形成社区服务“全员联动，全程管理”的闭环，全区所有社区实行社区事务综合受理，实现社区服务和居民群众工作效能并行提升。文件出台以来，陶然亭街道从自身的实际出发，认真贯彻执行，社区服务群众工作得到明显的加强和改进。

“全科”受理服务方式与原来专业口的“条块”分割模式不同：在原有专业口模式下，每个业务口的受理工作人员只了解其负责的相应业务，对其他业务并不了解；“全科”受理服务方式将所有专业口的服务统一改为“综合受理”的全科服务，对所有工作人员进行“全科”培训，使他们能够全面受理不同居民的需求，为居民提供全方位服务。陶然亭街道社区为了让社工走出办公室，了解社情民意，亲近居民，增进感情，提高工作效率，更好地为上班族、老弱病残居民服务，将预约办公、错时上下班、主动上门服务融为一体，推出了社区流动办公平台这个项目，既解决了居民请假来社区办事不方便的问题，又克服了居委会、服务站行政化办公倾向问题，受到居民的好评。

第一，建章立制，完善队伍建设。社区首先制定了服务站工作制度，明确工作要求、值班时间，要求工作窗口不断岗，及时交接、协调督促、首问负责，保证受理事项事事有着落，件件有回音。其次，建立社区工作周报制度，要求社区全体工作人员在每周五向社区副职上报本周工作完成情况，将工作分为已完成、持续中和交接中，社区副职汇总之后向社区正职汇报本周工作整体情况，从而保证对社区每个工作业务口工作情况全面了解。最后，建立社区例会制度，打破常规，改变以往只是单纯通过例会传达上级工作安排这种自上而下的方式，社区例会更多的是一种经验交流会和疑难问题讨论会。在开展综合全科受理服务方式后，每个工作人员都需要对社区的所有专业服务口相关政策和办理流程有一定的了解，通过社区例会的方式，能够加深工作人员对各科业务的了解程度，从而提升服务质量。

第二，全科培训，编制服务手册。针对目前社区工作者结构多样、年龄不同、学历不同、理解程度不同等情况，将社区公共服务项目、办理流程梳理后，编制了《社区综合受理全科服务手册》，人手一本。同时对全体社区工作者进行了窗口服务培训，分别由各分管主任归纳各项办事流程，担任培训教员，充分利用例会制度，及时传达工作会议精神及政策细则变更情况，使大部分社区工作人员能够尽快掌握工作技能与办事流程，更好地为社区居民提供服务。目前，米市社区现有社区工作者 13 人，各类协管员 4 人，根据工作情况将社区人员按照居委会和服务站比例、网格划分情况、工作范畴、年龄比例、特长等情况进行组合，每 2 人为一组，共分为 7 组，确定各组带班人。明确规定无论是延时工作、周六日值班，还是网格入户、群防群治都以结对形式展开工作，既可保证长期共同工作配合默契，又可保证如遇突发事件至少有一人了解情况。

第三，前后交接，及时上传到位。服务站现有 5 个工位，设为 2 个常用工位，3 个综合工位。根据《西城区关于进一步加强和改进社区服务群众工作的指导意见》，为了确保延时工作的有序开展，社区将人员分为前、后台，前台为综合受理全科服务每组 2 名轮值人员，后台为各口分管主任。设置前、后台转交事项记录本，记录内容为承办事项、处理情况、办结反馈。要求前台人员及时填写交接记录，移交人与接交人分别签字，确保交接材料的及时完整，再由后台人员，即分管主任将材料上交至办事处相关科室。

第四，设置专科AB岗，提供预约服务。换届后社区居委会、服务站人员虽有交叉任职，但基本上每个专业口都有居委会、服务站人员相对应。在专口对接主管科室的基础上，社区将服务站工作人员设为A岗，将居委会工作人员设为B岗。服务站人员为该职位的责任人，居委会人员为该职位的后备力量。AB岗之间按照内部管理制度做好交接工作。当居民申请办理一些专业性的公共事务时，社区服务站可为居民提供电话预约服务，预约专业口负责人为其办理，如遇一些需上门入户办理的情况，由专业口后备人员上门办理。

（二）创新社区建设的“三驾马车”新体制

社区党委、社区居委会和社区服务站是社区的“三驾马车”，目前已经形成良性的循环工作机制。社区党委是社区居委会、社区服务站等社区各类组织的领导核心，职责是指导和保障社区居委会和社区服务站依照各自职责开展工作；社区居委会在社区党组织领导下，依据《中华人民共和国城市居民委员会组织法》履行职能，主要起引导民主自治的作用。对于涉及要登门入户、组织居民活动等事务由居委会负责，同时定期组织居民代表、网格长召开社区网格议事会，对社区硬件建设、软件建设提出建议、意见，决定是否解决问题，如何解决。居委会在组织居民代表进行讨论前要向社区党委汇报情况，便于正确引导居民决策，在居民议事会结束后，要及时向社区党委汇报讨论结果，从而决定下一步工作安排。

社区服务站定期向社区党组织汇报工作，向社区居委会通报工作，主要是为居民办理政府要求办理的事务，如办准生证、报销药费、审核低保、兵役登记、开展法律咨询、接待居民来信来访、办理残疾证、老年证等，是街道办理各种政府事务在社区的延伸，居民不出社区就能办各种事情。同时积极支持和配合居委会开展社区自治、人民调解，提供法律服务。配合居委会开展募捐，组织安排志愿者提供公益性服务，开展家政、为老等便民利民服务。

（三）搭建凝聚社区认同新载体

群众工作是社区工作的根本，只有打下坚实的群众基础，让群众接受社区、认可社区、融入社区，才能在今后更好地开展社区服务，打造精品社区。陶然亭中信城为新建高档小区，住户多为北京新市民，与原有的平房胡同老居民不同，他们对社区的认知度不高，如何在最短的时间内让他们接纳社区，产生“社区情结”是社区工作者的重点。

实现全科接待为社区服务站工作者走访管理网格内的家庭、社会组织和社会单位提供了有利因素。2014 年，社区引入了“睦邻社工”等专业型社工组织，促进了社区工作人员与专业社工团队一起参与社会动员工作。

一是“参与式协商”平台。现代社会，人们愿意参加社会活动，大家想法多，看法多，评论多，意见多，认识难以统一。对待这些新情况、新问题，社区首先推进协商民主，建立市区提出的“参与式协商”平台。社区工作人员定期进入网格，听取居民意见，开展网格议事。网格议事关键在于社会资源的动员，动员有效的社会资源，形成广泛的社会共识，特别是对核心价值观的共识。通过社会动员，参与协商，激发社会精英的热情。促使精英阶层率先垂范，积极参与公益活动，在社区建设、社会管理与服务、公益慈善等事业中扮演重要角色，充当中坚力量。目前社区已启动“信悦团”项目，收效显著。

二是志愿者服务平台。通过睦邻社工组织这样的专业社工机构，为志愿者特别是专业志愿者服务社会搭建平台。例如，伙伴式成长项目把高校志愿者、专家团队、心理专业人士组织起来进入社区，为居民进行心理辅导和咨询服务。

三是社会资源共享平台。目前社区已迁入新址办公，办公条件有了较大改善，为了让居民享受到更多的资源，社区搭建了资源共享平台，将一些乐于参与公益事业的社会组织、企业单位联合在一起，共同为居民服务。截至目前，已有菜市口文化公司、仙平美容、俯大清彩美容医院、华鑫证券、中传教育、民生银行等社会企业，以及天坛医院、北京中医药大学等单位加入资源共享平台，为社区居民提供各类服务，满足居民需求。通过以上三个平台，实现了社区互动，从而让居民产生“社区情结”，衍生出社区文化，强化社区居民的主人翁意识，倡导特有的健康的民风民俗，增强社区居民的归属感，维系社区良好的人际关系，提高居民的生活质量。

三　陶然亭街道建设居民生活共同体的启示

社区建设的目标主要是建设与创新社区组织和体制、培养社区凝聚力、解决社会问题、提高社区居民生活质量，这四个方面又是相互关联的，甚至在一定程度上有重合。建设居民生活共同体，促进社区居民由邻里关系向伙伴关系转变，这就是社区建设的发展方向。平等的社会关系、个人坚守对集体的责任、完善的制度和健全的机构是社区机制的形成过程中不可或缺的因素。当个体都能承担社会责任时，公民意识才能逐渐融入社会中，这是基层社会管理创新的核心要点。只有社区的每个人都坚守社会规范，把日常的小事做好，才能逐步把社会和国家的大事做好。陶然亭街道在社会建设的过程中不断创新基层社会管理的一系列做法具有一定的实践和借鉴意义。

（一）抓好龙头，推进创新服务

社区服务是社区建设的龙头，也是社区建设的基本内容。陶然亭街道不断整合和优化社区服务，搭建各类社区服务的综合平台，健全和完善社区管理体制，培养了居民对社区的认同感和凝聚力。陶然亭街道始终把创新和拓展社区服务摆在社区工作首位，推进综合受理、全科服务的工作机制，促进为社区居民提供的各项服务更便利、更快捷。在社区老年人、残疾人和困难群体的社会救助和社会福利等服务方面，积极开展志愿者服务。经常、及时了解群众的需要，并根据这些需求不断丰富社区的服务内容，提高社区服务质量，强化服务功能。

（二）坚持与党的领导、基层民主和精神文明建设相结合

社区建设与党的建设、基层民主和社区精神文明之间密不可分，在社区建设过程中必须坚持它们之间的有机统一。坚持党的领导，是陶然亭街道社区建设工作取得良好发展的政治保障。始终坚持做好社区党建工作，充分发挥社区党委总览全局和协调各方的领导核心作用，加强社区基层党组织建设，强化基层共产党员服务群众的意识，增强党组织凝聚人心的力量。在社区建设要坚持与基层民主的统一，努力实现居民自治向社区成员自治的转变，充分发挥城市基层社区的民主选举、民主决策、民主管理和民主监督的权利。社区建设要与社区精神文明建设相结合，整合利用社区资源，积极开辟社区学习和活动场所，创建学习型社区，向居民开展各类有益教育活动，尤其是为未成年人提供健康成长的良好社会氛围。

（三）服务居民围绕创建和谐社区目标

社会生活是指发生在个人与家庭、与社会、与群体、与社区的交往以及各种各样的公共活动，社会交往是社会生活的核心，以物质生活为基础，以精神满足为目的。人们的社会性会在社会生活中展现出来，人们的群体特征和社群属性以及对美好生活的向往也会同时展现出来。陶然亭街道围绕社区群众的需要做好各种社区服务，不断拓展

社区服务，创新服务形式，并为社区居民搭建多方特色平台，凝聚“社区情结”，提高居民参与社区活动的积极性和主动性。发展社区卫生和社区文化，美化社区环境，加强社区治安，提高社区居民自身对社区认同感，形成以区、街道社区服务中心为龙头，社区服务站为主体，服务人员和服务网点为基础，纵向到底、横向到边、上下联动、覆盖全社会的社区服务网络。陶然亭街道本着为民、便民、想民、亲民的理念，以社区居民的要求为导向，以全民参与为动力，以居民满意为原则，充分调动各方面的积极性，推进了文明和谐社区的创建。

参考文献

窦建红：《全科接待综合受理建设居民生活共同体》，《米市社区服务站》，2014 年 5 月 9 日。

丁元竹：《把社区建设成为人民生活的共同体》，《中国经济时报》，2012 年 11 月 20 日。

卫敏丽：《社区居民可享四大类基本公共服务》，《新华网》，2012 年 7 月 26 日。

西城区人民政府：《西城区出台加强和改进社区服务群众工作指导意见立行立改转变社区服务方式》，《首都之窗》，2014 年 2 月 24 日。

国务院办公厅：《国务院关于建立全科医生制度的指导意见》（国发〔2011〕23 号），《中央政府门户网站》，2011 年 7 月 7 日。

徐家良、武静：《我国城市社区社会组织的现实困境及其破解思路》，《上海城市管理》2015 年第 3 期。

徐林、吴咨桦：《社区建设中的“国家 - 社会”互动：互补与镶嵌——基于行动者的视角》，《浙江社会科学》2015 年第 4 期。

申悦、柴彦威、马修军：《人本导向的智慧社区的概念、模式与架构》，《现代城市研究》2014 年第 10 期。

B.12

黑窑厂社区通过网格议事打造社区自治新样本

摘　要：　居民自治是和谐社区建设的重要途径和内容，同时也是和谐社区建设的一项基础性工作。随着社区居民生活水平的提高以及民主意识的加强，社区居民对社区服务管理提出了更高的要求，参与社区服务管理的愿望和积极性也日渐高涨。陶然亭街道为促进社区民主意识的发展，在社区开展网格化管理工作机制，按照区域、单位、住宅区等分为多个网格管理责任区，将社区管理、服务纳入网格，依靠社区居民加强社会管理，加强社区服务，推进社区民主自治。

关键词：　网格化管理　社区自治　居民议事　陶然亭街道

我国城市社区建设一般有两种导向，一种是自治导向，一种是行政导向。行政导向的社区建设动力来自自上而下的推动，效率高，但成本也高。自治导向的社区建设开始的发展程度可能不高，但由于实行居民自治而不是强化政府，是社区建设的内在要求，用于管理的成本也较低，所以更具有普遍价值。然而与高效率的行政模式相比，自治导向的社区建设需要更多的外部条件，比如协商平台、居民素质、组织化程度等等，需要逐步培养。最理想的情况是将行政导向的高效率与自治导向的高质量结合起来推进社区建设。这种模式在北京市西城区找到了，陶然亭街道做到了，那就是网格化。网格化管理体制是有效解决社会管理困难的大胆尝试，是不断推进完善社区居民自治体系，促进实现社区居民自治力量、行政力量以及社会力量间相互协作，增强居民的自我管理、自我服务、自我教育能力从而实现高效自治的有效途径。

一　推进社区自治的关键在网格

西城区作为首都核心功能区，在社会建设的过程中，结合自身的区位特点，从完善“党委领导、政府主导、社会协同、公众参与、法治保障”的社会治理体制入手，提出了“全响应”社会服务管理创新的工作理念和基本思路。在探索推进“全响应”社会服务管理创新模式的模式中，始终把保障和改善民生作为“全响应”的出发点和落脚点，以“访民情、听民意、解民难”为工作载体，掌握和了解群众的需求，建立区、街、社区三级全面感知社情民意、快速传达民情信息，构建民生需求的长效机制。在社区层面，融合自然网络和地理网格，建立起集人、地、事、物、组织于一体的全响应网格，扩大社情民意的收集网络，建立常态化的社情民意收集、整理和跟踪机制。

为强化社区居民自治，提高社区发现问题、解决问题的能力，陶然亭街道在网格的基础上成立网格议事委员会，通过网格问事、群众议事、为民办事、自治管事等实践路径，践行党的群众路线新模式。陶然亭街道黑窑厂社区搭建多级网格架构，将社区划分为多个小网格单元，切实做到深入群众中去开展工作，取之于民，用之于民。开展社区网格化管理，充分发挥各社区自治组织、街道办事处和居民在社区管理和建设中的积极作用，不断提高社区自治的效率。

首先，网格议事是多元参与、民主自治的需要。陶然亭街道出台《在网格中践行党的群众路线的实施意见》，将街道辖区划分为 85 个网格并全部成立网格议事委员会。通过网格议事，居民彼此更熟悉，交流更多，相互之间更加友善团结，形成了更加和谐的邻里关系。网格议事，由于所议事务关系居民切身利益，在解决方案上大家出主意，想办法，既集思广益，又广纳贤策，居民的参与热情高，更高效找到居民满意的可行性解决办法。经过征求民意、议题筛选、广泛建言、居民代表议事决策多个环节，最终达成了居民广泛认可的议题决议，形成了网格事务居民广泛参与、民主决策即网格事务居民做主的民主自治新模式。同时，由于是居民共同协商的解决方案，对方案的有效落实也都给予了更多的关注，促进了民主监督的有的放矢，同时也打开了民主自治的空间，是建立符合社区实际和民主自治的需要，更是发挥基层民主自治的积极探索。

其次，网格议事是党员发挥自身作用的需要。实行网格化管理，社区居民是主体，如何将这些个体调动和组织起来，需要一些热心公益、甘于奉献的主力军。陶然亭社区党委动员广大党员，主动在楼门内亮出身份，结合自身特长和实际，担当起楼门信息员、宣传员、服务员、调解员、管理员的责任，在履行职责的过程中，宣传党的路线方针政策，帮扶周围的老、残困难群体，及时化解邻里矛盾，组织楼门内的居民管理好楼内事务。其中，黑窑厂社区 36 名网格副格长中，有 34 名是党员，党员和楼门内的空巢老人、残疾人结对帮扶 74 对。网格化管理与先锋“一二三”党建创新项目的有机契合，强化了党员模范作用日常化，实现了党群连心常态化，提升了党建工作精细化。实现了网格管理无死角、党员作用无空白和发挥党员作用与服务群众、服务社区建设的有效对接。

二　网格议事提升社区自治能力

在网格化管理实践中，居民对公共利益的认识以及自觉维护公共利益的热情尚有不足，民主协商议事的能力还有待提高，主动参与公共事务服务与管理的比例还有较大的提升空间，在解难题的力度上还需加强。但是黑窑厂社区迈出了这坚实的第一步，在网格化管理机制运行中不断倾听民意，让居民“愿意说话”，加强法律法规和公民道德的宣传，让居民“有礼有节”地说话，强化了社区工作者为民服务的素质和意识，和居民说“贴心”话，办“实心”事，让网格成为社区建设与发展的“活细胞”。网格议事，真正的让居民参与其中才能形成社区居民关心社区事务、关心社区发展、齐心协力建设社区的良好格局。

（一）划分网格，选举网格管理员

黑窑厂社区结合真身实际情况，灵活地设置划分社区网格。2012年7月，黑窑厂社区启动网格化管理机制。根据社区所处地域、人口数量、居住集散程度等情况，以每户居民为基本单元，结合社区自身的特点，按照方便管理、界定清晰、责任明确的原则，目前已在社区所辖区域形成12个一级网格、36个二级网格，构建起由12名社区工作者任格长、36名党员志愿者任副格长、175个楼门管理员组成的双向联动网格组织网络。各网格内设立党小组，负责分级绘制网格地图。为提高社区自治效率和提升社区服务管理水平，社区尤其重视打造高素质的网格管理服务团队。黑窑厂社区努力实现将工作人员的职责、特长与网格的具体情况相联系。组建了一支社区在职党员、离退休党员和社区志愿者共同参与的网格管理服务团队，围绕便民服务、安全防卫、矛盾调解等方面开展全方位、多元化、精细化的服务。结合社区的实际情况，明确网格管理员的工作职责，为确保网格化管理取得实效提供保障。

（二）启动网格议事会工作模式

街道根据每个网格的实际情况，选举网格管理员负责具体的工作和职责。每个网格管理人员要把改善社区居住环境、加强居民互帮互助、促进邻里团结等作为日常的工作内容，协助社区民警做好社会安全防范。把社区划分为若干“小网格”管理后，黑窑厂社区自治的工作效率显著提高。由于网格的区域小，因此社区居民的问题难题很容易发现并且能够及时在网格内得到解决。为提高社区居民参与社区事务的积极性，社区启动网格议事会工作模式，在黑窑厂西里11号楼、12号楼两个相近网格就居民提出的意见建议开展网格化议事。先由楼门管理员在楼门居民中征求居民意见，网格事务管委会召集相关职能部门参与民意分析，依法依规就征求到的民意进行法规和可行性研讨，筛选议题，将确定后的议题返回到网格居民中，广泛地建言献策，超过2/3赞成的议题转入网格民主议事程序，列入20%户代表参加的网格议事会议案，按照不低于90%赞成率达成共识，形成议题解决方案。并将议题解决方案在网格内予以公示。例如安装路灯、绿地改造、加装排污设施三项议题全部纳入街道为民办实事方案，得到有效落实。黑窑厂12号楼前焕然一新，灰色墙面、平整的渗水砖、青青绿草、盆栽鲜花、夜晚照明、休闲座椅、新装排污池，这里成了居民休闲纳凉的小花园。黑窑厂社区的网格化管理不仅健全和完善了社区服务，促进了社区治安环境的好转，空前拉近了社区居民之间的距离，同时进一步提升了社区的党群建设和服务水平。

（三）建立议事规则，调动居民积极性

十八大报告对加强社会服务管理提出了更高的要求，社区作为加强社会服务管理创新的着力点和落脚点，有效的自我服务、高效的自我管理是提升社区自治管理水平、建设人居和谐社区可靠途径。任何一种体制只有当它能够不断满足社会成员的需要才是有活力的。社区建设是关系每个社区成员切身利益的事务，需要社区成员共同参与才能持续不断地推进社区发展。黑窑厂社区为充分调动居民群众的积极性，共同商议建立了议事会议事规则，最大限度地使居民参与到社区建设中来。

1. 民意征求

网格管理员、社区党员负责本楼门民意征求工作。网格管理员、社区党员通过经常化的入户走访、沟通交流，关心帮扶楼门特困群体，协调化解楼门矛盾等途径，收集社区居民对网格事务的意见和建议，并将意见、建议上报网格副格长。

网格副格长汇总各位管理员上报的意见和建议，与楼门管理员共商，能协调社区党员、楼门管理员和志愿者予以处理的事务，及时帮助解决，难以解决的事务上报网格格长。网格格长负责网格内全面事务的协调和处理。对于上报的各类意见和建议进行归纳、梳理，分类分级予以登记和协调解决。要组织网格内的积极力量，及时有效地化解可以在网格内协调办理的事务。对于超越解决权限的事务，要组织楼门管理员，认真研讨意见和建议的法律依据，可行性条件，将有理有据的意见和建议整理规范，形成议题。

2. 民主议事

成立网格管理委员会，由网格格长、副格长、居民代表、楼门管理员组成。负责组织网格议事相关工作。每月定期召开网格管理委员会会议，就议题的民主议事工作做出部署。由楼门管理员召集居民户就之前提出的议题广泛征求意见。在征求意见的同时征集议题解决方案。超过70%赞成率的议题转入民主议事程序。低于70%赞成率的议题暂缓商议，并将结果反馈居民，做好相应的解释工作。以楼门为单位按照10%～20%户代表比例，推选出居民户代表。由网格格长、副格长、居民户代表组成网格议事会。召开网格议事会，进一步协商讨论，按照不低于90%赞成率达成共识，形成议题解决方案。并将议题解决方案在网格内予以公示。

3. 议题的办理与反馈

议题的解决方案能在网格内及时解决的当即解决，不能解决的上报社区党委、居委会。社区党委、居委会就居民达成的共识和解决方案，按照解决权限和难度，做出整改工作方案。社区能自行解决的由社区居委会组织及时落实，不能解决的上报街道办事处。按照议题的办理程序，社区网格管理委员会、社区居委会做好议题的反向监督办理工作。同时做好议题办理反馈工作。议题办理后，由网格管理委员会做好居民满意率收集工作。并就整个议题的民主议事和办理过程做出分析，总结经验，反思不足，做好整改。

（四）网格化管理，促进服务精细化

黑窑厂社区启动先锋“一二三”党建创新项目，引领党员在履行党员职责、服务周围群众、推进民主自治上争当先锋。为将项目落地生根，形成服务群众提升社区自治的有效抓手，在管理运行上，分别赋予网络中的每个成员相应的工作职责，确定管理员“六报告”（新婚、孕产、出租房、老人、残疾、死亡）、副格长收集并反映、格长协调加处理的任务分解模式，建立起分级负责均有人、渠道畅通有对接和解决事务有权责的工作流程，形成了定人定岗定责的全覆盖、全过程网格化管理体系。社区工作者“入驻网格”，“访、听、解”为民、务实。在活动载体上，以六型社区创建为契机，引导居民共同维护楼门环境，向有意愿的环保志愿者发放小铲，随时清理各自楼门的小广告、残旧标语，组织开展“十佳干净楼门”评选活动，从推荐、评选、挂牌表彰，都是网格内的居民在全程参与，相互帮忙，相互督促，相互提醒，共同的愿望凝聚了大家的心，促进了楼门内事务大家关心、大家参与、大家共享的意识与实践。

三　黑窑厂社区以网格议事提升社区自治能力的借鉴意义

网格化管理是适应社区建设发展、提升社区精细化管理的需要，

是调动社区居民民主自治积极性和推进民主自治进程的有效途径，更是培养和提升社区居民自我服务、自我教育、自我管理能力的有效实践。网格化管理，缩小的是范围，扩展的是民主自治的大视野；网格议事会机制的建立，将“以管理主导”的外管型议事转变为“以服务主导”的主体型议事，切实体现了社区居民才是社区建设主体的观念，体现了社区居民当家做主的主人翁意识，是社区居委会自治功能的精细化探索，是社区党组织坚持党的群众路线、凝心聚力推进社区建设中的有效实践。黑窑厂社区不断完善网格化管理机制的有效运行，使网格化管理真正成为“为民、务实、高效”的社区建设群众路线教育机制，为提升社区自治水平、推进和谐社区建设注入了无尽的生机与活力，给社区的网格化管理提供了很好的典范。

（一）科学合理的划分网格是实施社区自治的前提

对居民的服务和管理是社区网格化管理的落脚点和根本任务，网格的划分应该要以方便居民为宗旨。网格的范围和数量应着眼于未来的发展，根据社区内各种人群的生活和工作习惯、个人爱好和性格等因素，科学合理地划分网格，将社区内的所有公共区域全部纳入网格的划分范围中，不留盲区，实现网格的全面覆盖。西城区将全区划分为 1623 个网格，每个网格责任区按照“基础力量一员一格，专业力量一员多格，响应力量多员一格”的要求配备人员力量，全区 3573 名社区工作者、2200 名综合协管员、31000 名楼门院长、街道的科级以上干部及公安、防火、工商等相关执法职能部门将工作力量下沉到网格。各街道普遍建立了“处级领导包片、科级领导包社区、科员包网格”的“三包”工作机制。各街道结合自身特点，开展多领域、多层次、多形式的多元治理，如老旧小区推行“组织联建、条块联动、服务联做、党群联心”的“四联”工作法，以及社区居民通过网格议事自治解决社区停车和环境问题等，网格成为党组织领导下政府、社会、居民共同治理社会的基本单元，实现社会治理的“网格化”全域渗透。

（二）坚持居民的主体性地位是实施社区自治的根本出发点

陶然亭街道的网格议事模式能够从群众的需求出发，把满足群众的需求作为街道工作的出发点和落脚点。利用开展社区网格化管理的契机，街道将利益共同体组成一个管理委员会，将决定权、话语权、参与权、监督权交给群众选出的代表去行使。网格管理员通过经常走访居民的形式，听取他们在生活中所遇到的困难和不便，做好社情民意的信息反馈。通过面对面的沟通，听取民声了解民意，同时也集聚广大群众的智慧，把社区居民的意见和建议及时整理到社区公共服务信息平台。权力要从看得见摸得着的小事入手，积极培养居民的民主意识。只有把决定权交给居民，才能提高居民参与社区自主管理的意识，把执行权交给政府、市场和社会，才能提高政府为民办实事的服务效能和居民满意度。

（三）基层党组织的社会动员和整合作用是实施社区自治的保障

基层党组织对基层民主自治的领导作用主要表现在其在社区中发挥着强大的社会动员和社会整合作用。当今社会的发展为社会动员和社会整合带来了实现的动力。陶然亭街道加强基层党组织建设，“四个亮出、四个考核”党建创新项目成效显著，激发了社区居民的积极性和创造性，为社区建设培育了雄厚的群众基础，成为提升社区党员教育管理的有效机制。坚持居民群众在社区民主建设中的主体地位，提高社区居民关心、支持和参与的热情，是社区民主建设取得实效的关键因素。只有得到社区广大群众的积极响应和支持，社区民主建设才能有充分的活力和可持续发展的动力。同时，只有政府各有关部门之间实现协调和配合，并充分调动社会各方面的主动性、积极性和创造性，才能实现社区资源的优化整合，促进社区建设工作上下联动和整体推进。街道要善于将党和政府的组织优势与群众的参与热情结合起来，将政府行政调控和社区居民自我管理有机结合起来，实现政府依法行政和社区依法自治的互动运行，形成合力，推动社区民主建设纵深发展。

参考文献

周连根：《网格化管理：我国基层维稳的新探索》，《中州学刊》2013年第6期。

汪习根、钱侃侃：《网格化管理背景下的制度创新研究——以全国社会管理创新试点城市宜昌为样本》，湖北社会科学，2013年第3期。

高孟翔：《我国城市社区网格化管理问题研究》，河南大学，2013。

李岩：《我国特大城市的社区网格化管理模式研究》，电子科技大学，2013。

王名、杨丽：《北京市网格化服务管理模式研究》，《中国行政管理》2012年第2期。

B.13

陶然亭街道社区服务社会化的实践与思考

摘　要：社区是群众工作的一线，服务是群众工作的核心。当前，居民对社区必要服务需求的不断扩大，既对社区服务创新发展提出了严峻挑战，同时也为社区服务社会化提供了机遇。北京市西城区陶然亭街道通过发放优待卡、家庭医生8+3+N模式等方法，在社区服务社会化的道路上进行了大胆尝试与探索。

关键词：社区服务　社会化　群众工作　陶然亭街道

一　社区服务社会化工作开展的背景

随着社区居民群众的物质、文化、生活需求日益呈现出多样化、多层次的趋势，经济社会的发展和居民群众的多方面需要给社区服务提出了新的更高的要求，越来越多的家庭和个人需要自己居住的社区提供必要的服务，而需求的不断增大，就要求社区服务必然要走向社会化的道路，形成社区服务社会化。

（一）社区服务是社会发展的客观需要

1. 社区服务是市场化发展的需要

随着全面深化改革的红利深入各行各业，市场在经济发展中的作用得到进一步加强，市场经济的发展，迫切要求政府转变“大包大揽”的传统管理职能，企业也迫切需要甩掉“办社会”的沉重包袱，形成企业着重抓生产，社区着重抓服务的格局。与此同时，社区服务的发展还可以为企业减负增效提供就业途径。市场经济的发展，居民生活节奏的加快，社区服务活动必然需要转移给市场。

2. 社区服务是人口老龄化的需要

目前，我国的老年人口规模呈现总量扩张、增量提速的发展趋势，应对人口老龄化的负担正逐步加重，一些城市已出现大量老年型社区。2012 年，我国 15 ~ 64 岁劳动年龄人口为 10 亿人，占全部人口的 74.1%；65 岁及以上的老年人口数量为 1.3 亿人，占当年全部人口的 9.4%，比重较 2011 年上升 0.3 个百分点。因此，为老服务成为社会关注的焦点问题，如何满足老有所养、老有所医、老有所乐、老有所伴、老有所学、老有所为的老年人社会需求也是摆在社区服务面前的紧迫任务。

3. 社区服务是家庭结构小型化发展的需要

当前，传统的家庭成员代际多、年龄跨度大、可以优势互补的大家庭或者“三代同堂”“四世同堂”越来越少，家庭结构正逐步走向小型化，家庭服务的部分功能外移到社区。弥补小家庭功能的服务成为摆在社区面前的另一个重大课题。

4. 社区服务是城市化发展的需要

随着我国城市化进程的不断加快，农村人口转变为城镇人口之后对社区服务的需求较大，依赖性更强，这也对社区服务功能提出了更高的要求。完善的社区服务功能不仅包括社区服务产品的供给，还有社区治安、市容市貌、城市交通等一系列问题。

（二）社区服务必须走社会化道路

社区服务发展的社会化道路必须要完成四个方面的转变：一是服务主体由封闭式向社会化转变，服务单位、服务机构、服务设施走向社会，服务社会；二是服务客体由单一性向社会化转变，社区服务要面向社会全体成员，增大社区服务的受益面；三是资金来源由单方面向社会化转变，采取街道办事处和社会资源等多渠道努力，共同出资解决社区服务资金困难；四是服务管理由行政性向社会化转变，积极吸引和鼓励社会组织、社会力量参与社区服务，共同推进社区治理。其重要意义表现在以下方面。

1. 营造社区和谐氛围，构建和谐社会

社区利用辖区内的资源优势，发挥社区组织人才优势，以群众喜闻乐见的方式开展各种文化、体育、教育、娱乐、科普等方面的活动，倡导助人为乐、文明礼貌、遵纪守法、保护环境、爱护公物的社会公德，弘扬男女平等、尊老爱幼、邻里团结、勤俭持家、夫妻和睦的家庭美德，引导形成积极、宽容的社会心态，塑造健康、向上的社区氛围，增进社区和谐。

2. 提高居民广泛参与度，促进民主自治

社区服务是居民参与社区公共事务、公共决策与社区发展的重要途径，有利于社区居民共享社区资源、共商社区事务、共建文明社区，有利于激发居民参与社区事务和公共决策的积极性和提高社区民主自治水平，有利于完善社区服务、志愿者组织、楼门院为基础的社区民主自治机制。社区服务在吸引社区居民参与各种形式的社区活动的同时，使社会责任、民主权利、志愿奉献等观念对居民逐步产生潜移默化的影响，进而使居民感受社区服务的魅力，从而提高居民对社区的认同感、归属感，增强社区的凝聚力、向心力。

3. 拓展居民诉求途径，维护社会安定

社区服务是政府与社区居民联系的重要纽带，社区把居民分散的利益诉求和个人意见集中起来，运用合法合理的途径向政府部门反馈，拓宽居民表达利益诉求的渠道。社区服务在法律咨询、就业指导、社区矫正、社区防范、流动人口服务管理等关系社区和谐稳定中发挥了重要作用，对维护社会和谐稳定具有深远意义。

4. 促使服务向专业化发展，加快民生改善

随着经济社会的快速发展和群众生活的普遍提高，民生问题日益突出，对民生问题的改善投入更大努力和更多精力，是当前和今后相当长一个时期的重要任务。社区积极回应居民最关注、最急需解决的实际问题，有针对性地设定服务项目，根据居民需求开展形式各样的社区服务活动。在利用好现有社区资源的基础上，积极挖掘潜在资源，推进政府规划和建议中的社区服务相关要求落实，大力倡导驻区单位支持社区服务，鼓励居民个人的公益行为，满足社区居民多元化需求，增强社区服务民生福祉能力。

二　陶然亭街道社区服务社会化的内容及成效

（一）以社区为老服务为重要突破口

截至2014年底，陶然亭街道60周岁以上的老年人有12898人，占地区常住人口的29.68%，接近1/3。80周岁以上的有2797人，占老年人口的21.6%。高龄老人也占老年人数的近1/4，其中有失能的、半失能的、残疾的老年人。另外，空巢独居的老人问题比较大，有3189人，占近1/4。这些老人也是街道养老服务工作的重点，街道为老服务是面对所有的老年人，但是身体健康状况良好的、低龄的老人，或者身体好的老人，并不在街道养老服务范围之内。国家已出台各种优待政策，包括有老年证、老年优待卡等，这些老人不是街道工作的重点，他们基本上不需要社区的养老服务，身体好、能自理。街道养老服务工作的重点内容还是空巢独居的、身体不好的高龄老人。为了做好这项工作，陶然亭街道办事处进行了大

量行之有效的探索。

一是积极对接为老服务商。2014 年，陶然亭街道与地区 50 家企业签订了《居家养老（助残）服务协议书》，为地区 1860 名 80 周岁以上老年人、173 名重度残疾人提供餐饮服务、医疗保健、生活照料、文化娱乐在内的各项为老服务，服务人次达到 25000 人。目前，居家养老服务商中餐饮企业 20 家；医疗保健企业 6 家；文化娱乐企业 2 家；便民服务企业 22 家。养老助残补贴结算 210 万元，20 家老年餐桌的建设完成区居家养老中心下达的工作指标。辖区服务商布局趋于合理，基本满足老年人就近享受服务的需求。

二是统筹协调街道为老服务资源。陶然亭街道协调辖区资源，开通包括免费理发、免费洗浴、代换煤气的“三项”为老服务。截至 2014 年 10 月，享受服务的老年人达到 400 人次。

三是建立服务商管理制度建立管理长效机制。陶然亭街道统一制定新的《陶然亭街道服务商管理基本规范》《陶然亭街道居家养老服务单位准入制度》《陶然亭街道居家养老服务规范》，要求老年餐桌服务单位严格执行，确保服务质量；并根据我区“套餐制作‘营养好、口味好、搭配好’、配餐做到‘无菌操作、无菌加工、无菌配餐’”的要求，严格施以规范、监督，对于不合格企业及时责令整改。对于老年餐桌的准入把好关。结合具体工作要求，建立相关服务规范、明确工作职责，宣传服务内容和形式，完善服务记录等各种基础数据台账。

四是保障为老服务资金支持。陶然亭街道社区服务中心向老年餐桌拨付各种市、区级奖励经费 55372 元，用于餐桌购买送餐车等服务设备，方便老年人就餐需求。同时，为鼓励服务商积极开展为老服务，中心向市、区申报了 2013 年北京市居家养老（助残）服务单位奖励 11 个，其中老年餐桌 7 个，其他服务单位 4 个，获奖励 22 万元。经市、区社会建设领导小组检查验收评定，街道“乐陶然”居家养老服务圈被评为2013年度市级一刻钟社区服务圈达标示范点，获奖励4万元。

五是打造为老志愿服务队伍。截至2014年10月，陶然亭街道在北京市社区志愿者管理系统中注册社区志愿者8517人，注册志愿队102支，完成市、区中心下达的志愿者注册率占街道户籍人口的15%的指标。陶然亭街道为突出重点，在注册的志愿组织中精心挑选，成立了一支由清华池、陶然亭卫生服务中心、红土店液化气站、晨晨理发店等30家居家养老服务单位、300名具有专业技能人员组成的“乐陶然”为老志愿服务队，深入敬老院、走进社区、来到老人身边，为有需求的老年人开展入户义诊，上门理发、修脚洗浴，打扫卫生，代换煤气，文体活动等敬老助老志愿服务，形成“专业服务进社区”的长效机制。全年，这支公益性社会组织，举办为老志愿服务活动近30次，受益老人6000人次。

（二）以严格社区社会组织备案复核为服务保障

陶然亭街道为推进社会组织备案复核工作，成立了由街道主管主任为组长，社区服务中心主任为副组长，街道和社区居委会专干为组员的备案复核工作领导小组。及时召开备案复核工作动员大会，按时完成备案复核工作。目前街道已注册社会团体1个——陶然亭街道老年人协会；已备案的各类社区社会组织102个，同期相比，新增1支，组织成员人数6339人，受益人数61256人次。现有社会组织格局为：社区服务福利类24个、社区治安民调类15个、社区医疗计生类9个、社区文体科教类30个、社区环境物业类7个、社区共建发展类17个。公益类社会组织已占全街道社会组织的70%。社区服务中心及时收集、整理各社区社会组织的活动信息及动态，全年市、区级媒体报道街道社区社会组织活动18次。2013年12月社区中心参加西城区民政局组织的年度社区社会组织备案复核评比工作，街道

101 家社区社会组织按时完成备案复核工作，荣获“2013 年度社区社会组织规范化管理先进达标街道”称号。

（三）以开展便民服务为落脚点

1. 签订多方协议，打造便民“菜篮子”

陶然亭街道结合本地区实际情况，深挖潜力，采取多种经营模式，推进方便快捷的“菜篮子”供应服务建设。

一是提升菜市场服务业态，规范管理现有的菜市场。现有规范化菜市场 2 个（太平天和菜市场、四平园菜市场。其中：四平园菜市场为日市的，太平天和菜市场为早市的），便民菜店 2 个（龙泉爱心便民菜店、金泰便民菜店。其中：龙泉菜店为日市的，金泰菜店为早市的），便民流动菜车 2 个（龙泉社区蔬菜直通车、中信城蔬菜直通车），搭载蔬菜经营超市 2 个（金源超市、广联超市），经营总面积达到 4000 多平方米，日均蔬菜销售量 17000 多公斤，蔬菜销售品种近 80 种，基本满足陶然亭地区及周边邻近地区居民的购菜、吃菜需求。

社区服务中心通过与居民、居委会及菜市场经营方等多方接触、共同努力，倾听群众需求、居委会意见，规范管理经营方，先后与太平天和菜市场、四平园菜市场等签订服务管理三方协议，针对目前菜市场经营情况，以太平天和菜市场为试点，提升改造市场，优化经营管理，整顿市场秩序，建设成为一座综合性“百姓生活服务中心”，满足辖区居民多样性、个性化的需求。

二是开通便民蔬菜直通车。对于没有经营场地而居民确实有强烈需求的小区、社区，通过前期社区、楼委会等自治组织的调研、摸底，在 90% 以上居民赞成同意的基础上，社区中心为社区与商务委之间搭建桥梁，通过召开居民代表会、网格议事会等自治自管形式，引进规范化蔬菜直通车，解决部分居民买菜需求。目前，龙泉社区和中信城小区引进的蔬菜直通车是由农垦（集团）农产品营销中心定时负责配送新鲜蔬菜，辐射解决了周边姚家井小区近2000人及中信城小区近4000人的买菜难、买菜远的问题。

社区服务中心与龙泉社区、米市社区、里仁东街楼宇汇、中信城小区物业及农垦（集团）农产品营销中心前期多次沟通，解决菜车停靠、菜品摆放、扰民、占路等一系列问题，还与民政科、整治办、城管监察分队、工商及食药所联系沟通，提前做好各方面协调工作，最终形成蔬菜直通车售菜、社区网格及楼委会日常管理、社区服务中心协调监督、周边百姓得实惠的新模式。

2. 统筹各类资源，丰富公共文化服务

一是积极开展图书健康大讲堂活动。2014年开展图书讲座5讲，内容涵盖老年人心理健康、足部保健、燃气安全、插花、集邮和金融服务等多方面、宽领域，满足不同人群的多方面需求，服务达到600余人次，赢得广大老年居民的热烈欢迎。二是开展“丁香诗会”征稿活动和民间故事征集活动。按照西城区第二图书馆的要求开展征稿等活动，共收到稿件35篇，评选出优秀作品20篇报送区图书馆。三是利用龙泉图书馆的硬件资源，积极推进地区计算机知识普及建设工作。社区中心积极与区图书馆和龙泉社区联系，搭建沟通平台，利用龙泉图书馆数字文化社区的硬件设备，积极推进地区老年人计算机和智能手机上网的知识普及工作。联系区图书馆电子阅览室，在龙泉图书馆开展公益培训，促进龙泉数字文化社区暨数字图书馆的使用和群众认知度，为辖区居民提供了一个集数字图书借阅、网上图书阅览和计算机上网学习于一体的新型学习阵地，全年培训300人次，受到广大居民的热烈欢迎。

三　陶然亭街道探索社区服务社会化的启示

（一）理顺政府与社区的关系是重中之重

进一步理顺关系，明确职责，确定方向。理顺政府和社区关系，实现政社分开。社区改革应聚力行政机构与自治机构、政府事务与社会事务的分离。加强社区自治，探索建立居委会指导监督业委会机制。发挥物业积极作用，创新自治评价指标体系。发挥民政部门在治理体系中的基础作用。加强基础设施建设，把建设美丽社区、平安社区纳入政府工作目标管理，建立长效机制。解决社区硬件建设薄弱问题，通过财政投入、上级民政支持等渠道，利用新、改、扩等多种手段改善社区硬件环境。把农村社区建设纳入城镇化建设整体规划，实现城乡一体化发展。

（二）发挥人才在社区服务社会化当中的关键作用

推进社会工作者队伍建设，用人才发展事业。建议选派优秀干部到社区，提高管理水平。搭建社区人才培训平台，重点培训大学毕业生和再就业人员，支持他们成为社区服务的中坚力量。加强社区服务志愿者队伍建设，营造全社会参加社区志愿服务氛围。建立社会工作者职称评审和对应薪酬体系，吸引优秀人才。

（三）建立社区服务项目库，构建项目包供给机制

设计服务项目包，通过建立项目集成供给机制，满足居民多样化、差异性需求。项目包应包括社区购物、托幼、居家养老等内容，通过公开、邀请招标等方式实现“管理服务”或“服务项目”的整体购买。政府强化监管做好绩效评估的同时，抓好试点逐渐推开，实现人性化服务、规范化管理。

（四）培育发展社会组织，兼顾调动社区资源

政府应建立社会组织孵化器、设立发展基金、降低准入门槛，培育发展包括公益慈善类、服务民生类的各类社会组织，通过社会组织、企业、志愿者等多方力量的参与，推进服务供给社会化、多元化

和市场化。应尽快完善《社区共建实施办法》，提高社区居民归属感。

（五）推进政府购买公共服务，构建商业化服务体系

建议制定《社区基本公共服务指导目录》，建立社区服务框架体系，优化政府“小政府、大社会、大服务”的格局。积极引入市场竞争元素，发挥市场在资源配置中的决定作用，鼓励社会组织或企业以收购、兼并等形式整合分散的社区资源，支持有发展潜力的社区服务组织做大做强。

参考文献

《关于加快我市社区服务社会化的建议》，《大庆日报》2014 年 1 月 13 日。

张竞、莉玉香：《论社区服务的社会化》，《学理论》1999 年第 8 期。

陈世英：《民族地区城市社区公共服务社会化体系构建的策略》，《学理论》2013 年第 33 期。

潘诗扬：《乌鲁木齐市平顶山社区“单位化管理、网格化覆盖、社会化服务”建设情况调研》，《黑龙江科学》2014 年第 8 期。

刘昊宸：《政府购买社区社会化服务的三点建议》，《中国民政》2014 年第 2 期。

徐光瑞、韩力：《我国人口老龄化现状及成因分析》，《中国经济时报》2014 年 4 月 9 日。

陶然亭街道办事处文教科：《2014 年文教科工作总结》。

陶然亭街道办事处社区服务中心：《2014 年社区服务中心上半年工作总结》。

B.14

粉房琉璃街社区创新社会动员机制的实践

摘　要：粉房琉璃街社区针对社区居民的需求，整合社区、社会组织、市场及居民自身资源，成立了社区社会组织“楼宇俱乐部”作为推动社会动员机制的工作载体，共同服务于社区建设与发展，解决社区居民的需求，取得了很好的成效，逐步实现动员手段多样化、动员内容精细化、动员方式网格化、动员力量一体化的目标。

关键词：粉房琉璃街社区　社会动员机制　社区自治　陶然亭街道

一　创新社会动员机制与社区自治

（一）社会动员是社会建设的关键环节

社会动员是政府或社会组织、民间领袖等为实现某一发展目标，通过各种形式的高强度的宣传、发动和组织行动，促使全社会成员形成共同的观念与情感，获得广泛认同、参与和支持，并调动社会组织的潜力和挖掘全社会的资源，经过整合和引领而实现特定目标、任务的社会发动过程。社会动员通过重新配置和整合社会资源，为社会建设创造有利的物质文化环境与服务平台。社会动员能力如今已成为一个国家或政党的“软实力”的重要组成部分，也是一个城市获得核心竞争力和社会凝聚力的重要途径。

在社区的建设和发展中，社会动员是一个动员社区各成员共同努力、积极行动、实现共同目标的过程。从基层工作的视角出发，就是围绕民生需求，从区域实际出发，从居民身边事入手，整合党政、单位、居民三股力量：（第一是以街道、职能站队所、驻区各级单位为代表的党政动员力量，即社会动员体系的核心；第二是以社会组织、地区企事业单位为代表的单位动员力量，即社会动员体系的中坚；第三是以广大居民为代表的社区力量，即社会动员体系的根基），形成社会建设的强大合力，推动社会建设向多元治理转变。

（二）社会动员需要发挥社会组织的作用

社会动员的目的是通过动员广大群众来提高社会服务效能，关键在于能否得到群众的广泛关注、支持和参与。社会组织是社会服务和社会管理的重要载体，是社会建设的中坚力量，应当充分发挥其在社会动员中的重要作用。截至 2014 年 12 月底，西城区共有社会组织 3062 家，其中登记注册社会组织 642 家，在街道和社区备案的社区社会组织 2420 家。这些社会组织数量庞大，种类繁多，活跃度强，涵盖于社会建设的各个领域，是社会动员、社会管理、社会服务的重要资源，是符合新时期社会建设需要的重要力量，必须高度重视、统筹协调和进行有效引导。街道在社区治理过程中，要发挥社会组织和广大群众对社区建设实际工作的热情，积极探索和创新社会组织参与社会动员的有效途径。

（三）社区自治是创新社会动员机制的有效手段

社区是城市最基本的社会组织单元，社区建设一边靠政府，另一边靠社区组织和居民。社区居民自治相对于政府管理模式更能紧密结合社区实际情况，激发居民参与的积极性和自主性，催生社区建设内生动力，因此更能适应新形势对社区建设提出更高要求的需要，成为社区建设的关键动力。近年来，粉房琉璃街社区为积极推进社区自治，深入居民群众中去，认真落实“访民情、听民意、解民难”工程，针对辖区居民的需求，整合区域社会单位资源和公众资源，成立“楼宇俱乐部”，以“满足社区需求，挖掘社区资源、提升互助意识、搭建互助文化”为目标，共同服务于社区建设与发展，共同解决社区居民的需求。

二 粉房琉璃街社区创新社会动员机制的实践

粉房琉璃街社区进一步深化“以需求为导向，以服务为核心，以群众参与为基础，以信息化为支撑，多元主体共同参与”的全响应社会服务管理体系建设，以“满足社区需求，挖掘多方资源，提升互助意识，推进多元主体参与社区治理”为主要内容，不断创新社会动员机制。

（一）成立“楼宇俱乐部”，应对社会力量不足问题

粉房琉璃街社区是平房、楼房混合型的社区，位于南横街北、骡马市大街南，占地0.1平方公里，户籍2190户，5748人，其中60岁以上的老年人1363人，占社区总人口的24%，空巢老人百余户。社区管理的组织力量较弱，社区所承担的职责与社区人员配备、经费来源、基本设施等重要条件不相匹配，以至于部分工作没有相应的机构执行、人员配备不足而影响到任务的完成。在这样的背景下，粉房琉璃街社区曾长期面临着如下问题。

一是社区对弱势群体的服务尚不健全。社区的养老机构无法满足社会老龄化的发展趋势，老年人的医疗保健以及康复基本不能在社区得到很好的解决，老年人就餐等方面都存在问题。

二是为妇女儿童服务的设施较少且处在低端水平。无论是社区中的单位还是居民，他们的社区意识淡薄，对社区的认同感、归属感不强。社区缺乏一定的社会资源积累可供动员群众，多数居民认为社区工作就只是街道、居委会的事，与自己无关，以至于社区的工作成了虚空，群众更不会参与完善社区管理工作。

三是社区举办活动少且面向的对象大都集中在中青年群体。但这一群体绝大多数都忙于自己的工作，因此对活动的参与度和积极性并不高。与青年群体比较，老年及退休群体则有更多的时间可以支配，也更渴望参加一些集体活动，然而针对这部分群体的活动却非常稀少。

随着经济的不断发展，信息的迅速扩散，社区居民多样化、个性化需求不断涌现。然而，社区的服务过于单一，不能满足社区居民对物质、文化和生活日益增长的需求。社区服务基本上处于较浅的层面，便民服务不周到，例如各种菜市场、日用购物点、水果店和维修站等数量较少。

现在，随着大家对和谐健康美好生活的向往和对社区建设意识的日益增强，居民之间较少交流和互动，对社区的认同感归属感不强，参与社区治理的积极性不高，都成为居民关注的热点。面对日趋增长的老年人口比例，切实解决居民养老问题的议题不断涌现，粉房琉璃街社区在此基础上充分运用了社会动员的工作方法，通过整合居民需求、动员居民自身资源为自身及邻里解难帮困提供服务并由区域社会单位开放资源提供服务保障，树立大家资源为大家服务的理念，建立了社会动员的工作载体——楼宇俱乐部，并作为多元主体参与社区治理的平台，发挥民主协商议事和居民相互交流增进感情实现互助的作用。

（二）创新社会动员机制的主要做法

楼宇俱乐部的建立正是通过整合居民需求，以社会资本为核心理念，以社区居民为主要资源提供方和服务受益者，最终形成一种互助式的家庭养老服务模式，这是继动员区域社会单位提供资源为老年人服务之后的一项新的服务形式的探索。

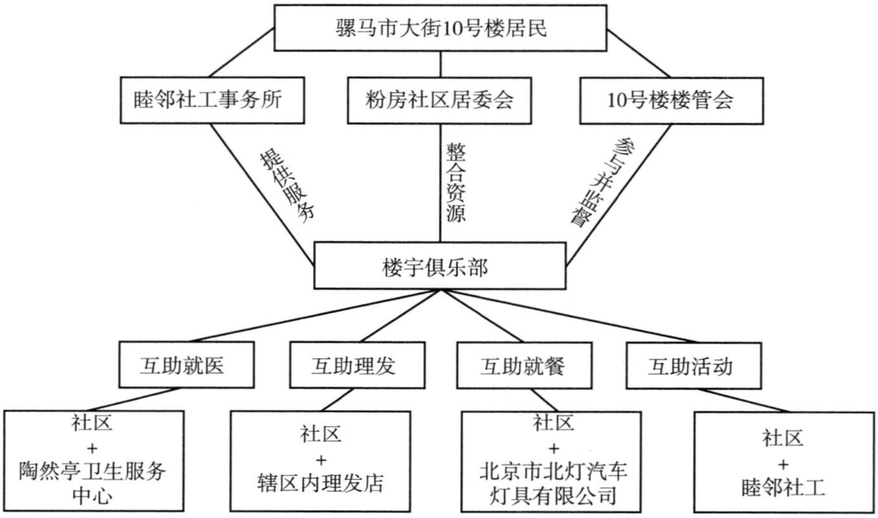

图1　楼宇俱乐部工作模式

1. 推行“小环境”，培养“动员目标”

一是推行并划分“小环境”。不同群体不同居住环境的居民利益诉求都不相同，需要引导启发才能形成统一的共同目标，粉房琉璃街社区按照利益需求相近的原则将社区划分为若干个“小环境”，“小环境”中不同群体的利益更为关联，动员目标更易实现。

社区网格化是将辖区按照一定的标准划分成为单元网格，把人、地、物、事、组织等内容全部纳入其中，实施精细化、信息化、动态化社会服务管理。每个楼门院至少有一位居民担任单元网格责任人，主动了解居民需求和提供服务，变“事后介入”为“事前掌控”，使基层社会管理终端向前延伸，民情信息实现端口前移，使群众工作更加主动。楼门院长网格化的推行，是基层全感知的第一步，每个楼门，甚至每个楼层都是社区网格的缩影，是社区网格化管理中的“小环境”。楼宇俱乐部就是建立在若干个“小环境”的基础上，通过“小环境”中互助式服务模式的培养使居民之间从不熟悉走向熟悉，逐步搭建起邻里互助网络，使邻里关系更加融洽和谐，为社区公共利益和共同目标的形成奠定基础。逐步搭建起邻里互助网络，从而形成基层精细管理的常态化、动态化，为推进网格化的长效管理机制提供土壤。

“小环境”的划分得到居民们的认可后，社区适时根据利益需求引导居民建设“小环境”，开展特色项目创建。居民以楼门院落的“小环境”为单位自愿认领绿色、文化、敬老、和谐、互助等小环境特色并商定公约自觉维护，随着特色小环境的涌现增加，“共有家园，共管共享共维护”的共同目标得以形成。

二是落实“访听解”，把握需求点。社会动员是把社区建设目标转化成社区行动的过程，要实现社区居民积极主动参与整个建设过程，包括制订、实施社区建设计划，拟定社区的发展要求等。动员居民的广泛伙伴合作关系。社区建设中除了公共设施和居民生活水平两个重要的板块外，最重要且薄弱的环节就是共同的价值取向、信任度强的邻里关系、社区自发组织等。然而，这一目标的实现，不仅需要把利益需求相近的“小环境”划分出来，而且需要对这些“小环境”的需求仔细倾听，只有这样才能充分地调动社区居民参与社区建设的积极性和参与度，才能更好地实现社区居民自治。

随着网格化时代的到来，关注“人”的需求越来越成为实现组织战略目标的关键因素。粉房社区把“访听解”作为推行网格化管理服务模式、奠定信息基础的突破口，深入居民家中，聆听群众呼声。在睦邻社工事务所专业社工的指导下，设计、印制了226份调查问卷，社区对骡马市大街10号楼113户居民进行三轮由浅入深逐户走访，全面调查需求。共收集居民在物业管理、就餐、生活服务、出行、就医、环境卫生等问题共五十八条，根据调查分析报告，准确了解到社区老年人在就餐、就医、精神以及基本生活照料等方面的需求呼声最为强烈。通过社区班子召开多次工作思路交流会，社区工作者开放了思路、找准工作定位。

2. 组建社区社会组织，搭建社会动员载体

随着越来越多的居民公共利益和共同目标的形成，社区在小环境的基础上引导成立了社区社会组织“楼宇俱乐部”，其中设立居民需求信息收集反馈和公共事务协商民主议事的两个平台，发挥动员更多居民、更多主体参与社区治理的载体作用。俱乐部由三部分组成，各有职责分工。第一部分由居民公开投票产生的居民代表6名，负责动员居民利用自身资源开展互助服务，由居民无偿提供家庭居室作为活动地点，以邻里间的兴趣活动、就餐聊天、增进了解为主要内容；第二部分派驻社工事务所专业社工2名，负责动员社会力量为居民提供无偿的社会服务和动员居民参与奉献社会的公益服务，由社会志愿者提供的理发、医疗和公共环境、安全秩序维护为主要内容；第三部分社区工作者3名，负责动员辖区内引进辖区外社会单位资源遵循市场规律为居民需求定制的市场服务，由社会单位提供资源解决居民自身和社区资源不能解决的买菜难，老年就餐难等问题，满足居民个性化和多样化需求为主要内容，最终形成社区、社会组织、社工，三社联动的工作模式。目前参与楼宇俱乐部工作的人员由原来的11人发展到百余名，无偿为居民提供服务的志愿者600人次，动员引进的社会单位12家，解决了居民买菜、医疗、老人就餐、安全管理、环境卫生、停车秩序、文化娱乐等居民关心的热点问题，同时激活老旧小区物业一个，扭转了社区老旧小区物业服务缺失、收费难的不良现象，现物业服务不断提升完善，收费率从以前的不足50%，上升到90%以上，形成了良性运转的局面。

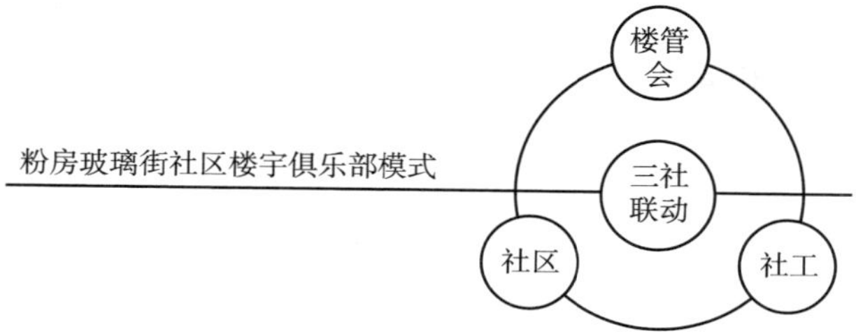

图2　三社联动工作模式

3. 整合资源链，推进多元主体参与的社区自治模式

粉房琉璃街社区党委充分发挥党组织优势，联系、动员、整合多方资源，统筹联动。解决社区和居民自身资源不能解决的问题，营造政府资源、社会资源、社区资源、居民资源有机结合满足居民合理需求互利共赢的良好局面。社区依托俱乐部将居民需求及各方资源采取“一对一”深度访谈的方式进行收集汇总，厘清各方责任义务，利益相关方以民主协商的方式确定事件解决先后顺序及解决方式。面对小区内自行车、汽车无序停放，造成小区秩序混乱这一问题，俱乐部组织居民建立停车自律小组规范停车秩序，先后修建了自行车棚，汽车停车场，从而树立了楼宇俱乐部的威信。随着社区引进辖区外单位资源对买菜、老人就餐难题的解决，激发了居民共同参与公共事务的热情，居民对社区的归属感、认同感不断提高。在此基础上社区提出楼道堆物和小广告整治议题，楼宇俱乐部组织居民户代表集体讨论共议解决办法，居民自己制定长效维护公约，并全部清理楼道堆物，最终实现每个楼层无堆物。此后由街道、物业、居民三方出资，对楼道进行了粉刷并安装了门禁系统。居民们通过社区公共事务的参与，认识到了只有共同参与共同努力才能更好更快地解决问题。通过社区整合多方资源，动员居民集体参与公共事务，使多元主体参与社区自治的模式基本形成。

楼宇俱乐部主要以居民为主要资源的提供方，将其中有意提供场地资源、活动工具及服务项目的居民吸纳为开放户；结合区域社会单位提供送餐和医疗，志愿者提供理发、医疗、咨询等服务保障，产生了1+1+1>3的集聚效应。对接周边有相应需求的老年人，一室多用，开展搭伙做饭、医疗体检、读书聊天、兴趣娱乐等活动，使居民足不出楼享受到生活保障、文化熏陶、情感交流等个性化、全方位、多层次的服务，达到居家养老、便民服务的目的。发挥社区在社会管理中统筹协调、整合资源、服务保障民生的平台作用，组织资源提供方及服务受益者召开供需讨论会，达成服务共识。

4. 组建互助组，倡导互助风

选取有相同需求并相互熟悉的老年人组成各类互助组，组员之间能够提供相应的资源，整合形成互助就餐、互助就医、互助生活等小组，汇集居民智慧和力量，激发了居民参与意识，搭建互助网格，形成“共有家园，共管共享共维护”的精神导向。在互助服务中融入“大手拉小手隔代关怀工作坊”“青春伴夕阳”“花儿朵朵暑期快乐小组”等社区青少年爱老敬老服务及“城市绿洲”“老农计划”“老城新貌摄影展”等社区主题活动，通过与社区其他群体的互动及宣传，加强其他群体对老年群体的认识，培养爱老的社区文化，让居民在楼宇中产生凝聚力和归属感，最终发展成以楼宇俱乐部为主要活动地点，以互助小组为活动内容的家庭养老服务。

（三）依托社会动员机制创新治理模式

粉房琉璃街社区依托社会动员机制，深入探索社区自治模式，实践网格化、精细化管理，激发了社区居民的自我管理、自我服务、自我教育、自我监督意识，增强了居民认同感和归属感，逐步形成符合社区特点的多元主体参与社区自治模式。社区对楼宇俱乐部成立之初和目前的居民满意度做了比较，可看出粉房琉璃街社区的社区自治模式探索取得了显著的成绩。

	楼宇俱乐部建立之初	楼宇俱乐部目前
邻里关系	已有楼房住户无交集生活轨迹，缺乏邻里沟通	互助友善、资源共享、结对帮扶
居民关注侧重点	个人及家庭生活是否满足	公共事务及“大家庭”和谐、便利、舒适、归属感
物业费缴费率	55%	90%
居民满意度	70%	95%

图3　楼宇俱乐部成立初期与现阶段的成果比较

粉房琉璃街社区主要从以下四个方面增强了居民对社区的归属感和认同感，调动居民共同参与社区建设中。

1. 树立互助理念共识

在楼宇俱乐部中，除了透过志愿者为老年人提供服务外，亦着重培育服务接受者转化为参与者以及资源的提供者，鼓励贡献个人力量，帮助别人服务自己，激发了居民之间自主互助的共鸣，居民生活“共同体”概念深入人心。

2. 科学规划实施路径

订立楼宇俱乐部项目具体实施目标，对项目调研期、实施期、评估期进行了专业设置与规划。在工作内容、形式、方法、载体上都有详细解释，通过科学制定发展规划，保证了楼宇俱乐部循序渐进、良性运转。

3. 构建资源要素网络

通过绿色楼层、文化楼层、和谐楼层、邻里互助楼层等特色楼层创建活动，不断扩大延伸“小环境”数量与规模，为楼宇俱乐部增容。整合社区、楼宇资源和社会组织体系中的专业社会服务资源，培育、引导以社会力量为主体的社会协作服务网络和居民自我服务网络日趋完善。

4. 区域多元主体参与

楼宇俱乐部充分利用发展社区强项，以社会为本位，以多元参与为核心，以动员单位和居民共同参与为着力点，提升了社区居民、青少年、区域社会单位服务社区的积极性和参与性，推动了社区老年人、青少年、区域社会单位、社会组织以及社区之间的相互沟通与联系，促进了社区不同群体间相互融合，从而发展一个关怀互信、融洽和谐的社区。

粉房琉璃街社区充分依托社会动员机制，探索出楼宇俱乐部新模式，实践网格化、精细化管理，取得了明显成效，但还存在人员不足、资源不全、成员矛盾等诸多方面的难题，仍在解决和探索之中。

三　粉房琉璃街社区创新社会动员机制经验与启示

社区建设是社会主义和谐社会的基础，是加强和创新社会管理的必要途径，是有效化解各种基层矛盾的有效调节器。粉房琉璃街社区很多有效的探索与尝试极大地推进了社区的良好发展，并为社区的规范化建设带来很多有益的经验启示。

（一）深入了解民意，围绕解决民需

只有深入居民当中，了解他们的生活需求、困难以及对社区组织或是基础设施等社区建设提出针对性的建议，才能对社区建设提出针对性的措施。当居民的利益诉求在一定程度上得到重视和反馈后，他们才会积极地投身其中，参与社区建设的各类工作和活动。只有这样，才能为依托社会动员机制，探索社区自治模式奠定群众基础。

（二）规范服务标准，建立保障机制

努力效仿和继续丰富楼宇俱乐部的保姆功能，壮大保姆志愿服务队伍。进一步从物业服务、车棚改造、院内路面整修、学生课后托管、计生服务、心理健康等方面征求居民群众意见、建议，引导居民自治，使网格化管理模式在社区服务管理中实现社会服务“零距离”、社会管理“全覆盖”、居民诉求“全响应”。建成群众广泛参与、管理规范有序、服务优质完善、环境整洁优美、生活便利舒适、治安秩序良好、人际关系和谐的楼宇社会单元。

（三）扩大共享资源，鼓励社会参与

找准社区发挥基础性作用的载体和抓手，从实际出发，充分发挥党的组织优势，统筹联动、因地制宜的挖掘出社会资源、辖区单位资源、居民自身资源中可利用的元素，将这些元素与社区自身需求有机结合，营造了以党建带共建、互利共赢发展的新局面，促进以“条块结合、资源共享、优势互补、共驻共建”为特点的“开放式”的党建工作新格局。

在社区建设和管理工作中，应该巩固基础、放大优势、务求实效。着重做好引导居民自治，努力建成群众广泛参与、管理规范有序、服务优质完善、环境整洁优美、生活便利舒适、治安秩序良好、人际关系和谐的社会单元。

参考文献

周瑛：《社区建设社会动员机制研究》，《中国民政》2013 年第 7 期。

魏娜：《城市社区建设与社区自治组织的发展》，《北京行政学院学报》

2003 年第 1 期。

栾盛磊、赵媛：《加强社区建设创新社会管理》，《山东行政学院学报》2014 年第 1 期。

尹宝华：《社区建设创新与社会管理》，北京：知识产权出版社，2012 年第 7 期。

贺书霞：《养老资源社会动员的框架分析》，《社会科学辑刊》2014 年第 1 期。

朱敏：《国社区自治的有益做法》，《浦东开发》2014 年第 3 期。

吴金沙、孙玉婷、邹文平：《“居民领袖”实现嘉兴社区自治》，《社会与公益》2014 年第 10 期。

缪自锋：《社区自治：我国基层民主政治的新发展》，《中小企业管理与科技》（中旬刊）2014 年第 1 期。

B.15

陶然文化研究会：一个以社会力量推动公共文化建设的典型案例

摘　要：文化是地区共同体的灵魂，是地区发展的软实力。陶然亭街道坚持把陶然文化建设纳入“实现区域化整体发展，共创陶然式美好生活”的目标框架中，通过创办陶然文化研究会，将“办文化”与“管文化”结合起来，将政府的主导作用与社会在地区文化发展中的主体地位统一起来，将陶然文化研究会打造成地区文化的收集、整理、开发、研究、展示平台和地区文化人才汇聚、文化事业发展的基地，取得了良好的效果。

关键词：陶然文化　陶然文化研究会　文化品牌建设　陶然亭街道

文化是民族的血脉，是一个国家的象征与体现。它既是一个国家的软实力，同时也是一个国家的硬实力。文化建设是物质文明建设的重要手段，也是提高居民思想道德水平和城市文明程度的先决条件。深入挖掘传统文化内涵，弘扬中华民族传统美德，发展社会主义先进文化，对实现中华民族伟大复兴具有强大的推动作用。

一　“陶然文化”的历史与现状

（一）陶然亭地区承载3000年北京的历史记忆

陶然亭地区地处北京城的西南部城根一带。这里地势低洼俗称

“南下洼子”。清康熙年间工部郎中江藻监理黑窑厂，他在慈悲庵里修筑了一座小亭，名叫陶然亭，系全国四大历史名亭之一。于是人们又以“陶然亭”为这一地区的代称。1952年始建的公园和1955年设置的街道办事处都以“陶然亭”为其命名。陶然亭地区方圆2.14平方千米，这里是老北京的文脉，历史源远流长，承载着乡愁记忆，是5.6万陶然人宜居的沃土，幸福的家园。

陶然亭地区地处北京的西南部属于永定河中游水系的南通道。这里地势低洼、河渠纵横、湖泊众多，是一片荒野湿地。夏商时期这里便有人居住生活。明朝大将军徐达主持修建北京城，将元大都从北向南缩减了五里。永乐四年修筑内城和皇宫，嘉靖四十三年修筑了外城，形成如今的京城格局。明时把新修的南城（外城）划分成七个坊：正东坊、正西坊、正南坊、宣南坊、宣北坊、崇南坊、崇北坊。陶然亭地区隶属宣南坊。这里虽属北京城内，但是地处外城的南城根，并不发达。主要街巷是一条贯穿东西的大车道——南横街和几条南北向的小胡同。在大片的荒野废墟上有一座京城著名的窑厂——黑窑厂。黑窑厂北至南横街，南至南城根，中间有一座天然的土岗，高三丈余东西绵亘百余米，人称窑台。因长期烧窑取土造成地势低洼、积水成泽，呈现塘泽错落、林茂树密、芦苇青葱、飞鸟戏水的自然风光。加之这里的寺庙、园林、会馆众多，成为官宦、士人郊游、聚会、休憩的场所，士人文化在这里蓬勃发展起来。

民国时期，士人文化走向没落，陶然亭地区的寺庙、会馆均已颓废，荒野和坟场占据了大部分土地，穷苦的老百姓居住在破旧的砖头平房之中，过着饥寒交迫的生活。荒凉而萧条的陶然亭地区成了革命者从事隐蔽活动的场所。在破旧的寺庙、会馆中，简陋的平房小院里埋藏着许多可歌可泣的革命故事。

新中国成立后陶然亭地区发生了翻天覆地的变化，拓宽了街巷，建起了楼房小区，健全了城市设施，创建了风景秀丽的陶然亭公园。

陶然亭地区犹如北京国际化大都市中一块绿翡翠，一处宜居的家园。陶然人正在这片热土上努力开创美丽、和谐、幸福的新陶然。

（二）陶然文化是宣南文化的重要组成部分

北京的宣南泛指今宣武门外至广安门内外一带，自明清以来，士人文化与平民文化在此蓬勃发展，形成了集通俗、儒雅、华丽于一身的宣南文化，并与皇城文化鼎足而立，促成了明清两代北京的空前繁荣。

“宣南文化”一词最早出自于1995年由时任宣武区委书记刘敬民撰写的《关于继承发展“宣南文化”的调研与思考》一文，该文首次明确提出了“宣南文化”，并得到学术界的广泛共识。文中还将宣南文化的主要内涵分为八个部分：以大栅栏地区老字号店铺为代表的传统商业文化、以琉璃厂为代表的京城士子文化、以天桥为代表的老北京民俗文化、以牛街为代表的回族文化、以京剧为代表的戏曲文化、以各地会馆和名人故居为代表的会馆宅邸文化、以民间诸神为内容的坛庙文化、以鲁菜和回民小吃为代表的饮食文化。之后加入了以大观园为代表的红楼文化，自此构成了“宣南文化”的九大系列。

从本质上来说，“宣南文化”是老北京文化的缩影和精华，而以会馆文化、庙宇文化、戏曲文化和爱国文化为主要内容的陶然文化则是“宣南文化”的重要构成。既有始建于嘉庆十二年（1807年）的湖广会馆成为重要旅游资源，也有现代的北京湖广会馆和北京戏曲博物馆等将中国会馆文化、旅游文化、戏曲文化、茶文化、饮食文化融合发展，打造集演出、博览、餐饮、聚会休闲和对外文化交流于一体的多功能文化场所。当代中国最负盛名的国家艺术院团之一——中央芭蕾舞团的驻地就在陶然亭街道。以中国近代史上第一位睁眼看世界的民族英雄林则徐为代表的一大批著名的爱国人士——龚自珍、黄爵滋、康有为、梁启超、谭嗣同、孙中山、李大钊、毛泽东等人都在陶然亭的热土上留下深深的足迹！

令人可喜的是，历史上爱国主义理念一直在陶然亭地区传承。自2002年以来，陶然亭街道坚持“道德建设从孩子抓起”的工作方针，把中国传统文化、中华传统美德和以爱国主义为核心的民族精神相结合，提出“责任、爱心、诚实、守信、宽容、礼让”六种品德。有上万名社区青少年参与社区教育活动。涌现了数百人的“社区好少年”“六德青少年”“爱心青少年”。爱祖国、爱人民、做“六德”好少年在陶然亭地区蔚然成风！坚持多年的“六德”教育活动为陶然文化输进了新鲜的血液，不仅丰富了陶然文化的思想内涵，而且更加彰显了陶然文化的时代价值。

（三）陶然亭街道的文化发展战略

1. 学习型街道提升软实力

2008年，陶然亭街道正式启动学习型社区先进街道创建工作，坚持把促进地区文化繁荣、社会文明作为学习型组织建设的目标，把推动社会服务管理创新作为学习型组织建设的重点，把社区教育作为加强社区建设的基础，努力创造团队学习的条件。创建学习型街道，可以更好地契合历史文化脉络，发挥文化资源优势，实现文化支撑、精神引领，满足广大人民群众精神文化需求。

街道统筹整合地区教育资源，在西城少年宫挂牌成立了规范化的社区教育学校；动员学校、机关、文化单位等部门开放学习资源，为社区群众提供各类学习服务；建立了湖广会馆、陶然亭公园等26家市民终身学习服务基地，开展了讲堂、学习吧、论坛等多种形式的教育培训活动；在《陶然之窗》网站上建立了“学习超市”，为社区居民提供个性化自主学习“菜单”，增强了学习的自主性和灵活性。

几年来，创建工作提高了干部群众的学习力、思考力、创新力、发展力，提升了机关干部和地区居民的综合素质，营造了安定祥和的发展氛围，引领了地区经济和各项社会事业的全面发展。截至目前，街道 8 个社区全部被评为西城区创建学习型社区先进单位，创建达标率为 100%。

2. 特色文化品牌彰显影响力

（1）以“陶然杯”地书大赛为代表的群众文化品牌活动深入人心。街道已成功举办了十届“陶然杯”地书邀请赛，制订了《北京陶然地书协会章程》，设计推广了陶然地书协会 LOGO，陶然地书被评为“北京市群众文化活动十大创新项目”之一，作为一项群众性文化活动，群众参与是地书活动最大的特色和亮点。广大地书爱好者每天汇集于陶然亭公园，以地面为纸，以清水为墨，拿着大号的“书法笔”在地面上挥毫泼墨，展示着平日苦练的成果，同时展示着中国传统文化技艺。通过为广大爱好者提供地书技艺交流、研讨的场地，以及配合承办“陶然杯”地书邀请赛，公园向游客推广书法艺术、普及书法知识，使地书艺术得以发扬光大，地书活动正朝着组织化、专业化、规模化的方向发展。

（2）“六德教育”探索出了一条行之有效的未成年人思想道德建设新路子。街道于 2002 年开始进行“六德教育”，提出“道陶然六德，得文明之道”的内涵，将“忠孝诚信、礼义廉耻”等中华传统美德与公民道德建设行为规范紧密结合，将其归纳为“责任、爱心、诚实、守信、宽容、礼让”等六种道德品质，使其成为青少年自觉遵从的道德规范和行为准则。经过多年的探索实践，设计形象标志，提出了社区青少年“全方位、社会化”的大教育模式，构建了学校、家庭、社会三位一体的“六德”青少年儿童成长教育体系，坚持体验式教育，立足实践，知行合一。为使“六德”教育成为社区青少年道德建设可持续发展载体，街道系统思考、系统规划，结合不同时期、不同形势的要求，分解六德教育具体目标。分阶段、有步骤、按次序地推出工作载体和工作措施，使社区青少年较为系统全面地接受道德教育。

(3)举办风筝春花节，弘扬并传承了民族文化。早在二十世纪三四十年代，陶然亭公园内的窑台就已经是北京南城百姓放风筝的聚集地。时至今日，广大市民在每年清明前后来陶然亭公园放风筝的民俗仍在延续。为了弘扬传统风筝文化，为风筝爱好者搭建交流风筝技艺、相互学习的平台，每逢清明节日期间，街道都会举办风筝文化节，其中有风筝展示、风筝艺人现场扎制表演、家庭亲子趣味活动等，风筝春花节的举办不仅充分调动了群众的积极性，动员公众广泛参与其中，还让群众感受到民族的传统文化，共享陶然美好生活。

3.“陶然式生活”凝聚发展力

陶然文化建设的发展是陶然式美好生活的重要支撑，陶然式美好生活是街道立足社会发展趋势，在新的历史起点上进行跨越发展，创造城市美好生活的目标追求。这个目标的提出，主要基于以下三点原因：一是陶然与街道的名称密切相关，而且有历史渊源。“更待菊黄家酝熟，共君一醉一陶然”，体现了中国古代诗人对陶然美好生活的向往。二是能更好地契合历史脉络和文化资源优势。街道拥有“陶然亭”深厚历史文化的积淀，中央芭蕾舞团等艺术团体聚集的特征，又有陶然地书、“六德”教育等众多社会公益活动的展现。三是对接区创造城市美好生活，努力建设“活力、魅力、和谐”新西城的奋斗目标。追求陶然式美好生活是对区奋斗目标的具体落实和实践体现，也是广大居民群众对幸福家园的要求和期盼。

共创陶然式美好生活，就是要通过区域化整体发展这一实践途径，逐步实现美好生活“四优”目标，即：优美的城市环境、优质的民生保障、优雅的文化品质、优良的道德风尚。

优美的城市环境，是社会发展的品位形象。体现管理有序、服务完善、文明祥和。城市管理精细化水平全面提高，城市功能日趋完善，营造出“共驻、共建、共治、共享”的城市管理文化。

优质的民生保障，是社会发展的根本归宿。体现民生保障、社会服务事业不断完善，社会管理格局基本形成。发展成果更加广泛、更加均衡地惠及居民群众，社会和谐发展不断巩固。

优雅的文化品质，是社会发展的精神追求。体现文化事业和文化产业协调发展。公共文化服务体系基本建立，居民群众的科学文化素质不断提高，历史文脉和时代特色不断融合，社会发展软实力不断提升。

优良的道德风尚，是社会发展的文明塑造。体现社会公德、职业道德、家庭美德、个人品德进一步弘扬。社会主义核心价值理念深入人心，居民的思想道德品质、科学文化素质、身心健康素养和社会责任感明显提高。

共创陶然式美好生活，归根结底就是要使广大居民群众不断培养形成感恩知足的精神境界，力求营造美满幸福和谐的生活环境，过上殷实富足的现代化生活。

二　以陶然文化研究会为抓手推动陶然文化建设

为了弘扬陶然文化，2014 年 9 月 23 日，陶然亭街道陶然文化研究会第一次会员大会圆满召开。会议通过了《陶然文化研究会章程》的决议，宣读了第一届理事会、常务理事会和会长、副会长、秘书长名单，以及陶然文化研究会今后三年主要工作任务。此外，研究会将积极推进陶然文化创新发展，在深入挖掘和阐释上下功夫，把最终落脚点放在引导人们向往和追求讲道德、尊道德、守道德的生活上，注重整合辖区文化资源，发展培育社区文化组织，推进楼门院文化建设，协助促进公共文化服务。

（一）陶然文化研究会概况

陶然文化研究会是以西城区陶然亭街道办事处为依托，由有志于陶然文化发展事业的单位和人士发起、成立的非营利性民间组织。它由单位会员和个人会员组成；其宗旨是遵照国家宪法、法律、法规和政策，以社会主义核心价值观为引领，以共创陶然式美好生活为目标，团结和组织地区广大居民、文化工作者与积极分子，为推动区域化整体发展做出积极贡献；其主要任务是挖掘陶然文化，延续陶然文脉，弘扬陶然精神，打造陶然符号，彰显陶然魅力。陶然亭文化研究会覆盖范围广，影响深远。

一是组织单位和个人会员分门别类收集、整理和挖掘地区历史文化，形成以红色文化、会馆文化、名亭文化、胡同文化、戏剧文化、地书文化、“六德”文化、民俗文化等为代表的特色陶然文化谱系。

二是动员广大居民积极开展能够承载区域历史和文化记忆，能够唤起人们美好回忆的老照片、老物件和老故事征集活动，梳理出地区内具有重要文化影响和历史传承的文化“名片”。

三是开展“陶然文化漫谈”、“陶然人话陶然”以及学术研讨、走访观摩、文艺创作和展评等系列活动，动员社会力量投身地区特色文化建设。

四是参与陶然亭街道陈列室建设，以文字、图片、声光、实物等形式，全面反映和展示地区历史沿革、城市发展、特色文化，激发地区居民的归属感、认同感和自豪感，坚定实现“中国梦”“陶然梦”的信心和决心。

（二）运行机制与成效

无规矩不成方圆，机构的发展务有必要在章程约束内进行，只有如此才能确保机构的良好有序运行。研究会要根据《陶然亭街道陶然文化研究会章程（草案）》等对陶然文化研究会会员准入条件、组织机构设置及职责规范等进行规范，确保运行机制法制化、规范化、有序化。

1. 加强组织领导，注重协调配合，高起点统筹街道文化研究工作

2014 年 3 月 25 日，经街道工委、办事处同意，陶然文化研究会成立。研究会注重与宣南文化研究会、社会科学界联合会的沟通工作，由工委委员、武装部部长亲自挂帅，坚持每月召开专题会议，制定工作方案，明确工作职责，对于任务的分解和措施的落实，街道提供了各项资金保障并定期召开研究会成员会、社区联系人会、相关科室协调会、座谈会等，反复研究、持续改进，使工作落实更加科学完备，逐渐形成了上下通气、横向联动的良好格局。

2. 围绕街道工作大局，坚持边筹备、边开展工作，稳步推进陶然文化研究会工作

一是全面启动日常工作。经街道工委、办事处研究决定，于 2014 年 9 月 23 日召开了“陶然文化研究会第一次会员大会”会议通过了《陶然文化研究会章程》的决议，通过了第一届理事会、常务理事会和会长、副会长、秘书长名单，以及陶然文化研究会今后三年主要工作任务。街道在机关科室和会员中分组收集和整理陶然文化史料，开展能够承载区域历史和文化记忆的老照片、老物件和老故事征集活动。

二是活动开展步入常态化。街道定期组织研究会成员召开座谈和社区召集人会议，布置工作，提出问题，落实工作；不断走访北京市职工文化协会，组织会员参观宣南文化博物馆，了解有关陶然亭地区的历史；积极参与“六德”阵地建设，研究会成员协助开办 4 课讲堂和龙泉社区百姓书画作品展。街道聘请老师为学员们主讲“欧阳询楷书三十六法”，为书画爱好者搭建了良好的学习和交流平台。街道定期举办“陶然文化讲座”，进一步帮助陶然人了解本地区的历史文化。

三是制度规范基本建立。研究会成立后及时召开了常务理事第一次会议，会议讨论部署了陶然文化研究会近期工作，常务理事人员工作分工；成立了文史收集组、学术研讨组、文宝外宣组、社区文化组、秘书通联组五个工作组，更好地挖掘历史，运用资源，传承陶然

文化；研究通过了陶然文化研究组织管理制度、会议制度、学习研讨制度、培训制度、会员管理制度、档案管理制度等工作制度的规定，为开展工作奠定了基础。

陶然文化词条经过反复修改，研讨、论证，讨论稿基本形成，从陶然文化诠释、陶然文化溯源、陶然文化荟萃三个大标题到二十三个小标题进行汇编。挖掘整理这些具有深厚底蕴的文化遗产可以丰富宣南文化内涵，使之更好地为当代的政治、经济、文化、民生服务，使人们对地区的历史文化有了基本了解，对陶然文化的精神内涵和时代价值有了基本的认识。

（三）存在问题与建议

一是抓好研究会成员队伍学习培训。由于研究会会员缺乏切实可行的工作经验，工作思路不清晰，机制建设不完善，研究会的基础准备工作尚不充分，导致会员在实际工作中不能形成良好的工作模式。这就需要街道制订会员学习培训计划，采取集中学习和分散自学相结合，“请进来，走出去”学习相结合，形成学习研讨工作的制度化，提高研究会成员工作水平。

二是不断提高研究会自身建设水平。由于陶然文化研究会刚刚成立，其会员数量少，职责分工不明确，会员的工作效率和工作方法有待提升。这就需要研究会在收集整理相关历史资料的基础上，点面结合，搞好辖区文化资源调查，进一步摸清工作底数，制定和落实好近期和中长期发展规划。要坚持少说多做，埋头苦干，理事会要率先垂范，常务理事会要履行好职责，确保研究会各项工作正常运行。要严格执行上级要求、相关法律、社团规定和本会章程，不断发展吸收会员，开创民主办会、科学办会、依法办会和服务居民、服务社区建设、服务区域化整体发展的新局面。

三是抓好文化史料收集整理工作。街道宣传部、团工委、文卫科、史志办等相关科室和各社区要配合进行，主要担负对特色历史文化的收集整理工作和老照片、老物件、老故事的征集工作，形成以红色文化、会馆文化、名亭文化、胡同文化、戏剧文化、地书文化、“六德”文化、民俗文化等为代表的特色文化谱系；动员广大居民积极开展能够承载区域历史和文化记忆，能够唤起人们美好回忆的老照片、老物件和老故事征集活动，梳理出地区内具有重要文化影响和历史传承的文化“名片”，为建设陶然文化博物馆做好准备。

四是推进陶然文化创新发展。利用《陶然之窗》宣传阵地，大力宣传陶然文化研究会历史文化和现代文化，深入挖掘辖区文化资源，调动辖区单位和广大居民的积极性、主动性、为区域化整体发展建言献策，实现陶然式美好生活的梦想。编写“陶然文化市民读本”、筹建陶然文化陈列室、举办陶然文化展活动，汇编“陶然文化专刊”引导人们向往和追求讲道德、尊道德、守道德的生活上，让陶然文化发展的成果更多地惠及社区广大居民。

三　陶然文化发展的几点启示

在推动地区公共文化事业和创意文化产业发展过程中，街道工委、办事处到底扮演什么角色，如何找准工作定位，是一个值得研究的重要问题。党的十八届四中全会提出要充分发挥政府和市场两个作用，而在地区公共文化事业和创意文化产业发展过程中，政府必须在“政事分开、政企分开”的框架下站准位置，找准发力点。陶然亭街道组建陶然文化研究会并通过这个研究会来推进地区文化发展的做法，对基层公共文化发展的启示是多方面的。

（一）街道在推动陶然公共文化建设方面是战略规划者

街道在明确界定陶然公共文化建设的内涵及范畴的基础上，既要充分调研、分析文化产业对经济发展的贡献与潜在动力并制定文化产业战略发展规划，又要做好文化发展的“顶端设计”，有效配置社会资源和各种力量，动员辖区单位和党员群众，积极投身实现共创陶然式美好生活的实践中来。

街道要不断转变思维角度和工作方式，力争在服务群众的同时，不断激发群众的文化追求，提升人文素质，这也符合十八届三中全会提出创新社会治理体制要强化道德约束、规范社会行为和加强社会自我调节的要求。

（二）街道在推动陶然公共文化建设方面是统筹协调者

为了推动陶然公共文化的建设发展，一方面要明确政府在发展区域文化产业中的功能定位，发挥街道办事处和相关职能部门的组织协调作用，形成各司其职且相互联动的工作机制，实现政府对文化产业发展的有效指导和统筹协调；另一方面要在政策、资金和人才保障上下功夫，政府内部机构之间的政策要做到统一协调，加强政策制定的针对性和可行性，提高政府工作效率和质量。此外，街道还应积极创新公共文化建设体制机制，建立政府主导、非政府公共部门和各种行业性文化联合组织积极参与、统分结合的分级管理机制，形成合力，共同推动陶然公共文化事业发展。

（三）街道是陶然公共文化发展环境的营造者和保障者

街道要强调协会等社会组织在文化发展中的作用，开展各类学习型组织创建活动和优势资源互补行动，街道、社区以及街道内机关、学校、医院等事业单位，要充分发挥文化、教育、医疗、环保、科普等资源优势，全面开展公民道德教育、学前教育、文化艺术普及、技能提升、普法宣传、消防安全、卫生保健等教育培训，不断满足居民群众、流动人口和区域内单位职工的教育需求。街道在开展地区教育培训机构支持制度方面做了很多努力，建立了“未成年人‘六德’教育专项活动资金”，开展慰问教师和表彰优秀社区教育志愿者等活动。这些举措不但为构建陶然亭地区终身教育大格局奠定物质基础和资金保障，也保证了陶然公共文化的可持续发展繁荣。

（四）街道是陶然公共文化产业发展的服务者与推动者

街道要加强文化的基础研究工作，培养文化工作者队伍，整合区域文化资源，通过对社区教育学院陶然亭分院二部和陶然亭地区社区教育学校这两个终身平台的搭建，奠定了构建终身学习服务体系的基础，建立健全街居两级市民终身学习服务体系，整合八个社区市民学校资源，打造了社区居民教育学习的服务平台。

街道不断提供居民文化教育培训、文化接触的场地和资源，推进文化创意产业的发展，营造浓郁的文化氛围，形成独特的陶然区域文化品质。文化建设是一个长期工程，在支持建设的过程中，需要社会各种力量的参与才能将这份事业做长做好，才能把陶然文化进行宣扬与传承。

参考文献

《北京陶然亭公园》，艺龙旅游网，2014 年 4 月 16 日。

《北京西城陶然文化研究会成立　宣传陶然文化》，中国文明网，2014 年 10 月 11 日。

陶然文化研究会筹备组：《关于规范和加强陶然文化研究会建设的意见建议》，2014 年 5 月 4 日。

陶然文化研究会：《2014 年主要工作情况及 2015 年工作要点》，2015 年 5 月 4 日。

B.16

陶然亭街道构建“家庭医生”式公共卫生服务模式

摘　要：以保健服务为核心功能的“家庭医生”式卫生服务模式，是欧美发达国家成熟的公共卫生服务模式，实践证明也是我国特大城市解决老百姓看病难、看病贵问题的有效办法。陶然亭街道在推进家庭医生式服务过程中，将社区治理理念引入公共卫生服务，整合资源，医卫联手，社区与专业机构共同推进居民健康管理，不断提高服务质量和技术水平，为居民提供优质的卫生保障，其做法值得借鉴。

关键词：社区卫生服务中心　家庭医生式服务　公共卫生　陶然亭街道

随着我国经济社会的快速发展，人民生活水平不断得到改善，传统的医疗观念也发生着改变，从过去以治疗为主要目的的功能定位向疾病预防跨越，是适应人们个性化医疗保健需求的必然趋势。目前，家庭医生、私人医生等医疗服务模式在我国一些城市和地区逐渐流行起来，一些街道和社区还引入了“家庭医生”式公共卫生服务模式，取得了很好的效果。

一 “家庭医生”式服务创新社区健康管理新模式

“家庭医生”式卫生服务模式是以家庭医生为核心，以全科医生、社区护士、预防保健三类人员组成的社区卫生服务团队为支撑，通过与社区居民签订协议，促使具备家庭医生条件的全科（临床）医生与签约家庭建立起一种长期、稳定、和谐的朋友式服务关系，引导居民有健康问题首先想到签约医生，以便对签约家庭的健康进行全过程的维护，为签约家庭和个人提供主动、安全、方便、有效、连续、经济、综合、个性化的健康管理服务、基本医疗服务和基本公共卫生服务，有效地促进分级诊疗、有序就医、双向转诊格局的形成。

20世纪60年代起，欧美发达国家基于“家庭为卫生保健中心”的理念，普遍开展“家庭医生”式服务。在美国，大部分的医生和保险公司都有合作关系，每个家庭参加医保时都需先选择一位保险公司的医生名册总列出的医生，作为以后固定的家庭医生。运行的程序是家庭成员有疾病的情况下先由家庭医生诊断，再由家庭医生决定是否到医院进行治疗。

我国的“家庭医生”式卫生服务从2009年新医改开始倡导，2011年北京市试行家庭医生式服务，截至2013年底，北京市社区卫生服务机构家庭医生式服务累计签约413.3万户，891.7万人，接近全市户籍人口的50%。因此，“家庭医生”式卫生服务是落实医改政策的体现，是基层服务模式的转变。随着家庭医生式服务模式的不断完善，首都居民至社区卫生服务机构就诊时，即可享受到具有特色的、区别于传统诊疗的新模式。

二 陶然亭街道推进“家庭医生”式服务的主要做法

陶然亭地区人口密度大，老龄人口多，但医疗卫生资源匮乏，医护人员严重不足。陶然亭街道辖区面积2.14平方千米，分为8个社区，有街巷63条。截至2014年底，街道户籍人口5.6万人，常住人口4.4万人，流动人口1.2万人。地区现有10家中央级单位和62家市、区属单位。辖区有综合医院2家，其中国有一级医院1家，民营二级医院1家；民营专科医院3家；社区卫生服务站4家；三级综合医院、妇幼保健院、养老机构为零。陶然亭社区卫生服务中心要承担起陶然亭地区5.6万户籍人口，1.2万流动人口的基本医疗和公共卫生服务工作，服务工作任务重、难度大。街道工委、办事处一直对卫生工作高度重视，专门成立陶然亭街道社区卫生工作领导小组，定期研究地区公共卫生服务事业。

表1　陶然亭街道医疗卫生资源情况

<table>
<tr><td rowspan="6">综合医院</td><td>一级医院</td><td>1个</td><td>病床数</td><td>0</td><td>床位占用率</td><td>0</td><td>平均门诊量（人/次）</td><td>400</td></tr>
<tr><td>国有</td><td>1个</td><td rowspan="2">主治医师以上医务人员</td><td rowspan="2">25人</td><td rowspan="2">主管护师以上医务人员</td><td rowspan="2">8人</td><td rowspan="2">药剂师以上医务人员</td><td rowspan="2">2人</td></tr>
<tr><td>民营</td><td>0个</td></tr>
<tr><td>二级医院</td><td>1个</td><td>病床数</td><td>400张</td><td>床位占用率（%）</td><td>75.04</td><td>平均门诊量（人/次）</td><td>2477.65</td></tr>
<tr><td>国有</td><td>0个</td><td rowspan="2">主治医师以上医务人员</td><td rowspan="2">156人</td><td rowspan="2">主管护师以上医务人员</td><td rowspan="2">39人</td><td rowspan="2">药剂师以上医务人员</td><td rowspan="2">14人</td></tr>
<tr><td>民营</td><td>1个</td></tr>
<tr><td rowspan="3">专科医院（诊所）</td><td>数量</td><td>3个</td><td>病床数</td><td>0</td><td>床位占用率</td><td>0</td><td>平均门诊量（人/次）</td><td>27</td></tr>
<tr><td>国有</td><td>0个</td><td rowspan="2">主治医师以上医务人员</td><td rowspan="2">8人</td><td rowspan="2">主管护师以上医务人员</td><td rowspan="2">2人</td><td rowspan="2">药剂师以上医务人员</td><td rowspan="2">4人</td></tr>
<tr><td>民营</td><td>3个</td></tr>
<tr><td>社区卫生服务站</td><td colspan="3">4个</td><td colspan="2">其中医保定点站</td><td colspan="2">4个</td></tr>
<tr><td>辖区药店</td><td colspan="3">5个</td><td colspan="2">其中夜间售药</td><td colspan="2">4个</td></tr>
</table>

（一）打造“家庭医生”式医卫体系

1. 整合资源，壮大卫生服务力量

在充分发挥社区各方作用的同时，街道坚持资源整合服务为要点。既把辖区单位和社区居民当成服务对象，又把大家当成依靠的力量，整合区域内的资源为大家服务。不断集聚社会力量加入健康管理队伍中来，倡导自我监测健康、自我管理健康、自我维护健康的全民健康意识和新型健康理念。在统筹医疗服务资源对接社会公众需求的前提下，把让社会满意、百姓受益作为推进社区卫生工作的出发点和落脚点，让区域化整体发展的成果惠及广大居民和功能单位。

一是联合医疗机构。服务中心借助与友谊医院建立的双向转诊绿色通道，不断推进专家义诊、科普宣传、社区带教、人才建设、科研力量的发展，进一步深化社区卫生服务的内涵。服务中心在与健宫医院对口支援的基础上，探索利用健宫医院的人力资源优势，壮大社区医护防团队力量，构建社区人员、社区居民的健康教育园地；依托健宫医院强大的技术力量，为慢性病重症患者提供后续康复管理和身体健康监测。

二是“计卫”联手。服务中心与街道计生办联手工作持续多年，先后开展“联合国课题”、“提高避孕有效普及率”项目课题，目前均已结题。今年服务中心又与街道计生办联合承接了西城区计生委“促进儿童早期发展—幸福宝贝行动计划”的项目课题《陶然亭街道0～3岁儿童早期教育》。服务中心医生通过实施新生儿访视，开展血色素检查、体重、听力、智力等生长监测，以及育儿指导，完成对0～3岁婴幼儿的早期健康教育。

三是招募社会志愿者。服务中心通过网络平台、校园招聘、社区推介等多种渠道，广泛招募社区卫生服务志愿人员，协助开展对社区居民的信息采集、联系沟通、电话随访、网络管理等工作。

四是培养家庭保健员。服务中心连续五年在社区实施家庭保健员培养计划，充分调动社会公众的积极性和主动性。截至目前，陶然亭地区家庭保健员总数达到600余人，形成一支社会健康管理的生力军，探索通过家庭保健员对亲属、对居民进行有效的同伴式教育活动，使更多的社会人群能够掌握慢性病防治的基本常识和紧急救治的基本技能，努力形成区域化整体发展人人参与、发展成果人人共享的良好局面。

五是推广知己健康。服务中心为社区慢性病人佩戴知己健康检测仪，通过指标量化管理，实行慢性病非药物干预，协助患者培养合理膳食、适当运动、规律起居的生活习惯，达到控制疾病、降低药费、自我管理的目的。

2. 多方联手，拓宽服务领域

多年来，陶然亭社区卫生服务中心广泛依托社会各界力量，与办事处、派出所、居委会、中小学校等各方联手，多次召开专题例会，共同开展全民建档、甲流放控、“两癌”筛查等大型专项工作。陶然亭街道结合社区总体规划，针对社区卫生服务和居民卫生需求，制定理想的预期目标和切实的实施办法，为居委会和团队医生搭建健康联手管理平台。通过区域化整体发展，力争使街道广大居民群众生活得更方便、更舒心、更幸福、更健康。

一是提供老年优待服务。服务中心在综合发挥行政机制、资源共享机制作用的同时，构建街道、社区医疗卫生相结合、无偿服务和低偿服务相结合的服务体系，推进区域化卫生医疗建设。中心对辖区60岁以上老人实施“三优先四免费”优待服务，包括优先就诊、优先出诊、优先建立家庭病床服务，以及免收普通门诊挂号费、免费建立健康档案、免收低保和无保障老人家庭病床查床费、每年一次免费体检的优待服务，并对体检中出现的健康问题及时予以诊治，或将患者转诊至对口支援医院。

二是建立中医特色服务。服务中心坚持中医药特色建设，以传统手法、推拿、按摩、针灸、拔罐等多种中医传统手段为社区患者解除病痛。在冬病夏治三伏贴工作中，服务中心开展中医养生健康处方和治未病服务，使服务更加贴近百姓。

三是不断深化康复工作。残疾人康复指导工作是社区卫生服务一项重要的工作内容，服务中心与街道残联紧密配合，建立健全本社区残疾人基础档案，连续多年执行中心康复医师下站指导完成社区残疾人康复工作的模式，依托中心骨病治疗特色，大力开展中医药骨病治疗。

四是对口支援，市级专家下社区。服务中心长年坚持返聘退休专家，保证有相对固定的市级专家在社区出诊，并与友谊医院、健宫医院建立对口支援服务，构建出一条社区卫生服务机构与二、三级医院双向转诊绿色通道。在畅通双向转诊平台的基础上，服务中心推出网上预约转诊制，开展中医专家下社区巡诊防病工作，方便居民就医。

五是零差率售药，满足百姓需求。服务中心实施药品零差率销售，取消药品扣率，将实惠让利于百姓。一是补充用药目录。中心连续两年调整社区用药目录，扩大社区零差率药品种类，使零差率药品销售比例逐年上升。对社区居民有强烈需求的药品，服务中心召开药事委员会予以研讨，根据需求批准进购。二是开展慢性病试点管理工作。使一些慢性病人入组成为重点管理对象，拓宽慢性病用药范围。三是提高报销比例。患者选择在社区卫生服务中心（站）就诊，能享有在社区就医高比例报销的优惠政策，并享受适时刷卡报销服务，免去了往返报销和垫付药费的问题。

3. 更新硬件，提升科技水平

一是开通门诊叫号系统。在患者就诊挂号的同时，根据患者的就医需求和慢病管理需求，服务中心采用直接将病人分诊至相应诊室的方式，在诊室门前的电子告知牌上进行明示，方便患者就诊。

二是建立健康自测诊区。服务中心通过叫号系统，可将首诊的社区居民和慢性病患者分诊至健康自测诊区，在健康自测诊区中完成健康信息的采集和更新，为下一步的就诊提供随诊记录，简化社区医生诊疗流程。

三是完善网络化建设。服务中心开通医生工作站和电子处方网站，探索中心与社区站的联网、社区与区域医疗机构的联网，以达到医疗资源共享，共同参与管理的目标。

四是畅通通信平台。服务中心向不同层面的功能社区职员、社区居民和团队医生发放现代化通信设施，应用“彩铃”呼叫，“医信通”平台和“健康通”手机，加强团队医生与社区居民的联系与沟通，远程解答社区居民的健康问题；开辟“微博群”，以短信群发的形式，向功能社区职员、社区居民和团队医生，宣传与地区居民密切相关的公共卫生信息及社区卫生改革的新形势、新政策。

（二）创新服务模式，构建和谐社区医患关系

社区卫生服务中心进一步对接社会公众需求，全面推进“家庭医生”式服务，努力为社区百姓提供优质的医疗保障，搭建方便、综合、全方位的卫生服务平台，为推进区域化整体发展做出贡献。

1. 多种举措扩大宣传覆盖率

陶然亭社区卫生服务中心和四个社区站，八支医护防团队，分别承担了八个社区居民的“家庭医生”式服务签约工作。社区卫生服务中心将团队医生进行公示，将健康通手机号码和社区站址向社会公开；利用各种宣传日，发放致居民的一封信、“家庭医生”式服务联系卡、服务指南和一览表，向居民展示“家庭式医生”式服务签约的方式和流程，并向居民介绍可享受到的便捷服务和优惠政策；定期组织团队医生为社区居民提供免费健康体检，在宣传家庭医生式服务工作中，与社区居委会密切合作，开展一条街服务。

2. 多种形式提供专业服务

一是健康管理。通过为每日就诊人群提供医疗服务，履行“家庭医生”式服务职责，了解居民健康状况、用药情况和服务需求，对签约服务对象开展面对面的健康管理和个性化指导。二是电话随访。对不能定时到社区卫生服务中心（站）就诊的签约居民，以电话随访形式与居民取得联系，掌握其身体状况和慢性病控制情况，记录于健康档案中，并通过电话叮嘱患者定期进行身体检查、平时注意规律用药。三是送医上门，为空巢、重病、残疾、特困、行动不便等重点人群免费建立健康档案和家庭病床，提供身体检查，了解病情；对无人照顾的老人提供心理疏导和生活指导，实施家庭护理、临终关怀等居家养老服务。四是主动服务。对中小学、托幼园所，以及精神患者、外来人口提供主动服务。定期为学生、儿童提供健康体检，开展中学生青春期教育和0～3岁儿童早期教育；加强对精神病人的入户访视和对重点病人的摸底管理，向患者及其家人宣传普及心理健康和精神健康知识；对外来人口开展传染病防控知识讲座，宣传相关法律法规；加强对社区流动儿童的管理和对育龄人群的计划生育指导。五是深化服务。将“家庭医生”式服务融入功能社区，在加强社区全人群健康管理的同时，社区服务中心作为功能社区健康管理试点单位，开展以中环广场、街道办事处、居委会为功能社区的健康管理工作；深入功能社区，开展夏季三伏贴、流感疫苗接种、养生保健课堂教育和慢性病防治知识培训；在团队力量得到补充的情况下，服务中心还将扩大功能社区的服务领域，负责陶然亭地区全部集体单位的健康管理。

通过强化社区“家庭医生”式服务，服务中心逐步与居民建立起畅通的、相对稳定的服务关系和和谐的社区医患关系，在健康管理、常见病、多发病诊疗中发挥主体作用。

（三）服务效果明显，群众看病难、看病贵有所缓解

1.“预约就诊”更方便快捷

看病难一直是首都居民面临的一大问题。各大医院通宵排队挂号、失望扫兴而归者时有人在，而在社区卫生服务中心，居民会在签约医生的引导下通过预约方式接受诊疗，从而避免了医患双方接诊和就诊的盲目性，同时也为患者减少了候诊时间，时间和流程安排更加科学合理，提高了诊疗效率。

2.“定向分诊”针对性更强

当居民按照预约时间去往就诊时，可被分配到签约医生处就诊，基于签约医生与患者之间已形成较为固定的“一对一”诊疗服务关系，更加了解患者病情，诊疗更具有针对性，也可为其提供连续性健康管理服务，避免了在医院随机被分配到各诊室及其造成的治疗间断。

3.“诊前服务”更人性化

目前，社区卫生服务中心设立了“自助健康监测小屋”。居民在社区卫生服务中心候诊时，可到“自助健康监测小屋”进行健康状况监测或进行相关信息采集，享受健康教育、健康指导等综合健康管理服务。

4.“诊疗服务”规范有效

由于签约医生和签约患者保持稳定的服务关系，以门诊为基础，可进一步为居民提供连续的健康体检、健康评估、健康指导、分类服务等一系列“家庭医生”式服务。由此，患者到社区卫生服务中心不再是单纯诊病，而是接受全面、细致的健康管理。

5.“预约复诊”持续服务

社区医生可在本次诊疗结束时根据就诊居民诊疗情况，预约下一次复诊时间或提供转诊服务。病情严重者可直接转诊到对口的三甲医院治疗，免除患者再次挂号看病之苦。

三　陶然亭街道“家庭医生”式服务模式的借鉴意义

陶然亭街道实施“家庭医生”式卫生服务模式，使社区医生与居民联络渠道更加畅通，促进了居民信赖的稳定的社区医疗服务关系形成，居民在社区享受到便捷而贴心的社区卫生服务，真正实现了为老百姓办好事、办实事。在我国推行实施“家庭医生”式服务模式的过程中，面临着一些亟待解决的问题，需要在推进全面深化改革中予以破解，可根据陶然亭街道的做法予以参考。

（一）合理配置医疗资源

目前我国城市发展差异较为明显，城市间医疗资源配置也存在差距，城市内部医疗资源分配尚不能均衡，优良的医师资源和设备资源往往集中在少数大型医院，社区诊所、家庭医生等资源配备亟待提升，以应对当前医疗体制机制倒置所带来的一系列问题。应积极整合辖区内资源，引入社会资本和社会力量，推进医疗体制机制改革，构建现代医疗服务体系，实现医疗资源合理均衡配置。

（二）提高从业人员专业素质

目前我国家庭医生的主要来源是大型医院退休医生或兼职医生，以及社会招募人员，专业水平有限。在我国还缺乏全科医生培训的系统性机制，由家庭医生提供的医疗服务质量也不尽如人意。因此，必须严格家庭医生招聘考核机制，加强对医疗从业人员的专业化培训，在专业素养和职业道德等方面对全科医生进行深度培训。

（三）更新居民医疗保健观念

我国普通百姓更加信赖大医院的医疗资源和技术，对“家庭医生”这种新型的卫生服务模式还没有深层次的认识和学习，对自身健康条件关注也不够，在家庭开支方面尚未形成纳入家庭医生预算的计划，造成了家庭医生服务模式的推广困难。应提高居民的预防和保健意识，加大对家庭医生和疫病预防的宣传力度，让广大居民接受新的医疗保健理念和消费观念。

参考文献

李丽：《从政府供给到社会化供给：家庭医生制度研究》，上海交通大学，2014。

曾保根：《价值取向、理论基础、制度安排与研究方法——新公共服务与新公共管理的四维辨析》，《上海行政学院学报》2010 年第 2 期。

徐夏良：《家庭医生服务模式研究》，华东政法大学，2014。

杨岸森：《建立家庭医生制度促进医疗服务模式转变》，《前进论坛》2013 年第 12 期。

刘新颖：《北京丰台方庄社区卫生服务中心家庭医生式服务模式研究》，中国地质大学，2014。

B.17

陶然亭街道："三社联动"激活休克物业创新老旧小区自治新模式

摘　要：老旧小区管理是基层社会治理的一大难题。目前，街道的老旧小区大多存在房屋产权形式复杂多样，硬件先天不足、后天缺乏养护，物业服务标准不统一，物业收费难，居民参与程度低等现象。陶然亭街道坚持"携手四方，共创陶然"的区域精神，以骡马市大街10号楼老旧小区环境整治为试点，创新"政府主导，民主协商，多方参与，各司其职"的治理理念，社区、社工、社会组织"三社联动"，在办事处主导下，积极搭建议事协商平台、服务平台、活动平台、教育平台、重大项目平台，动员和组织小区群众以自治的方式自己解决小区公共事务。他们的实践对于探索基层治理现代化之路具有重要借鉴意义。

关键词：三社联动　老旧小区　社会治理　陶然亭街道

在党的十八届三中全会上，首次正式提出"社会治理"的理念。报告中指出，要逐步改进社会治理方式，坚持系统治理和党委领导，发挥政府的主导作用，鼓励和支持社会各方参与，实现政府治理和社会的自我调节、居民的良性互动。社会治理理念的提出标志着我国的社会建设和社会体制创新在党和政府的领导下迈上了新台阶。

创新社会治理的关键在“治”，核心在“理”。一是在治理结构上要厘清党委、政府、社会、公众、市场五个方面的关系，明确各个治理主体的角色和任务，构建党委领导下各个治理主体“共治”社会的格局；二是在治理机制上厘清区、街、社区、网格、居民这五个层次的关系，以问题为导向，以服务为宗旨，转变政府职能，推动重心下移，优化服务功能，提升工作效率，实现政府“善治”；三是在治理体系上厘清执政与参政、行政与自治、政府与社会的关系，创造条件赋权与社会，为人大代表、政协委员、社会组织参与治理搭建平台，努力剥离居委会的行政事务，推动各种形式的居民自治组织发挥作用，让“自治”在治理体系中真正占有一席之地；四是在治理方法上厘清行政、经济、法律、道德等多种手段的关系，特别是注重从社会自治中培养规矩意识，从公共文化中熏陶道德情操，从城市管理中引导公德观念，以良好的“德治”环境构建首善社会的公序良德；五是在治理思维上厘清法治与人治的关系，以法治思维统筹社会力量、平衡社会利益、调节社会关系、规范社会行为，科学立法、严格执法、公正司法、全民守法，让“法治”成为全体公民的信仰、社会治理的基石。

一　治理主体多元化下的社区现状

目前，我国社区多元化格局特征越来越明显，与之不相匹配的社区治理秩序亟须重新构建，必须创新社区治理理念，提升社区治理能力，着力解决构建社区物业管理新模式面临的瓶颈性障碍。

在计划经济时期，人们生活和居住的空间主要是依附于单位，被称为家属院；但是在改革开放后的市场体制建立起来，伴随着单位制的衰弱和房屋产权性质的变化，人们的居住空间逐渐与单位制脱离成为一个独立的多功能空间，称之为社区，并将完善社区功能的一些工作成为社区建设。由此可见，城市居住空间人员构成和利益主体的多元化是社区存在的背景，社区治理关键在于构建多元共存的社会秩序，这要求由过去单纯政府主导的社区管理模式向政府与社会各种力量共同参与的社会治理模式转变。目前我国社区治理模式创新面临的一个重要问题是由治理主体之间的利益诉求和价值偏好的差异而导致的治理方式和治理能力的欠缺。围绕构建社区治理中多元合作的模式，北京市西城区陶然亭街道对老旧小区的物业管理进行了有效的探索。从社区建设主体分析，主要包括以下几个方面。

第一，街道党工委和街道办事处。街道办事处是政府与社区居民互动最为密切的基层机构。党员和党组织是社区治理的核心，扮演着"领航者"的角色，街道党工委是与基层政府机构密切配合的基层党组织。在社区治理现代化进程中，街道党工委和街道办事处扮演着至关重要的角色。

第二，居委会。居委会最早产生于新中国成立初期，在计划经济时代，单位制体制使居委会的功能并未得到充分发挥。改革开放以后，单位制体制逐渐转化为社区制，社区的功能也越来越重要，居委会逐渐转变成在政府的支持下立足于社区居民公共事业需求的一种群众性自治组织。居委会在社区治理和服务社区居民等基础性工作中扮演主体地位。

第三，物业公司。随着我国城市住房制度改革的落实，传统行政化手段的社区秩序管理和服务模式逐步走向市场化，引入新的机制和模式。物业公司进入社区以后，以业务的需求和委托为导向，成为城市社区治理的重要执行者。

第四，社区团队和居民个体。社区是城市居民生活性的居住空间，也是关系性的交往空间，在社区人员的相互作用下形成了社区团队。社区团队具有自发性、组织性和功能性，在一定程度上反映了社区治理对组织的需求。居民个体是社区团队的一员，在社区组织的协调下行使社区治理主体的职能。

二 陶然亭街道老旧小区管理的基本情况

北京是一个现代化的城市，外来人口较多，现有的社区治理模式与社会发展多元化趋势的要求之间存在着严重矛盾：一是社区治理主体职责不清，社区服务行政化特点明显，政府与社会尚未形成较好的结合模式，系统性、协同性、回应性不够；二是社区自治的机制有待进一步完善，创新社区治理体制机制任务紧迫；三是社会参与度不够，需要大力扶持社会组织，增强社区居民归属感，尚未形成共商共治的良好局面，影响了社会活力的激发和居民福祉的增进。北京市西城区把社区治理纳入了全面深化改革的重点项目，并逐步探索多元共治的社区治理模式，着力构建现代化的社区治理体系和良性的社会生态模式。社会治理这一主题，对于街道社区基层来看，不仅是理念和思路，更是一种实践探索。

西城区陶然亭街道位于西城区中南部，辖区面积 2.14 平方公里，分为 8 个社区。街道户籍人口 5.6 万人，常住人口 4.4 万人，流动人口 1 万余人，人户分离多、流动人口多、老年人多、残疾人多、困难群体多是街道人口结构的显著特点。陶然亭街道是传统的生活居住区，辖区面积 2.14 平方千米，经过多年的老城改造，基本形成了平房区、老旧小区和新建区混合的区域。其中平房区、老旧小区的居民比较多，存在的问题也多，包括产权关系复杂，硬件条件非常不足，后天的养护欠缺，物业标准服务不到位，居民参与程度不高，管理起来非常复杂。陶然亭地区现有 10 家中央级单位和 62 家市、区属单位。中央芭蕾舞团、北方昆曲剧院、陶然亭公园、市总工会职工大学、湖广会馆、区文化馆、区少年宫等一批文化教育单位坐落于此，文化资源丰富，文化气息浓郁是地区资源的显著特征。街道的地域特点、人口结构和资源禀赋是街道现有的客观条件，也是街道办事处开展工作的基础。从这样的实际出发，街道辖区的区域理念是“携手四方，共创陶然”，治理理念是“政府主导，民主协商，多方参与，各司其职”，治理思路是“系统思考，综合施策”。

街道工委充分发挥总览全局、协调各方的作用，既把辖区单位和社区居民当成服务对象，又把大家当成依靠的力量，整合区域内资源为大家服务。面对新形势新要求，进一步提高思想认识、明确目标任务，在工作理念、组织机构、服务平台、制度保障等方面进行探索实践。以骡马市大街 10 号楼改造为例，分析街道如何发挥统筹作用，调动各方共同参与社会治理。怎样做好区域化整体发展，陶然亭街道积极探索实现途径，做好载体机制建设。街道搭建议事协商平台、服务平台、活动平台、教育平台、重大项目平台，建立信息互通制度、建议办理制度、监督评议制度、激励表彰制度，深化“四化”格局，努力达到“四优”目标，全面推进区域化整体发展。如何充分挖掘地区资源、整合各方力量，发挥街道在基层统筹辖区发展的基础性作用，推进地区各方面建设，服务好地区居民，成为街道工作人员思考的问题。

三　拓展“三社联动”的主要做法

社区、社工、社会组织三要素是社会管理的根本所在，加强“三社联动”有利于社会管理体制的创新，有利于社会管理格局的健全和完善。“三社联动”以社区建设为平台、以社会组织建设为依托、以专业社会工作人才为抓手的社会基层管理体制。陶然亭街道在老旧物业管理方面充分发挥社区的基础性作用、社会组织的协同参与作用和社工专业人才队伍服务群众的作用，有效解决了骡马市大街 10 号楼的物业管理问题。

（一）街道全力沟通，激活休克物业

陶然亭街道骡马市大街10号楼是一个独立的小院，建于20世纪80年代，现有住户113户，2013年初，居民多次向街道反映院内“脏、乱、差”的问题。街道经过深入了解，得知小区居民对物业服务不满意，已经多年没有交过物业费，而物业公司难以承受综合改造的各项费用。针对这一情况，街道牵头，要求社区组织物业公司、居民展开了三方协商：街道首先找到物业公司，表示愿意为综合改造资助部分款项，但前提是物业公司要主动出面与居民商量，保证改造效果让居民满意，今后的物业服务必须到位。物业公司与居民协商，同意居民对10号楼进行综合改造，但前提是改造满意后必须按时缴纳物业费，维护日常环境。同时，街道要求社区做好民主协商工作，监督双方兑现承诺。在多方认可的情况下，街道投入部分资金，促成了综合改造工程开始实施。改造之后的物业费收缴率达到92%，今年的收缴率依然是92%。

（二）推行网格议事，提高居民满意度

街道、社区通过网格议事对物业公司项目给出的整治方案进行分析，综合居民意见进行调整完善，整治过程由居民全程参与。居民要求将机动车停车收费管理改为居民自治免费使用（车位有限，若按收费管理服务要求，成本大于收费）；甬路铺设的彩砖改用透水砖（防滑）；自行车棚顶的彩钢板改为树脂瓦（刮风下雨噪声大）。经过一番整修，楼内外墙面粉刷一新、安装了楼宇对讲机、自行车棚翻新并增设了电动门、信报箱移到楼外醒目位置、残疾人坡道重新修缮，使10号楼时隔20年旧貌换新颜。目前，10号楼的物业费缴纳率达到92%，小区整治项目完全符合居民意愿，提高了居民的满意度。

（三）建立自治组织，多方有序参与

整治完成后，物业服务也不是一帆风顺，物业公司与居民之间还存在着很多矛盾，居民的意见建议比较分散，诉求渠道不是很顺畅。针对这一情况，2013 年 5 月，社区“两委”牵头，组织全楼居民公推出王永革等 6 位代表，成立了楼管会。楼管会把居民分散的意见建议集中起来，架起了物业公司与居民的桥梁，使双方的沟通及时、顺畅。楼管会定期评价物业服务水平，如果评价不理想或很差，就及时督促物业公司改进；楼管会还负责日常楼宇值守、环境卫生和楼内设施维护。根据物业公司要求，把希望居民配合遵守的事项制定成《居民公约》，规范居民行为，对物业公司也形成了一定程度的制衡。

（四）整合各方资源，全面对接居民需求

在基层现实工作中，很多问题靠单打独拼难以解决，但是依靠团结协作则会事半功倍。10 号楼社区的居民除了对小区环境提出的需求外，居民又提出了“老年人就餐、就医、生活服务”等方面的软性服务需求。在此基础上，社区结合实际，挖掘辖区单位、志愿者资源，搭建资源共享、双向服务、多方协作的共建互助平台。街道整合大量资源，探索楼宇互助家庭养老模式，利用 10 号楼居民无偿提供的自家房屋和租赁的房屋，建立了楼宇俱乐部。街道提出了“敬老有心，助老有我”的为老服务理念，为辖区的居民提供真诚服务的价值取向，用大家的资源服务和帮助居民。2013 年街道以社区卫生服务中心为核心，联合健宫医院和首都医科大学等单位，搭建了辖区公共卫生服务合作平台；着力推进老年餐桌建设，企业内部开办餐桌、老字号企业提供特色服务、单位宿舍建立老年人服务中心，解决了老年人用餐的问题；辖区内 10 家居家养老单位组织的 150 名专业人员组成的志愿服务队，形成了“专业服务进社区”的长效机制；

依托社会组织建立了楼宇“保姆”服务队，由社区工作者、志愿者定期上门服务，满足老年人的各种日常生活需求。

四　骡马市大街“三社联动”助推小区物业管理的创新成效

（一）“资源整合和分享”是社企联动形成的“好方法”

在服务实施过程中，由于社区为拆迁小区，自身资源严重匮乏，通过街道、社区及社会工作者的多番联系，与周边多个企事业建立了合作关系，并形成共同服务伙伴关系，为社区居民提供自己所擅长的专业服务。企业在服务的过程中，可以为其自身树立良好的企业形象，达到贡献社会、回馈社会的目标与意义。居民并非是单纯的服务享受者，也要为社区其他居民提供自己的所长。“开放户”的出现和“楼管会”的成立，均体现这栋楼的居民贡献着自己的能量，也将逐步建成邻里自助、互助式的生活方式。居民正从被动的服务接受者逐渐转向到服务参与者，既是服务资源的享有者也是提供者，社区各个企业和居民在社区居委会所搭建的平台上，行使自己的权利与义务，达成一种双赢共荣的局面，为社区、街道的和谐发展奠定了不可磨灭的基础。

（二）“三社联动”是解决社区参与、自治问题的“好搭档”

要改善社区居民参与性低的现状，提升居民自我解决问题的能力，需要社区、社会工作者及社会组织三方共同协作，即“三社联动”。社区作为最基层居民自治组织，定期开展群众活动，为居民排忧解难，已成为联系居民、服务居民的有效载体；社会工作者扎根于基层多年，对社区的具体情况和居民及其家庭状况都了如指掌，且关系紧密，常年的工作积累是服务开展与推行的基础；作为社会组织的社工机构，通过专业社工派驻的形式协助社区开展社区建设，他们既是策划者和辅导者，也是关系协调者和资源整合者，在挖掘居民领袖和培育居民参与小组方面有一定技巧。

在服务项目的开展过程中，虽然社会工作者提供"群众基础"，社会组织提供"方法技巧"，但都离不开社区作为"生长土壤"，只有三方相互配合、良性互动，才能达到最佳社区动员效果，使得居民真正从中受益。

（三）老旧小区居民自我服务模式新探索——"政府主导－社区负责－物业协同－社会组织参与－居民自助"模式

本案例是在陶然亭街道办事处的指导下，依托社区为平台，通过引入社会组织，准确评估社区居民需求，通过整合驻区多方单位资源，培育居民自治组织，逐步建立居民互助自我服务小组，使得居民在自我服务中满足自身需求的同时又能与他人共享资源，从而搭建社区互助网络。

像粉房琉璃街社区这样的老旧小区很多，楼宇俱乐部的成立不仅搭建邻里守望相互的平台，更重要的是促进了居民意识的转变，居民不在苛求活动策划的缜密性、硬件设施的配套性、活动是不是有小礼物，而是更多地关注人与人关系的改变。社区工作也通过这种尝试，将以前的被动服务、被动管理转变为主动服务、精细管理，探索出老旧小区居民自我服务的新路径。

五　骡马市大街创新物业管理模式的启示意义

在对骡马市大街10号楼的探索实践中发现，社会治理在基层大有作为，区域内的很多矛盾问题通过协商民主的方式，得到有效的化解。同时，也逐渐认识到，街道作为基层政府，在推动社会治理的进程中责无旁贷，必须转变观念、工作方式，充分调动社会各方力量，不断探索协商民主的实现途径，促推基层社会治理。

（一）找准社会治理的切入点，主导社会治理方向

改革开放以来，随着社会经济成分、组织形式、就业方式、利益关系、分配方式等“五个多样化”的进一步发展，国内社会利益群体分层、利益分化逐步加剧，利益多元化、差异化的趋向明显，不同人群、组织利益群体之间的矛盾也大量涌现。社会的深刻变革和矛盾的错综复杂，诸如经济社会协调发展问题、民主法制建设问题、文化价值认同问题、社会建设管理问题、城市生态环境建设等，都在基层社会体现得很充分、很突出。街道既面临着形势发展的新要求，同时也面对着人民群众的新期待。街道是不同利益群体的协调者、各种资源的整合者和促进辖区内不同人群和组织全面共同发展的推动者。街道在社会治理的过程中要找准共同利益、共同需求的切入点。街道、社区面临的矛盾很多，街道要转变观念，由“台前指挥”转向“幕后主导”，善于在多样化的矛盾和需求中发现共性的利益诉求，用共同的利益诉求激发各方参与社会治理的积极性，坚持责、权、利对等，促进社会各方凝聚共识，相互协同，共同参与社会治理。

（二）适时适度注入资金，撬动社会治理有序运行

社会组织在社会治理的重要作用越来越为人们所认识，充分激发社会活力，引入社会力量参与社会治理和公共服务，成为党和国家赋予街道的重要任务。街道在推进社区治理现代化的进程中必须立足于居民需求，投入资金吸引和支持社会力量参与，为社会治理注入强大动力。一是完善政府购买服务机制，进一步明确购买服务项目和内容，严格承接主体管理制度及其评价标准，确保社会组织提供服务的

质量；二是加大教育、医疗卫生、社保、住房保障、就业、文体教育、残疾人服务等基本公共服务领域资金投入，为社区居民提供优质的公共服务；三是建立完善政府购买服务综合性评审机制，选出购买主体、服务对象及第三方代表，考核评价购买服务项目数量、质量和资金使用绩效等，并予以公示；四是政府在服务的过程中不断提升社会各方的区域认同感、归属感，得到他们对街道想法的赞同和响应、对街道提出各项要求的贯彻和遵守，分工协作，共同推进社会治理。

（三）以协商民主的方式，完善社会治理长效机制

推行协商民主是治理体系和治理能力现代化的迫切要求，是基层社会治理的有效途径，也是改善领导方式的有效探索。在基层社会治理过程中，要改善传统的依靠命令来解决问题的方式，让老百姓解决老百姓自己的事。深入推进基层民主协商，改善党的领导方式，把宣传群众、教育群众、引导群众融入为民服务的过程中，明确民主责任，树立民主意识，找到群众利益的最大公约数、达成共识，由党领导基层实现“一元管理”向“多元治理”转变。协商民主落实到基层社会治理中，就是要改变行政命令式的做法，更多地呈现平等性、多元性、互动性。每个公民都是平等协商的主体，都有平等的话语权和决策权。每个参与主体都可以通过理性的表达彼此说服，最终达成共识。街道要当好社会治理的“裁判员”，由单向决策转向民主协商，充分调动群众参与社会管理，发挥好群众在基层社会治理中的主体作用，不断丰富社会治理的实践形式，实现民事民议、民事民办、民事民管。

（四）培养干部做群众工作的能力，提升社会治理效果水平

牢固树立治理理念，提升基层干部做群众工作的能力，是实现社会治理的有力保障。领导干部要提高执政力，必须要做到勤政、廉

政、能政“三政合一”。勤政是前提，廉政是底线，能政是关键。忠于职守、勤于政事，认真负责地为民办事是对领导干部最起码的要求。每位领导干部都必须把勤勉履职作为自己最基本的职业道德，真正做到在其位、谋其政，任其职、尽其责，兢兢业业工作、勤勤恳恳做事，为群众谋福利。街道、社区干部在为群众办实事的过程中，不断积累经验，提高自身的综合协调、处理复杂矛盾的能力，这样才能有效引导社会各方在区域化融合发展中各尽其责、良性运行。要发挥基层党员干部带头人作用，带领广大居民依法开展民主协商议事，促进社会治理规范到位。

参考文献

北京市西城区陶然亭街道：《街道工委书记王效农在西城区社会治理论坛上的讲话（2014）》。

北京市西城区陶然亭街道：《2010～2014 年工委、办事处工作总结》。

北京市西城区陶然亭街道：《2010～2014 年工委、办事处各科室工作总结》。

宋西桐：《西四方联动补足社会治理“最后一公里”》，《中国社会组织》2015 年第 16 期。

雷美霞：《试论公共选择理论视阈下的城市社区治理》，《闽江学院学报》2011 年第 4 期。

陆春萍：《社区治理中的政府再造社会组织》，《内蒙古社会科学（汉文版）》，2013 年第 3 期。

盖洪苑：《基于多元治理的政府主导型社区治理探究》，《青年与社会》2013 年第 10 期。

B.18
陶然亭街道“三自一专、一主多辅”探索基层社会治理新经验

摘　要：　加强和创新社会治理，必须要强化基层社会治理，夯实治理基础。基层社会治理成效直接关系社会稳定、人民福祉和国家的长治久安。创新基层社会治理的过程中，政府要逐步转变服务模式，在治理中提供服务，在服务中促进社会治理。近年来，陶然亭街道围绕建设平安西城、平安陶然的总体目标，坚持系统治理，把社会自治和政府管理结合起来，探索出具有街道特点的“三自一专”社会治理新模式，切实提高社会治理精细化、科学化水平，为建设陶然式美好生活创造和谐稳定的社会环境。

关键词：　三自一专　一主多辅　社会治理　陶然亭街道

社会治理现代化是一个国家或地区治理体系和治理能力的重要体现，也是当前我国全面推进依法治国的必然要求。创新社会治理模式是完善基层社会治理体系、提升社会治理能力的核心内容。北京市西城区陶然亭街道从落实首都城市战略定位、建设国际一流和谐宜居之都示范区的高度，积极动员辖区各种社会力量参与社会治理，在网格化管理的基础上，创新居民自治、单位自控、行业自律和专业执法保障的“三自一专”社会治理模式，提高了社会治理精细化水平。

一 创新社会治理重在激发社会活力

社会治理是对社会管理的升华。从“管理”到“治理”一词之变，体现了中国共产党执政理念的根本转变。2004 年党的十六届四中全会提出“党委领导、政府负责、社会协同、公众参与”的社会管理格局。随后，十七届五中全会提出“按照健全党委领导、政府负责、社会协同、公众参与的社会管理格局的要求，加强社会管理法律、体制、能力建设”。2012 年，党的十八大提出构建“党委领导、政府负责、社会协同、公众参与、法治保障”的社会管理体制，把“法制保障”纳入社会管理体制中来。十八届三中全会在新的社会管理体制中把“政府负责”变为“政府主导”，并进一步提出社会治理精细化的目标。从党中央对社会治理的认识轨迹看，十年间最大的变化有二，一是政府在社会管理（治理）中的职责由“负责”变为“主导”，体现了适应新时期社会多元、利益多元、价值多元条件下社会治理结构的变化。怎样调动广大人民群众的积极性，创设社会协同、公众参与的平台和载体，创新预防和化解社会矛盾体制机制，确保社会安定有序、人民安居乐业，是基层社会治理的重大课题。二是增加了“法治保障”的内容。法制保障说到底就是办事要有规矩。如果说，在改革开放之初，由于法制建设不完善，法治理念不深入，治理方式往往比较粗放，那么在法律体系形成、法治理念高扬的今天，于法有据是实施治理的基本前提，任何治理主体，特别是政府都应该在法律框架内行事，任何治理措施都应经受得住法治的检验。因此，由社会管理发展到社会治理，最核心的也就是两条，一个是主体多元，政府从“负责”转向“主导”，从大量具体的管理事务中退出来，让位给社会；一个是法治保障，依法行事。

激发社会活力是新时期提升社会治理水平的关键。在中国特色社会主义体制下，应对新形势下社会发展的新矛盾新问题，实现由社会管理向社会治理的转变，关键是要激发社会活力，解决政府的“越位”、“错位”与社会的“缺位”问题，核心是党的领导下在治理主体再造基础上实现“分权”和“参与”：一是政府职能再造，通过政府管理体制改革转变政府职能，对政府进行限权、分权，建设法治政府、有限政府、服务型政府，还权于社会；二是社会再造，强化政策措施培育社会组织，对社会进行赋权，创新参与渠道和平台，推动社会参与，通过公民道德建设培养公民社会责任，等等。

西城区全面实施全响应网格化社会服务管理模式为创新社会治理奠定了良好的基础。西城区是首都的核心功能区，是全国政治中心、文化中心、国际交往中心和科技创新中心的重要承载地，是首都“四个服务”体现最直接、最集中的地区，区位重要，功能集中，维稳任务重，治理要求高。近年来，西城区创新工作理念，创新工作思路，创新工作方法，积极探索新形势下特大城市基层社会治理规律，在借鉴外地经验、总结基层实践的基础上，创新性地提出构建以需求为导向，以服务为核心，以群众参与为基础，以信息化手段为支撑，以街道统筹辖区发展为重点，社会多元主体共同参与的全响应网格化社会治理体系，并在试点基础上全区实施，取得了良好效果。

当前，在落实首都新定位和京津冀协同发展的大背景下，面对新时期利益主体多元化、社会结构复杂化、社会治理数字化的新形势，陶然亭街道直面有序疏解北京非首都功能、优化提升首都功能、解决北京“大城市病”过程中的突出矛盾和问题，依法采取有针对性的强力措施，创新社会治理方式，进一步完善社会治理体系，提升社会治理能力，在建设首善之都中起到引领、示范作用。陶然亭街道的实践探索不仅关系地区的科学发展，而且对北京建设国际一流和谐宜居之都和“四个服务”职能的发挥都具有一定的借鉴意义。

二 陶然亭街道创新基层社会治理的主要做法

（一）构建“三自一专”模式，实现无缝隙精细化治理

近年来，陶然亭街道坚持把社会自治和政府管理结合起来，构建“三自一专”区域化安全管理新模式，对人、地、物、事、组织等各类工作要摸清底数、了解情况、明确责任、有效管理，对社会面实施无缝隙、精细化管理，全面提升广大人民群众安全感，提升街道安全领域服务保障能力，确保地区安全稳定。“三自”即居民自治、单位自控、行业自律；“一专”即专业保障。

一是“网格化”管理推进辖区居民自治。陶然亭街道以网格为单元推进辖区居民自治。整合网格资源，在已划分的85个基础网格的基础上（日常管理型38个、一般关注型36个、重点关注型8个、严密管控型3个），建立民主议事工作机制，成立网格协商议事委员会，在网格内配备公安、工商、城管、卫生监督等专业监督力量，实现“全响应”。建立机关干部联动调处和应急处突联动机制，以“站点式”值守为基础，“机动式”巡逻为补充的防控模式，在辖区重点部位设立治安巡逻值班点48处。配备由45名工作人员组成的预备队，作为应急队伍由区、街两级指挥部调动，并在各类防控工作中继续坚持。

二是统筹辖区企业资源推进辖区单位自控。街道成立了“大工委”，将辖区单位纳入工委系统中，地区防火办和陶然亭派出所分别建立了辖区27家中央、市属单位，11家区属单位的联系网络，并按照各自职能，对企业单位内部防火、防盗及安全年生产工作制度的建立健全进行了全面指导。

三是积极开展协会活动推进辖区行业自律。行业自律是行业内企

业之间相互沟通、规范、制约自己的行为，必须有一个大家共同遵守的准则。街道积极开展协会活动推进辖区行业自律。由于陶然亭街道老居民比较多，基础建设薄弱，“六小”店面较多导致街道环境较差。街道依靠社会组织成立食品行业协会，配合政府和执法部门工作。辖区旅店服务业协会也制订了计划，组织协会开展活动，初步形成了行业参与辖区社会管理的局面。

四是构建保障性执法理念实施专业执法。街道召开保障性执法座谈会，积极探索保障性执法理念，并形成《陶然亭街道实施保障性执法的工作意见》，提出“一主多辅”的联合执法保障机制。坚持以证管人、以房管人、以业控人，切实加强流动人口管理，杜绝地下空间出租和群租转租问题。完善街道保障性执法机制，整合行政资源，重点针对违章建设、违法经营、安全隐患、环境脏乱等居民反映强烈的棘手问题联勤联动，开展综合治理。加强法制宣传教育，积极培育法治文化，提高运用法治思维和法治方式推动发展、化解矛盾、维护稳定的能力。保障性执法在街道抗震加固、拆违撤市、城市病治理、群租房整治等各项重点工作中，发挥了较好的工作效果。陶然亭街道整合城管、卫生、工商、公安、消防等各职能部门力量，定期召开执法联席会，对地区行政执法事项进行综合研判和风险评估，研究执法方案，确定主责部门。在执法过程中，由主责部门牵头执法，其他职能部门协作配合，公安部门全程跟进，维护执法秩序，避免矛盾激化，全面保障执法主体责任发挥和执法人员人身安全，定期召开地区矛盾排查会，及时化解矛盾、安全隐患。强化“三自一专”网格化管理模式，制定《街道保障性执法奖励意见》。

（二）建立“三网合一”平台，形成全覆盖服务管理网络

街道全面落实西城区全响应网格整合工作要求，并结合自身的特点，实现“三网合一”。陶然亭街道整合原有的三个独立网格，形成

以社区为基础、布局合理的85个全响应网格，实现了城市管理网格、综合治理网格、社会服务管理网格“三网合一”。落实网格管理实名制，在机关干部联系网格机制的基础上，将城管网格员以及工商、卫生、食品药品监管、消防、公安等部门相关人员等专业力量落实到网格，切实做到“基础力量一员一格、专业力量一员多格、响应力量一格多员”。推动信息化平台建设，逐步完成街道网站改版和全响应社会服务管理调度系统的推广工作。通过前期数据事项梳理，征集科室意见六十余件，实现街道网站正式上线，并制定《陶然亭街道政务网站运行管理实施方案》，明确科室职责，召开培训会，推动新门户信息补充和更新。建立电话上报、平台上报与线下流转相结合的事件流转方式，对45个科部室、社区、职能部门的调度系统进行调试，实现地区科、站、队、所、社区网络的有效联通。

一是按照市、区的统一部署，在重大节日、特殊时期，街道成立安保维稳工作领导小组，组织机关干部、楼门院长、民兵、社区治安志愿者对地区有线电视光缆接点、过街天桥、立交桥周边、繁华场所等重点部位进行布控和动态值守。二是充分发挥网格的基层指挥作用，在辖区内重点大街、重点部位设立48个社会面防控点位，每个值班点有3~5名治安志愿者进行实名定点轮岗，确保对突发事件及时有效处置，坚决打击震慑各类违法犯罪。三是各社区配备由社区治保主任负责的治安机动巡逻小分队，建立联勤工作机制，对各自辖区内网格进行机动巡逻，对值守情况进行检查。充分发挥楼门院长作用，在各自小区、院落组织群防群治力量进行值守。充实网格内专业执法力量，加强执法力量投入社区、网格，夜间由派出所带领100名巡逻队员开展夜间巡逻。四是在“两会”、“6·4”、“7·5”、“7·22”、“开斋节”敏感日、陶然亭公园游园活动、“10·1”、APEC高官峰会期间，楼门院长、民兵、社区巡逻志愿者等群防群治力量加强巡逻，启动社会面防控等级。共有76347人次参与到社会面巡逻工作中。

（三）夯实平安建设基础，完善精细化治理的制度体系

一是健全组织协调机构。为了进一步加强地区综治委组织领导、明确责任、细化分工、狠抓落实，陶然亭街道成立了由工委书记、办事处主任担任组长、分管领导担任副组长、相关科室和职能部门为成员的地区城市环境建设领导小组，组建环境秩序综合整治办公室，加大人员、物资、经费保障力度，确保各环节整体联动、无缝对接。制定《关于进一步加强城市环境建设的实施方案》《2014 年陶然亭地区社会管理综合治理工作要点》《2014 年陶然亭地区社会管理综合治理工作主要任务分解》，对全年综治工作进行细化分工。召开综治委扩大会议，对全年综治工作进行了梳理，部署陶然亭地区社会管理综合治理工作，街道党政主要领导与地区职能部门和社区代表签订了责任书，落实责任制。定期对陶然亭地区综治领导小组进行了改选，对陶然亭地区社会治安综合治理委员会组成人员进行了调整，进一步强化督导检查，落实综治五部委联合督察和“一对一”制度，推动平安建设和综治要点工作开展，严格实行诫勉谈话、责任查究、一票否决等，进一步促进综治领导责任制的落实。

二是健全矛盾排查机制。结合党的群众路线教育实践活动的要求，对已有制度进行全面梳理，建立健全、修订完善信访工作配套的各项制度，使信访工作有据可依，有章必循，扎实推进信访工作。加强矛盾排查情况月报制，疑难问题早报告。街道要求各单位、居委会对本单位的矛盾纠纷排查调处情况每月上报街道办事处，明确规定对社会稳定方面的重大事件要在当日内上报；对群体性事件和突发事件要立即上报，并以此作为社区考核的一项内容，力争将矛盾就地解决。进一步健全矛盾排查调处机制，提高化解各类社会矛盾水平。完善矛盾纠纷排查调处工作体系，及时有效地发现矛盾、解决矛盾。坚持每月召开地区综治维稳工作中心会商暨矛盾纠纷排查工作会议，定

期排查调处重点矛盾纠纷，明确包案领导、主责单位，协作单位，化解时限，紧抓督促落实。以“大工委”为统领，以群众工作统揽信访工作为模式，以专业自治为基础，整合资源，强化重点矛盾化解。充分发挥协调职能，及时协调化解矛盾，提前制定工作方案和应急预案，最大限度地发挥主动性，及时快速地合力解决居民群众合理反映的施工扰民、房屋维修、水电线路等涉及居民生产生活的实际问题。

三是健全平安建设制度。为了保障城市的高效安全运行，陶然亭街道研究制定城市环境日常管理组织协调、联合执法、监督检查考核、情况通报、群众评议、责任倒查和重大与突发问题处理等机制，提高了城市环境日常管理的科学化和精细化水平。建立城市管理工作协调联席会议制度，与区城管监督指挥中心做好协调联动，根据网格化规定的范围充实执法力量，建立精细化管理快速反应机制，完善精细化管理的目标考核体系。街道充分发挥统筹辖区治理的基础性作用，同公安、工商、城管、卫生等部门成立联合执法小分队，集中力量对陶然亭街道辖区内重点区域的环境秩序问题进行“捆绑执法”，周边环境秩序明显改善。

三　创新基层社会治理的几点启示

（一）注重以人为本、服务民生，从源头预防矛盾

将以人为本、服务民生作为社会治理的出发点和落脚点，能够在源头上有效预防和减少各类矛盾纠纷的发生。“民为邦本，本固邦宁”，“居庙堂之高则忧其民，处江湖之远则忧其君”，“关注民生、忧民安民、为民解忧”是历代有卓识远见的政治家所秉承的历史使命。陶然亭街道始终坚持以人为本，长期致力于关注民情、改善民生、发展民主、维护民安、促进民和，不断满足人民群众的多层次、

多方面需求，最大限度地促进人的全面发展，尽心竭力让老百姓安居乐业，提前从源头上预防了矛盾纠纷的产生。

（二）注重强化基层、夯实基础，就地解决矛盾

强化基层、夯实基础是新时期社会治理的关键环节，同时也是把各项综合治理措施落到实处，把各种矛盾纠纷化解在基层的根本保证。始终坚持以加强基层基础建设为主线，以就地化解矛盾为主要任务，按照“组织建设走在工作前”的要求，大力建设好凝聚力强、带头抓社会稳定工作的基层领导班子，整合力量、联动高效的基层综治工作平台，战斗力强、善于做群众工作的基层干部队伍，严格执法、群众满意的基层政法单位，覆盖面广、能有效发挥作用的群众自治组织和群防群治网络，为维护社会和谐稳定提供了可靠的组织保障。

（三）注重创新机制、依靠群众，全员化解矛盾

创新机制是新时期社会治理的灵魂。必须积极探索新时期预防化解矛盾纠纷的工作机制，努力适应新形势，创出新路子、化解新矛盾、解决新问题。依靠群众是我党的政治的优势，必须广泛发动人民群众，尊重人民主体地位，发挥人民首创精神，将人民群众的积极性和创造性调动起来，在雄厚的群众基础上全面推进社会建设进程。

参考文献

北京市西城区陶然亭街道：《2010～2014 年工委、办事处工作总结》。

北京市西城区陶然亭街道：《2010～2014 年工委、办事处各科室工作总结》。

胡世钦：《北京市西城区：城市环境建设管理精细化从“新”上下功夫》，《城市管理与科技》2011 年第 6 期。

周瑾：《上海市浦东新区城市管理行政执法体制研究》，华东理工大学硕士学位论文，2011。

周志忍、蒋敏娟：《整体政府下的政策协同：理论与发达国家的当代实践》，《国家行政学院学报》2010 年第 6 期。

杨碧波：《公众参与城市管理的理论与实践探讨》，宁波大学硕士学位论文，2013。

皮书起源

“皮书”起源于十七、十八世纪的英国，主要指官方或社会组织正式发表的重要文件或报告，多以“白皮书”命名。在中国，“皮书”这一概念被社会广泛接受，并被成功运作、发展成为一种全新的出版形态，则源于中国社会科学院社会科学文献出版社。

皮书定义

皮书是对中国与世界发展状况和热点问题进行年度监测，以专业的角度、专家的视野和实证研究方法，针对某一领域或区域现状与发展态势展开分析和预测，具备原创性、实证性、专业性、连续性、前沿性、时效性等特点的公开出版物，由一系列权威研究报告组成。

皮书作者

皮书系列的作者以中国社会科学院、著名高校、地方社会科学院的研究人员为主，多为国内一流研究机构的权威专家学者，他们的看法和观点代表了学界对中国与世界的现实和未来最高水平的解读与分析。

皮书荣誉

皮书系列已成为社会科学文献出版社的著名图书品牌和中国社会科学院的知名学术品牌。2011 年，皮书系列正式列入“十二五”国家重点出版规划项目；2012~2015 年，重点皮书列入中国社会科学院承担的国家哲学社会科学创新工程项目；2016 年，46 种院外皮书使用“中国社会科学院创新工程学术出版项目”标识。

法律声明

S 子库介绍
Sub-Database Introduction

中国经济发展数据库

涵盖宏观经济、农业经济、工业经济、产业经济、财政金融、交通旅游、商业贸易、劳动经济、企业经济、房地产经济、城市经济、区域经济等领域，为用户实时了解经济运行态势、把握经济发展规律、洞察经济形势、做出经济决策提供参考和依据。

中国社会发展数据库

全面整合国内外有关中国社会发展的统计数据、深度分析报告、专家解读和热点资讯构建而成的专业学术数据库。涉及宗教、社会、人口、政治、外交、法律、文化、教育、体育、文学艺术、医药卫生、资源环境等多个领域。

中国行业发展数据库

以中国国民经济行业分类为依据，跟踪分析国民经济各行业市场运行状况和政策导向，提供行业发展最前沿的资讯，为用户投资、从业及各种经济决策提供理论基础和实践指导。内容涵盖农业，能源与矿产业，交通运输业，制造业，金融业，房地产业，租赁和商务服务业，科学研究，环境和公共设施管理，居民服务业，教育，卫生和社会保障，文化、体育和娱乐业等 100 余个行业。

中国区域发展数据库

以特定区域内的经济、社会、文化、法治、资源环境等领域的现状与发展情况进行分析和预测。涵盖中部、西部、东北、西北等地区，长三角、珠三角、黄三角、京津冀、环渤海、合肥经济圈、长株潭城市群、关中—天水经济区、海峡经济区等区域经济体和城市圈，北京、上海、浙江、河南、陕西等 34 个省份及中国台湾地区。

中国文化传媒数据库

包括文化事业、文化产业、宗教、群众文化、图书馆事业、博物馆事业、档案事业、语言文字、文学、历史地理、新闻传播、广播电视、出版事业、艺术、电影、娱乐等多个子库。

世界经济与国际政治数据库

以皮书系列中涉及世界经济与国际政治的研究成果为基础，全面整合国内外有关世界经济与国际政治的统计数据、深度分析报告、专家解读和热点资讯构建而成的专业学术数据库。包括世界经济、世界政治、世界文化、国际社会、国际关系、国际组织、区域发展、国别发展等多个子库。